DRACONIS CHRONICON

MANLIO CASTAGNA

DRACONIS CHRONICON

MONDADORI

In copertina © Alex Landa / Shutterstock
Per la mappa © Andrea Alemanno
Per gli occhielli di capitolo © Vera Petruk / Shutterstock, © Barashkova Natalia / Shutterstock
Per le immagini alle pagine 73-77 © ssuaphotos / Shutterstock, © jumpingsack / Shutterstock

Redazione di Viola Gambarini

www.ragazzimondadori.it

Prima edizione maggio 2022
Stampato presso ELCOGRAF S.p.A.
Stabilimento di Cles (TN)
Printed in Italy
ISBN: 978-88-04-75358-2

A Salerno, una città
che spesso dimentico essere la mia

L'avventura raccontata in questo libro si svolge nell'anno 1066, quando le ore del giorno e della notte venivano scandite secondo le Ore Canoniche, in questo modo:

- il Mattutino, a mezzanotte;
- le Laudi, alle ore 3.00;
- la Prima, alle ore 6.00;
- la Terza, alle ore 9.00;
- la Sesta, alle ore 12.00;
- la Nona, alle ore 15.00;
- i Vespri, alle ore 18.00;
- la Compieta, alle ore 21.00.

1 casa di Barliario
2 casa di Trotula
3 Judaica
4 laboratorio di Rainardo
1
2
3
4
Salerno
SALERNO
Porta Rotese

Volturara
Monte Mai
Calvanico
Santuario di Carbonara
Borgo di Terravecchia

TU NON SAI NIENTE

Per un breve, meraviglioso momento ho creduto di avercela fatta.

Solo per un momento.

Ho lasciato il mio corpo e ho cominciato a fluttuare sopra di lui, a pochissima distanza dalla pelle, le ossa e tutto il resto.

È stato spaventoso e bellissimo, insieme.

Come quando Dio manda la pioggia, mentre splende il sole.

Questa volta ci sono andato proprio vicino. Poi, come sempre, i polmoni si sono riempiti di paura. E mi è mancata l'aria. Il cuore è impazzito.

E ho fallito il mio Extricatum.

Extricatum: la prima volta che ho sentito questa parola è stato dalla bocca di mio padre.

Lui sa tutto.

Non ci sono altri uomini come lui, quanto è vero Iddio Nostro Signore.

Quanto è vero il mare. E la sua schiuma.

Quanto è vero che la notte è buia e il mattino è fatto di luce.

Io invece non so nulla, ma voglio imparare ogni cosa della sua arte.

Mio padre da giovane ha viaggiato in posti lontani, oltre la linea dell'orizzonte. Laggiù ha ascoltato e visto cose che qui nemmeno arriviamo a immaginare. Da quelle terre dai nomi che sanno di vento e sabbia ha portato libri che solo lui sa leggere.

Ha conosciuto segreti di incantesimi e sortilegi. Ha studiato la scienza per trasformare la materia. I metalli.

Alchimia, la chiama.

"L'Extricatum è una delle pratiche più potenti e pericolose che esistano, Barliario" mi disse un giorno. Io avevo undici anni e da allora sono passate venticinque lune.

"È magia dei Caldei. Loro la chiamano ānigili. Tu sai chi sono i Caldei, non è vero?"

Un popolo antichissimo, vissuto nelle terre di Babilonia, abile a fare profezie con le viscere degli animali, studioso delle stelle e appassionato delle arti oscure. Avevo esitato e prima che rispondessi lui aveva aggiunto: "No, tu non sai niente, Barliario. Perché tu non SEI niente".

Quando mi colpisce, colpisce duro. Le sue parole sono bastonate che fanno male. Mio padre porta scolpito nel nome la propria forza. Rainardo significa: "valoroso per volere degli Dei" ed è così che tutti lo vedono.

È così che IO lo vedo.

"Insegnami tu, ti prego" gli ho detto quella volta.

"Non ho nulla da insegnarti. Se vuoi qualcosa devi prendertelo da solo."

L'ALCHIMISTA

1

IO TI SONO FRATELLO

Quando uscì dal rifugio sulla spiaggia nei pressi dell'Arsenale, il piccolo porto dove attraccavano navi mercantili e militari, Barliario barcollava. Dovette appoggiarsi all'uscio fatto di canne per tenersi in equilibrio. Il posto da cui usciva era umido, scuro, imbottito dell'odore di salsedine, ma era ben riparato e lontano da occhi indiscreti.

E lì Barliario poteva esercitarsi nella pratica dell'*Extricatum*.

Shabbatai lo aspettava fuori, come faceva sempre, senza mai azzardarsi a entrare. Quando lo vide così malfermo, l'amico corse immediatamente ad aiutarlo.

I muscoli scattanti di Shabbatai si tesero sotto la pelle nuda e brunita dal sole. Indossava dei calzoni corti, una leggera camicia di lino grezzo e scarpe di pelle sottile che gli fasciavano perfettamente i piedi.

Shabbatai Ben Shalomoh, cioè "figlio di Shalomoh", era ebreo e viveva con la sua famiglia nella Judaica, il quartiere degli ebrei. Una zona periferica, quasi fuori dalla città vera e propria.

«Cosa è successo stavolta?» chiese, più incuriosito che preoccupato.

Lo stordimento di Barliario stava ritirandosi lento, come fa la marea.

«Ci sono andato vicino, Shab» rispose con eccitazione Barliario. «Stavolta ho lasciato il corpo più a lungo del solito e ho quasi preso il volo.»

«Per tutte le lunghe spade degli amalfitani, Barl! Io questa tua stregoneria proprio non la capisco. Ti accompagno e ti sarò sempre vicino, ma...»

«Te l'ho detto mille volte: non è una stregoneria. Sta tutto nel modo in cui usi la tua mente.» S'incamminarono verso la grande Porta di Mare che dava l'accesso alla città dalla spiaggia. «Se la istruisci a dovere, con le giuste regole e con la pratica puoi fare miracoli. *Extricatum* compreso.»

«Sì, lo so, me l'hai detto... tipo trecento volte? Con l'*Extricatum* il corpo sembra morto e intanto una parte di te se ne va in viaggio» cantilenò Shabbatai.

«Il viaggio astrale!» esclamò Barliario, battendo il dorso della mano sul palmo dell'altra proprio come la risacca del mare schiaffeggiava la riva. «E la cosa pazzesca è che il cuore rallenta fino a fermarsi... quasi, e il respiro si fa così debole che sembri morto, quanto è vero Iddio.»

Shabbatai si fermò. «È questo il punto. Mi dici a che serve una follia del genere? Perché dovresti fare il morto?»

«È inutile, Shab, sei senza speranze. Non capisci la portata della Grande Opera di noi alchimisti» concluse Barliario in tono solenne.

«"Noi"? Ma non farmi ridere. Tu non sei un alchimista.»

«E tu allora chi sei? Il guerriero delle stoffe?»

Presero a fingere di litigare, azzuffandosi e ridendo con la stessa innocenza di quando erano bambini.

"Il guerriero delle stoffe." Era così che lo chiamava Barliario quando voleva pungolarlo. Shabbatai apparteneva a una famiglia di tintori da generazioni. Erano maestri nel colorare qualsiasi tipo di tessuto. E lui non aveva nessuna voglia di seguire le orme familiari.

«Guarda qui, signor alchimista dei miei stivali.» Raccolse un piccolo tronco abbandonato sulla sabbia. «Aiutami a tenerlo dritto, piuttosto. Chiedo troppo a un grande alchimista come te?» ironizzò Shabbatai.

Barliario fece una smorfia, poi resse il legno, come gli aveva chiesto l'amico.

Shabbatai si allontanò di venti passi, senza mai distogliere lo sguardo dal bersaglio. Tirò fuori uno dei suoi coltelli dalla cintura. Lo lanciò in aria – l'acciaio roteò balenando ai raggi del sole settembrino – e quindi lo afferrò per il manico, con maestria.

«Che vuoi fare, pazzo di un ebreo?»

«Tu resta in silenzio e ammira.» Shabbatai passò il pugnale in presa rovescia. Ridusse i suoi occhi a fessura. «Te lo do io un miracolo.»

Mirò il tronco e tirò il coltello.

La lama sibilò. Un istante dopo era conficcata tra le vene secche del legno, che si crepò scricchiolando. Il lancio aveva tracciato una linea perfetta tra la punta del coltello e il cuore del bersaglio.

Barliario fischiò d'ammirazione e tributò un applauso esagerato a Shabbatai.

«Meglio averti come amico che come avversario, mio cavaliere.»

«Io non ti sono amico.» Shabbatai strinse le braccia di Barliario. «Io ti sono fratello.»

2

LA BESTIA SI STA RISVEGLIANDO

«La Bestia si sta risvegliando! Temete il drago, perché il giorno dell'eclisse è vicino!» Un vecchio monaco vociava all'angolo dove la strada dei mercanti, la cosiddetta Drapparia, incrociava una via più stretta che conduceva alla Torre dei Ladri.

La folla si era radunata intorno all'uomo, più per sbeffeggiarlo che per autentico interesse. Erano passati sessantadue anni dall'arrivo dell'anno Mille e ormai alle profezie di sventura e di fine del mondo non credeva più nessuno.

«Ricordate cosa si dice nell'*Apocalisse*?» continuò il vecchio monaco recitando versi antichissimi. «"Apparve un altro segno nel cielo: un enorme drago rosso, con sette teste e dieci corna e sulle teste sette diademi"...»

Ogni parola uno sputo, ogni frase un gesto deciso con la mano ferma nell'aria.

«"La sua coda trascinava un terzo delle stelle del cielo e le precipitava sulla terra." Temete gente, il risveglio della Bestia» concluse.

«Il vecchio sembra convincente, no? Già mi tremano le brache dalla paura» disse scherzando Shabbatai all'orecchio di Barliario.

«Non è il primo che parla di questo drago» rispose l'altro, serio, guardando il monaco con interesse.

«Ti ricordi quel viandante che si è presentato la domenica di Pasqua a Santa Maria De Domo?»

«Io le chiese non le frequento… però ho capito a chi ti riferisci.» Shabbatai si pinzò le narici con le dita. «Più che altro se lo ricorda il mio naso: puzzava come un corteo di maiali in visita al tempio del Letame.»

Barliario gli concesse una mezza risata. «Diceva a tutti che oltre il valico del Monte Mai stavano accadendo cose strane. Carestie e morti inspiegabili di greggi e animali selvatici. Te lo ricordi? Schianti terribili nell'aria…»

«Galline che cacano gioielli» lo interruppe Shabbatai, e cominciò a ridere così sguaiatamente che sembrava ragliasse.

«La smetti di fare l'idiota?»

Ma lui continuò a ridere, finché Barliario non gli diede una bella spinta che lo mandò a sbattere contro un uomo dalla pancia enorme.

«Ehi, sta' attento, moccioso!» esclamò quello, infastidito.

Shabbatai alzò le mani in segno di scuse. E fece un inchino spropositato. Poi tornando da Barliario gli sussurrò all'orecchio: «Parli del maiale e…» fece un cenno del capo verso l'uomo.

«La Bestia si risveglierà!» tuonò ancora il vecchio monaco. «Mondate i vostri peccati e preparatevi agli squilli di tromba dei sette angeli.»

«Andiamo, che a proposito di musica hanno già suonato da un po' le campane della Nona e io avevo detto a mia madre che sarei tornato prima dei Vespri» disse Barliario all'amico.

In effetti il sole cominciava a calare lentamente dietro il tozzo monte Bonadies, dove si ergeva imponente il Castello del principe Gisulfo II, regnante di Salerno, che sembrava scrutare severo tutta la città.

Si avviarono, facendosi largo tra la folla della Drapparia. C'era un brulicare di gente e di animali, un chiasso da mercato che stordiva. Sulla strada principale del commercio salernitano si affacciavano una fila ininterrotta di botteghe colme di damaschi e di tessuti d'ogni foggia.

Superarono la Curtis Dominica, la piazza pulsante di una città ricca come poche nella metà dell'XI secolo, e si diressero verso l'abitazione di Barliario.

Lungo la strada svettava la Torre dei Ladri.

Fu alla sua ombra che scoppiò la rissa.

3

I CORVI LO SANNO QUANDO ARRIVA IL MOMENTO

Avvenne proprio sotto la Torre dei Ladri, un fortino costruito mezzo secolo prima e ai cui merli più alti era stata appesa una gabbia di ferro.

Non per uccelli, ma per uomini.

E quasi mai, da quando a capo della città c'era il giovane principe Gisulfo, capitava che rimanesse vuota.

Era una grande attrattiva per la gente, non solo della zona. Si poteva ammirare un condannato soffrire per giorni: rinchiuso tra le solide sbarre di ferro, arso dal sole, schiaffeggiato dalle intemperie, stremato dalla fame e dalla sete.

Barliario e Shabbatai si fermarono per osservare il povero prigioniero, le cui gambe nude e luride penzolavano fuori simili a steli di fiori secchi. Aveva la testa poggiata contro le sbarre e gli occhi chiusi.

«Credi sia morto?» chiese Shabbatai.

«Non credo» disse Barliario «ma penso che gli resti poco. Guarda lassù.» Indicò uno squadrone di uccelli neri che volteggiava gracchiante a pochi metri dalla testa del prigioniero.

«I corvi lo sanno quando arriva il momento» sentenziò Barliario.

«Chissà che avrà mai fatto per meritarsi la gabbia?»

A rispondere a Shabbatai fu una voce collosa, di quelle che si appiccicano addosso con una sgradevole sensazione.

«È uno sporco ladro.»

Quattro ragazzi ben vestiti erano apparsi da un vicolo laterale. Quello che aveva parlato era il più alto e il più bello. Chioma scura e riccioluta, viso affilato, occhi gelidi. «Ma sempre meglio di voi ebrei» proseguì. «La tua lurida razza da un secolo sporca le vie della nostra gloriosa città, e non basterebbero mille gabbie per ripulirla tutta.»

«Oh oh… ecco Ermanno, il terribile cavaliere senza cavallo. Longobardo di nascita, cretino di natura.» Shabbatai sferrò la sua difesa con la lingua appuntita che si ritrovava, e non esitò a metter mano al fodero del pugnale.

Barliario sentì montargli dentro la paura e gli afferrò il braccio per invitarlo alla calma.

«Andiamo via Shab, non ci conviene…»

Ermanno, detto Testadiferro per la sua abitudine di indossare un elmo e per la sua ottusa ostinazione riguardo a qualsiasi cosa volesse, apparteneva all'alta aristocrazia della città. Era il figlio di Helmichis, potente *scilpor*, ovvero il primo degli armigeri e consiglieri del principe stesso.

«Tu scherzi col fuoco, giudeo» disse Ermanno, che si era piazzato col suo manipolo di scagnozzi a pochi metri da loro.

«Ce ne stavamo andando, Ermanno» intervenne Barliario.

«L'ebreo e il figlio dello stregone.» Ora Testadiferro dedicò uno sguardo anche a lui. «Bell'accoppiata.» Poi sputò a terra. «Fate bene ad andarvene, e fareste ancora meglio a non farvi vedere più da queste parti. Ho sentito dire che gli scarafaggi fanno una brutta fine, qui nel rione.»

Risero tutti.

Barliario tirò con più decisione il braccio dell'amico e lo obbligò a voltarsi per andare via. Poteva sentire la rabbia sfrigolare sotto la pelle di Shabbatai, e non era un buon segno.

«Scappa, scappa, giudeo delle baracche» cantarono gli altri in coro per accompagnare la loro uscita di scena.

Fu troppo per Shabbatai, che si liberò della presa di Barliario e si voltò verso il gruppo di Ermanno. «Ehi, *Capatosta.*» In città parecchi chiamavano così Ermanno, ma sempre e solo alle sue spalle. «È stata la tua mammina a insegnarvi la filastrocca? Dicono che le piace cantare alla luna, nelle notti senza stelle» e accompagnò le sue parole facendo roteare l'indice all'altezza della tempia.

Manigunda l'indemoniata. La vergogna della famiglia. Al punto tale che non poteva uscire dal suo palazzo, da anni ormai.

Era un colpo basso, Shabbatai lo sapeva. Negli occhi verdi di Ermanno lampeggiò la furia.

Sfoderò la sua spada.

«Sei morto, giudeo» urlò.

4

I NEMICI VERI SONO PER LA VITA

Shabbatai non indietreggiò di un passo, mentre Barliario arretrò, sopraffatto dalla paura.

Con il pugnale sguainato, il ragazzo della Judaica era pronto ad affrontare l'attacco di Ermanno, a sua volta armato di *scramasax*, la corta spada longobarda.

Testadiferro affondò con furia. Shabbatai non ebbe difficoltà a schivarlo.

«Dovresti smetterla di agitare quella lama come se fosse una piuma» lo schernì.

Il gruppo di Ermanno non la prese bene e si fece avanti agguerrito, accerchiando il ragazzo.

«Quattro contro uno. Ora sì che ci divertiamo» annunciò Shabbatai.

«Guerrieri più nobili e valorosi di te sono caduti ai miei piedi senza vita» ringhiò Ermanno.

«Ci credo, basta che apri la bocca... con quel fiato che ti ritrovi» ribatté immediato Shabbatai.

«Maiale!» gridò Testadiferro.

L'amico di Barliario ruotò su se stesso, evitando così la lama e ritrovandosi alle spalle dell'avversario. Premette la punta acuminata del pugnale contro il broccato della lunga tunica del giovane longobardo.

«Mi sa che se ti muovi t'infilzo, mio signore» disse

Shabbatai con calma. «Getta via la *scramasax*, che non sei degno nemmeno di reggerla in mano.»

Ermanno contrasse la mascella e sbuffò con il naso. Decise all'istante che avrebbe ucciso quell'ebreo insolente. Se non quel giorno, sicuramente prima o poi sarebbe arrivato il momento. Lo giurò sull'onore della sua antica casata.

Shabbatai non poteva leggergli nel pensiero, ma sapeva perfettamente che ai "signori" non piaceva affatto essere umiliati, tanto meno in pubblico e da un ebreo.

Quel giorno si era conquistato un grande nemico. E, come il nonno gli aveva detto una volta, "I nemici veri sono per la vita".

Il nonno non era mai stato un ottimista.

Shabbatai spinse ancora un po' di più la punta nella carne di Ermanno, il quale si fece scappare un gemito e lasciò cadere la spada. Shab la allontanò da lui con una pedata.

«Osa farmi uscire una sola goccia di sangue e tu e la tua famiglia di straccioni vi troverete fuori dalla città entro l'ora della Compieta. Stanne certo.»

Shabbatai stava ancora soppesando la minaccia quando scoppiò sul suo volto un dolore atroce.

E la vista gli si annebbiò.

5

UNO SCAMPATO PERICOLO UBRIACA DI ALLEGRIA

Un ragazzo dallo sguardo porcino, della banda di Ermanno, aveva raccolto un sasso e lo aveva scagliato a tradimento contro Shabbatai. Barliario non aveva avuto nemmeno il tempo di avvertire l'amico.

O forse il grido gli era rimasto strozzato nella gola, che la paura aveva reso troppo stretta.

Un rivolo di sangue raggiunse il folto sopracciglio di Shabbatai e, scavalcandolo, si riversò sulla palpebra.

La carne cominciò a pulsare un istante dopo.

Barliario si riebbe e riuscì finalmente a urlare: «Shab, andiamocene!».

Avvenne tutto in un istante.

Ermanno, dopo l'iniziale sorpresa, si precipitò a raccogliere la spada mentre gli altri, sull'esempio del tiratore, stavano cercando altre pietre, da poter lanciare a loro volta.

Shabbatai, anche se ancora frastornato, colpì con un calcio uno degli assalitori, poi corse verso Barliario che gli afferrò un braccio per sostenerlo. Fuggirono, mentre dietro di loro Ermanno tuonava ingiurie e minacce di morte.

«Credi che voglia invitarci per cena?» Shabbatai aveva già recuperato il suo spirito.

I due amici filarono via veloci. Attraversarono vicoli angusti, facendosi largo tra la gente. Sgusciavano come salamandre in mezzo alla fiumana che a fine giornata si accalcava per gli ultimi acquisti tra i banchi pieni di merce. Stoffe soprattutto, ma anche sacchi di legumi, ceste di uova e di frutta, stie di galline strepitanti, oche starnazzanti legate per le zampe.

Ma gli inseguitori non mollavano la presa: Ermanno sembrava proprio deciso a fargliela pagare cara.

Per fortuna Barliario conosceva bene ogni angolo del rione e Shabbatai non gli era da meno: ragazzi vissuti in strada da quando le gambe avevano cominciato a sorreggerli.

Fu facile far perdere le loro tracce.

Respiravano ad ampie sorsate, con la schiena contro un muro. La fuga li aveva sfiancati. Si guardarono e cominciarono a ridere.

"Uno scampato pericolo ubriaca di allegria" diceva lo zio di Shabbatai. Nella sua famiglia c'era sempre qualcuno che aveva la frase giusta per ogni occasione.

«Ti ha conciato per bene, quel piccoletto» osservò Barliario, indicando con il mento la ferita dell'amico.

Shabbatai si portò la mano alla fronte e si ritrovò le dita macchiate.

«Se mio padre vede tutto questo rosso come minimo lo usa per tingere una matassa. Con quello che costa il verzino.»*

«Per una volta, una sola, riesci a esser serio? Quasi ti aprivano la testa!»

* Il verzino era ricavato della *caesalpina sapan*, il cui legno, decomponendosi, sviluppa una sostanza detta brasiliana; questa, a sua volta, per ossidazione si trasforma in un colorante rosso facilmente solubile in acqua, molto usato nel Medioevo.

Shabbatai finse di pensarci un attimo, poi rispose: «No, credo di no».

Risero di nuovo.

«Meglio se passo dal fiume per sciacquarmi prima di tornare a casa» propose Shabbatai e Barliario annuì.

Gli incontri per quella giornata, però, non erano finiti.

6

TUTTI MI CHIAMANO TROTULA

«Ma quelle sono... fanciulle?»

La domanda guizzò dalla bocca spalancata di Shabbatai, come un'alice dalle mani di un pescatore goffo.

«Cosa vuoi che siano... capre al pascolo?»

Alla vista delle ragazze, si erano entrambi riparati dietro a un albero.

«Voglio dire: che ci fanno qui da sole?»

In effetti era raro vedere donne e ragazze di buona famiglia lasciate libere di muoversi in giro per la città. Praticamente impossibile.

"Tenete le vostre figlie e le vostre mogli in casa" ammonivano i predicatori nelle chiese o agli angoli delle strade. "Meglio ancora se le custodite tra le mura di un monastero. Sono tentazioni le femmine, e i maschi facili a cadere nelle loro trappole."

Le fanciulle sembravano uscite da un sogno.

Una era piegata sulle ginocchia, intenta a raccogliere delle piante lungo l'argine del fiume. Aveva lisci capelli biondi, un abito di bella fattura riccamente ornato e un portamento che non lasciavano spazio a dubbi: apparteneva alla nobiltà cittadina.

Accanto a lei, un prodigio della natura. Nonostante l'abbigliamento modesto, una lunga tunica di lino schiarito con una cinta semplice in vita, la ragazza spiccava per una bellezza fuori del comune: il colore bruno della sua pelle e i capelli ricci, vaporosi, neri, screziati di sfumature dorate.

«Quando avete finito di spiarci potete anche uscire di lì!» A parlare con voce ferma, senza voltarsi, fu la ragazza bionda.

Se su Shabbatai e Barliario si fosse abbattuta una pioggia di frecce non si sarebbero sentiti altrettanto trafitti come da quella frase, che li smascherava e li metteva in ridicolo.

«Che facciamo?» sussurrò Shabbatai.

Barliario non rispose. Fece semplicemente un passo avanti e uscì allo scoperto.

La ragazza nera lo fissò, inchiodandolo al pezzetto di terra dov'era. Il suo sguardo era chiaro come il cielo del mattino, ancora più sorprendente per il contrasto con una pelle scurissima e per il taglio d'occhi a mandorla, mai visto da quelle parti.

L'altra fanciulla si alzò. Porse le erbe che stringeva in mano alla sua accompagnatrice, poi insieme si avviarono verso i due ragazzi.

Barliario afferrò il braccio di Shabbatai e lo costrinse a uscire dal suo ridicolo nascondiglio.

«Che ci fate qui?» chiese l'apprendista alchimista alle due fanciulle.

«Perché? Non si può?» Nelle parole della ragazza bionda non c'era traccia d'imbarazzo. Barliario non era abituato a donne così spavalde.

«Non ti hanno detto che non è conveniente?»

«A me no» rispose lei, poi il suo sguardo si posò sulla fronte sanguinante di Shabbatai. «E a voi non hanno detto che le ferite vanno curate prima che sia troppo tardi? Come te la sei procurata?»

«Una sassata» rispose Barliario al posto dell'amico.

«È solo un graffio» si schermì con noncuranza Shabbatai.

«Posso?» chiese la ragazza allungando una mano, e senza attendere il permesso sfiorò la ferita, quindi disse: «Bisogna fermare la fuoriuscita di sangue».

I due ragazzi restarono impalati. Barliario aprì la bocca. E la richiuse, senza aver detto nulla.

«Che c'è? Avete problemi anche alle orecchie? Tu... come ti chiami?»

«Sha... Shabbatai.»

«Ebreo?»

Shabbatai annuì, recuperando la fierezza.

«Io sono Trocta, ma tutti mi chiamano Trotula, della famiglia De Ruggiero.»

De Ruggiero! Barliario conosceva bene quel nome. Era una delle famiglie più ricche e influenti della città.

«E lei è Mercuriade» disse ancora la ragazza presentando la fanciulla accanto a sé. Mercuriade sollevò impercettibilmente il mento a mo' di saluto.

«Bene, ora sbrighiamoci. Quella ferita non promette nulla di buono» tagliò corto Trotula con decisione.

Barliario avrebbe voluto dire che nessuno aveva chiesto il suo, di nome. Ma la sua protesta restò senza voce.

«Ci sono quattro modi per fermare un sanguinamento» spiegò Trotula, aiutandosi a dirlo con le dita. «Uno. Applicare pressione diretta con un dito... ma direi che la ferita è troppo grossa per farlo. Due. Chiudere il taglio con un uncino.»

«Questo non mi suona per niente bene» intervenne Shabbatai.

«Terzo. Afferrare i lembi della ferita e unirli con un filo.»

«Sta scherzando, vero?» disse di nuovo il ragazzo della Judaica, guardando Barliario.

Mercuriade strinse gli occhi e fu come se una saetta partisse dal centro della sua pupilla. Shabbatai tacque, soggiogato dall'incandescenza di quello sguardo.

«Anche questo terzo metodo al momento è impraticabile. Non resta che utilizzare un astringente.»

«Un che?» fece Barliario.

«Una sostanza che fermi l'attività di fuoriuscita del fluido. Cioè che blocchi la perdita di sangue.»

Barliario e Shabbatai si guardarono come se a parlare fosse stato un saraceno, nella sua lingua incomprensibile.

«Senti, Trottula...» disse Barliario.

«Trotula» lo corresse lei, reggendo il suo sguardo senza difficoltà.

«Sì, come vuoi... Trotula... dici un mucchio di cose, ma...»

Mercuriade alzò una mano aperta davanti a Barliario, un gesto perentorio che lo bloccò. C'era una forza inspiegabile nella ragazza e Barliario la percepì con precisione. Non aveva bisogno di parlare per essere ascoltata. Da chiunque.

«Non sono io che sto "dicendo un mucchio di cose", messere.» L'appellativo suonò come uno sfottò. «È Galeno di Pergamo, il grande medico dei gladiatori romani, a dirlo.»

«Forti, i gladiatori» disse Shabbatai, ammirato.

«Galeno credeva che mantenere umida la zona della ferita aiutasse a guarirla. E ne è convinto anche il mio maestro... Io prendo l'astringente, tu fila a pulire il taglio con l'acqua.»

Shabbatai stavolta obbedì. Barliario vide Trotula avviarsi verso una macchia di fiori color viola pallido, e pensò che quella ragazza fosse davvero insopportabile.

7

LE PREGHIERE E I SANTI PER GUARIRE

Shabbatai strinse i denti per ricacciare dentro il verso di dolore.

"Mai apparire debole agli occhi di una ragazza" risuonò in lui la voce del nonno.

Trotula gli aveva piazzato dei fiori viola e pelosi sulla ferita. E premeva energicamente. «Si chiama borragine, è un ottimo astringente» spiegò con voce cristallina.

«Lo so che è borragine» ribatté Barliario, piuttosto infastidito.

«Dove hai imparato tutte queste cose?» chiese invece Shabbatai.

«A scuola. Studio alla Scuola Medica.»

«Tu studi da medico?» si intromise Barliario.

«Da medichessa» precisò subito lei. «Cos'è quella faccia? Sembra che tu abbia visto un asino spiccare il volo!»

"Insopportabile." «Non sapevo che le donne potessero studiare. Medicina, poi...»

«Che vorresti dire?» chiese con piglio battagliero la ragazza.

«Che è inutile. A che serve studiare medicina, quando ci sono già le preghiere e i santi per guarire?»

Trotula lo fissò come si guarda un escremento.

«Mi sa che con te provare a usare la ragione è fiato sprecato, messere.» Di nuovo quel tono aspro e canzonatorio.

Prima che Barliario potesse replicare, Mercuriade disse qualcosa all'orecchio di Trotula. E lei annuì.

«Raccogli quanta più borragine puoi» ordinò a Shabbatai. «E continua di tanto in tanto a metterla sul taglio. Vedrai che starai meglio e presto potrai vantare una bella cicatrice da combattente.»

Shab gonfiò il petto con fare da gallo.

«Noi andiamo» sentenziò Trotula. Mercuriade lanciò loro un ultimo sguardo di un azzurro denso e andò via con lei, senza più voltarsi.

Barliario arrivò nel suo rione, il Locus Veterensium, chiamato anche con disprezzo il "quartiere degli amalfitani", poco dopo le campane dei Vespri.

Non riusciva a scrollarsi di dosso tutti gli avvenimenti delle ore precedenti. Ripensava all'*Extricatum* quasi riuscito, al monaco che profetizzava il risveglio di un drago, alla rissa con Ermanno e infine (e soprattutto) all'incontro con la nobile medichessa e la misteriosa Mercuriade.

Quel 12 settembre del 1066 sarebbe stato un giorno da ricordare, questo è certo. E a dirla tutta, non era ancora terminato: la notte aveva in serbo qualcosa di ancora più importante e terribile.

8

DENTRO DI TE IO VEDO SOLO TREMORE

Quando Barliario varcò la soglia lo accolse il focolare acceso in fondo allo spazio stretto e lungo del pianterreno. E la madre con il fratellino Umberto, di cinque anni, seduti al grande tavolo dove si preparava il cibo e si consumavano i pasti.

Erano intenti nel gioco delle *meleparole*. La donna lo aveva fatto anche con Barliario quando era più piccolo: era il suo modo di insegnare a leggere ai figli. Incideva una lettera in mezza mela e quando la riconoscevano avevano diritto a mangiarla. Con la fame che si ritrovavano, imparavano la forma e l'uso di una A o di una T nel tempo che un lampo ci metteva a illuminare il mondo.

Barliario salutò veloce e si avviò verso il camino, sapendo già cosa l'aspettava per cena. Nel paiolo sistemato sulle fiamme bolliva la solita zuppa di legumi.

Meno male che a volte c'era del formaggio e il pane non mancava mai. Non ricordava più, però, l'ultima volta che aveva addentato un bel pezzo di carne.

«Va' a chiamare tuo padre, Barliario. È di sopra.»

Il ragazzo salì la scala di legno interna e man mano che si allontanava dal focolare verso il primo piano la temperatura si faceva più fredda. Barliario si ritrovò nell'unica camera da letto della casa.

Il grande pagliericcio prendeva quasi tutto lo spazio: era lì che la famiglia dormiva di notte. Premuti l'uno contro l'altro e costretti a prendersi i calci del piccolo Umberto, che nel sonno forse si sentiva un cavallo.

Sempre su quel letto, il padre Rainardo leggeva i suoi libri, prendeva appunti e talvolta ci pranzava e ci cenava, quando non voleva essere disturbato.

Barliario lo trovò a torso nudo in piedi davanti alla cassapanca dei vestiti. Sulla schiena una ragnatela di cicatrici, la cui origine il padre non aveva mai voluto svelargli.

Rainardo s'infilò la camicia di lino. In ogni suo gesto c'erano sicurezza e sacralità, come se anche il semplice infilarsi un vestito fosse parte di un rito noto solo a lui.

«Dove sei stato?» La sua voce era di pietra. Tagliente, dura.

«Ho provato...» disse Barliario con esitazione.

«Cosa?» lo incalzò il padre, sistemandosi i polsini.

«L'*Extricatum*, come hai detto di fare tu, padre.»

Barliario aveva un solo grande desiderio nella vita: essere come lui, sentirsi come un ramo collegato a quel tronco solido e dalle radici potenti che era il padre. Al momento però ne era al massimo una foglia, attaccata a malapena con un fragile picciolo.

«E com'è andata?» Rainardo si lasciò cadere sulla scranna accanto al letto. A nessun altro era permesso di accomodarcisi. Era il suo trono e da lì emetteva le sue sentenze. Quella sedia di legno scuro, con la spalliera altissima e i braccioli, era senza dubbio il mobile più prezioso dell'intera casa.

«Ci sono quasi riuscito.»

«Quasi? Che significa? Si riesce o non si riesce. Non esistono le vie intermedie.»

«Nel senso che...» Le parole del ragazzo vacillavano. «Per un momento... per un breve momento, mi sono staccato dal corpo.»

«Rinuncia.» Secco, come un colpo di frusta. Non c'era pietà, né amore in quello che aveva tutta l'aria di essere un ordine, più che un consiglio paterno.

Barliario chiamò a raccolta tutto il suo coraggio. «Ma padre, ci sono così vicino...»

«Vicino?!» Rainardo strinse i braccioli della scranna e la sua voce s'incrinò di rabbia. «Sei davvero così stolto da pensare che aver svolazzato per un battito di ciglia fuori dal tuo corpo sia essere vicino a un *Extricatum*?»

Si alzò dalla sedia e gli si avvicinò.

Il ragazzo notò che gli occhi del padre avevano perso colore. Sembravano svuotati, e al posto delle pupille c'erano due caverne buie. Appariva stanco, come se non dormisse da tempo.

La mano di Rainardo calò sulla spalla del figlio, quasi fosse l'ascia del boia sulla testa del condannato. Gli fece male, ma Barliario non osò fiatare.

«Dentro di te io vedo solo tremore.» Quegli occhi spenti si fissarono su di lui. La mascella dell'uomo si contrasse e la stretta delle dita sulla spalla si fece più forte. «Non puoi seguire la via della Grande Opera, se prima non smetti di ascoltare tutte le voci che ti mandano fuori strada.»

Barliario sapeva che il padre aveva ragione. La paura in lui aveva davvero tante voci, e trovavano sempre il modo di sviarlo.

«Devi imparare a maneggiare le tue emozioni. A fartele amiche o a dominarle, anche quando non le capisci.» L'uomo strinse il pugno. «Anche quando vorresti fuggire lontano per non provarle. Il vero potere dell'*Extricatum* non è lasciare il corpo. È imparare a comandare la mente.»

Detto questo, Rainardo fece un gesto con la mano come per scacciare via il figlio dalla sua vista. «E datti una sistemata, sembri uno sciagurato.»

Barliario si affrettò a infilare la camicia nei calzoni. Ma l'effetto non fu un granché.

«Va', adesso. Comunica a tua madre che sto scendendo.» Il padre gli diede le spalle e restò così, con la severità muta di una lastra di marmo.

Barliario avrebbe voluto stringersi a lui e piangere contro la sua schiena. Nella mente si formò l'immagine delle sue lacrime che facevano una chiazza umida sulla camicia del padre. Immaginò la faccia di lui inorridita davanti a una simile mancanza di controllo.

Cacciò via quell'immagine e mentre usciva dalla stanza fu raggiunto da un'ultima pugnalata di Rainardo che gli disse, senza nemmeno guardarlo: «E stanotte non mi seguire».

9

PERCHÉ PROPRIO OGGI

Furono le campane del Mattutino, che suonavano dalla vicina chiesa di Santa Maria de Lama per richiamare i monaci all'ufficio delle Letture, a svegliare Barliario.

L'aria della notte era umida come il fiato di una mucca. S'incollava sulla pelle, insieme al lezzo dei liquami che fermentavano in strada e salivano fino al primo piano della casa di Barliario.

Quando aprì gli occhi il ragazzo era confuso e spaventato. Aveva sognato un drago che emergeva dalla terra e con la sua fiamma rovente portava distruzione e morte. Nel sogno c'era una ragazza, il cui volto non vedeva o non ricordava, che piangeva perché non riusciva a muoversi, immobilizzata con i piedi nel fango di una palude.

Anche ora che aveva gli occhi aperti, Barliario si portava addosso la terribile sensazione che fosse tutto vero. A ricondurlo alla realtà fu il russare ritmico della mamma e lo scalciare da puledro di Umberto.

E suo padre?

Si guardò attorno, provando a mettere a fuoco le forme della stanza. Era praticamente impossibile vedere, senza nemmeno una candela accesa. Tastò il pagliericcio e lo trovò vuoto dell'uomo. Di sicuro era uscito, come faceva quasi tutte le notti, per recarsi al suo laboratorio.

Per Rainardo lavorare a quella che lui chiamava l'Opera era una febbre che non si placava mai. La cosa più importante della sua vita. Niente poteva fermarlo.

Il padre gli aveva ordinato di non seguirlo, così il ragazzo si ridistese. Le rive del sonno, però, ormai erano lontane. Nelle tenebre gli sembrava si muovessero ombre senza forma. Aveva paura. La maledetta paura che come un serpente impietoso gli si contorceva sempre dentro.

Diede una piccola spinta alla madre, per sentirsi rassicurato dalla sua presenza. Ottenne solo un gemito più rumoroso dalla sua bocca spalancata.

D'un tratto, dal silenzio indefinito della stanza emerse un sussurro che gli parve provenire dai piedi del letto.

Fiaaaaaammeee...

Per poco il ragazzo non cacciò un urlo. Il cuore era un mantice che soffiava impazzito sulle braci della tensione. Sgusciò fuori dal letto.

Pensò di svegliare la madre, ma un attimo prima di scuoterla si fermò. Lì non c'era nessuno. Forse dietro la porta socchiusa?

Era impietrito dalla paura. Non gli riusciva di fare un passo.

Aiutooo...

Una lieve folata di vento che conteneva quella parola. Barliario fu colto da una certezza: era la voce del padre. Allora, con un atto di risolutezza che sorprese lui per primo, si avviò alla soglia.

Avrebbe disobbedito a Rainardo.

La città era stretta in un pugno di tenebre impenetrabili, nessuna luce a illuminare le strade.

Indugiò solo per un attimo all'angolo della via che portava al quartiere alto di Plaium Montis e quindi al monastero di San Lorenzo. Per centinaia di volte aveva percorso la distanza da casa al laboratorio del padre dentro la gola nera della notte, senza nemmeno l'aiuto di una candela, per non dare nell'occhio. Conosceva ogni pietra, ogni fosso, ogni svolta.

Salerno, come tutto il resto del mondo, era pericolosissima dopo il crepuscolo. Quasi nessuno si azzardava a uscire, per paura che diavoli e creature infernali vagassero per le strade in cerca di anime da acciuffare. E chi non credeva agli spiriti maligni temeva ladri e assassini, che approfittando dell'oscurità potevano far del male senza timore di essere scoperti.

Barliario non era indifferente all'apparenza spettrale della sua città di notte, ma pur di seguire il padre vinceva ogni volta i suoi timori. Con l'aiuto di Shabbatai, aveva scovato un passaggio che conduceva a quel deposito che l'abate del monastero aveva concesso a Rainardo per i suoi esperimenti e che lui aveva trasformato nel suo laboratorio: uno stanzone scuro, con una stretta finestra che si apriva al livello della strada.

"Perché proprio oggi mi ha comandato di non farlo?" si chiese mentre proseguiva lungo una scalinata.

In tutti quegli anni aveva spiato suo padre, aveva sbirciato tra le sue carte e i suoi libri arcani. Aveva curiosato tra le sue cose, stando sempre attento a rimettere tutto in ordine.

C'erano un lungo tavolo di legno sempre ingombro di fogli, di rotoli, di libri. Un paio di sgabelli a tre gambe e poi la meraviglia pura: alambicchi per la distillazione, polveri, liquidi colorati, ampolle delle forme più strane.

Sulla parete opposta c'era l'oggetto più prezioso e misterioso del laboratorio. L'*athanor*, ovvero il grande forno a forma di uovo sotto al quale bruciava quello che Rainardo chiamava "il fuoco che non muore", cioè che non doveva mai, in nessun caso, spegnersi. Né di giorno, né di notte.

Nel ventre dell'*athanor* non si cuocevano semplicemente i metalli. Nella misteriosa fornace avveniva la "digestione alchemica", ovvero la chiave della Grande Opera: la creazione della pietra filosofale.

Barliario salì la ripida pendenza che serpeggiava tra orti e giardini, di giorno lussureggianti, ma che dopo il tramonto si trasformavano in una distesa informe, simile alle acque di un lago oscuro. A meno che non ci fosse la luna piena a spargere un po' di luce argentea sui campi.

E quella notte, per sua sfortuna, non c'era.

Dopo aver percorso trecentosettanta passi (li aveva contati diverse volte), e costeggiato uno spiazzo, Barliario giunse alla fontana pubblica. La superò per trovarsi davanti al sentiero che lo avrebbe portato al passaggio nascosto.

Il monastero di San Lorenzo al Monte con il suo alto campanile era il suo punto di riferimento, perché anche nel buio più denso quell'imponente costruzione era comunque visibile.

Fu forse perché distratto dalla contemplazione di quella meraviglia, o solo perché il buio era davvero profondo, che Barliario inciampò in qualcosa.

«Cha diavol...»

Non finì la parola. Una mano gli aveva artigliato la caviglia.

Un istante dopo urlò con tutto il fiato che aveva in gola.

10

QUELL'UOMO È MIO PADRE

All'urlo ne seguì un altro. Il ragazzo si liberò dalla presa e cadde a terra. Cercò una pietra, un ramo, qualsiasi cosa potesse essere usata come arma.

Non trovando nulla di utile, non poté fare altro che arretrare a quattro zampe. Shabbatai glielo ripeteva sempre: "Quando c'è un pericolo davanti a te, non voltarti mai, non perderlo di vista, in nessun caso".

E ora, una enorme sagoma scura torreggiava di fronte a lui.

«Fame» disse una voce strana.

«Cosa?»

L'uomo, perché di quello si trattava nonostante l'altezza gigantesca e una forma del corpo irregolare, si avvicinò trascinando il passo.

«Cibo.»

Barliario finalmente capì. «Capro, sei tu?»

La risposta fu una specie di singhiozzo. Era la sua risata.

Capro, il gigante dalla mente semplice e dalla gobba grossa come una collina, che puzzava così tanto da meritarsi quel soprannome.

Il misero gigante allungò la mano coperta di peli ispidi e afferrò quella di Barliario. Lo mise in piedi senza sforzo e per poco non gli slogò una spalla.

«Piano, piano che mi spezzi!»

Altra risata simile a un singhiozzo.

All'improvviso un tremendo boato riempì l'aria e lingue di fiamma si levarono dal fianco del monastero.

Capro cominciò a gridare, il suo sembrava il ragliare di un asino terrorizzato. Scappò via veloce nonostante la zoppia, dileguandosi nei campi.

Barliario non realizzò subito quello che stava succedendo. Dal punto in cui si trovava poteva vedere il baluginare rossastro delle fiamme che si contorcevano uscendo da una finestra del...

«Il laboratorio di mio padre!» mormorò a se stesso, alla notte, a Dio. I suoi piedi misero radici nel terreno. Riusciva solo a sussurrare: «Mio padre, mio padre, mio padre...».

Le grida arrivarono un attimo dopo, subito concitate. Da dove si trovava, il ragazzo non poteva vedere quello che stava succedendo, ma intuì che fossero i cenobiti del monastero.

"Com'è che quei monaci stanno sempre svegli, forse al vostro Dio non piace che si dorma?" diceva spesso Shabbatai.

Finalmente Barliario riuscì a muoversi prima lentamente, poi sempre più veloce, deciso a raggiungere il passaggio segreto.

"Stanotte non mi seguire" risuonò l'ammonimento di Rainardo.

E lui invece lo aveva fatto.

Più si avvicinava, più era chiaro che il rogo stava bruciando il laboratorio.

Volute di fumo salivano ad attorcigliarsi nel cielo scuro. Scorse diversi uomini con secchi colmi d'acqua accorrere nel cortile di fianco al deposito, dove il padre conduceva i suoi studi e i suoi esperimenti.

Barliario non riusciva a pensare, camminava e basta. Gli sembrava di avere la testa imbottita di stracci.

C'era una tale confusione che al confronto la Drapparia nei giorni di festa era una strada deserta. Non sapeva ci fossero tutti quei monaci. Oltre ai secchi pieni d'acqua, c'era anche chi portava coperte, cercando di penetrare nel luogo dell'incendio. Ma non era facile, doveva esserci un caldo d'inferno là dentro.

«Portate fuori Rainardo!» sentì gridare da un monaco che sembrava dirigere le operazioni.

"Devo salvare mio padre" ordinò Barliario a se stesso, ma si sentiva frenato dai soliti artigli della paura.

Gli si avvicinò un giovane monaco dalla corporatura segaligna e i lineamenti delicati. Forse aveva solo due o tre anni più di lui. «Chi sei, ragazzino? Che ci fai qui?»

«Sono...» Resistette alla tentazione di dire: il figlio di Rainardo. Decise in un istante che era meglio non rivelarlo e invece chiese: «Cosa è successo?».

«È scoppiato un incendio... ma vai via di qui, è pericoloso. Non puoi restare.»

«C'è qualcuno lì dentro?»

Il giovane monaco si voltò verso le nuvole di fumo scuro che avevano avvolto il deposito.

«Sì, qualcuno c'è.»

«Vivo?»

«Non lo so.» Il cenobita gli posò una mano sulla testa. Un gesto dolce, di consolazione. Forse aveva capito. "Forse chi parla con Dio sa ascoltare meglio i pensieri degli uomini" pensò Barliario.

«Va' a casa, pensiamo noi a quell'uomo. Vedrai che con l'aiuto di Nostro Signore lo trarremo in salvo.»

"Quell'uomo è mio padre e io gli ho disobbedito. E questo è il castigo."

Lacrime furtive colarono sulle guance di Barliario che indietreggiò, senza dare le spalle all'incendio. Ma avrebbe voluto mettersi a correre, questa volta per davvero, scappare lontano da lì, tornare a casa e dimenticare tutto.

Le fiamme, il fumo, le grida.

Svegliarsi al mattino e ritrovare il padre seduto a tavola. La schiena dritta come un muro. Severo, ma vivo.

E mentre si allontanava a ritroso, fantasticando con questi pensieri impossibili, lo vide.

Lo portavano fuori dal deposito a braccia, quattro monaci. Il corpo annerito. Le braccia e le gambe penzoloni, il capo abbandonato.

"Ha solo perso i sensi" cercò di convincersi Barliario, ma quella visione era insopportabile.

Scappò, dando le spalle a quell'orrore.

11

COGNITIO MORBI

«Padre, ti scongiuro, non lasciarci.»

Barliario non conosceva le giuste preghiere, ma da quando i monaci avevano trasportato Rainardo al vicino Ospizio del Convento di San Nicola, tre giorni prima, lui non si staccava dal suo capezzale e invocava continuamente l'aiuto di Dio per non perderlo.

Era come vegliare un morto. Anzi, una mummia.

Era interamente bendato, al punto tale che solo gli occhi, chiusi, e la bocca uscivano allo scoperto. Non sapeva perché lo avessero fatto. Forse per proteggere chi lo avesse visto dalla deturpazione del volto dovuta al fuoco?

Eppure quando lo aveva scorto sulla barella, portato via dai monaci, la faccia era sì annerita, ma non sembrava sfigurata.

Comunque a Barliario non interessava il perché. Voleva soltanto che suo padre si risvegliasse. Lo amava come nessun altro al mondo. Più di se stesso. Nonostante temesse di non essere ricambiato di quell'affetto smisurato.

L'ospizio altro non era che una piccola stanza usata dai monaci per prendersi cura degli ammalati.

Quella mattina, poco dopo che le campane avevano suonato la Terza, entrò dalla porta socchiusa un uomo anziano, sulle cui spalle minute cadeva un'elegante tunica di seta rossa.

Era seguito da tre giovani. Tra loro Barliario riconobbe, con grande stupore, la ragazza incontrata al fiume: Trotula de Ruggiero.

L'uomo si presentò come Pietro Chierico, maestro della Scuola Medica salernitana. Dietro di lui, i suoi studenti.

Barliario, ai piedi del padre, colse un sorrisino sul volto fiero di Trotula, mentre raggiungeva il suo maestro già vicino al giaciglio. Osservò di sottecchi la ragazza. Era ancora più bella di come la ricordava e vederla lì in qualche modo lo rassicurò. Dovette ammettere con se stesso che, nonostante quella insopportabile aria da so-tutto-io, le cure di Trotula per la ferita di Shabbatai avevano funzionato alla perfezione.

Il medico fece a Rainardo alcune cose strane, o almeno sembrarono strane a Barliario. Gli afferrerò il polso e stette così per un attimo, con gli occhi socchiusi, come se attendesse un segno divino. Gli studenti lo guardavano silenziosi.

Barliario, dopo aver atteso un tempo che gli parve lunghissimo, gli chiese cosa stesse facendo.

I due studenti maschi lo zittirono subito. Trotula fece un segno con la testa per dirgli che non era il momento di interrompere.

«Giovanotto, stiamo cercando di capire come guarire tuo padre.» La voce del maestro era nasale, un po' stridula. A Barliario ricordò lo starnazzare di una gallina.

«*Cognitio morbi*. Prima, capire l'origine del male» concluse con tono solenne il medico.

«Stringendogli la mano?»

«Il polso, a dire il vero.»

«Va bene, il polso. Ma che ha mio padre? Perché non si sveglia?»

«Ne sono desolato, non è ancora chiaro.» Il medico portò le mani dietro la schiena e le intrecciò, dondolandosi sulle punte dei piedi.

«Utile, la vostra medicina...» Barliario era passato velocemente dal disagio all'insofferenza.

«Barliario, ti prego...» intervenne Trotula, per calmarlo.

«Conosci questo giovanotto?» chiese Pietro Chierico alla sua allieva.

Trotula rispose con un cenno della testa e aggiunse in un bisbiglio: «A malapena».

«Chiedi scusa al Maestro Chierico» disse uno dei due giovani, che si era fatto sotto a Barliario.

«E perché? Cosa ho detto di strano?» Barliario alzò il mento in segno di sfida. Lo aveva visto fare a Shabbatai tante volte e gli venne naturale appropriarsi di quel gesto.

«Tu non sai chi...» inveì l'altro, ma il maestro lo fermò, trattenendolo per un braccio.

«Lascia stare, Giovanni. Il ragazzo è scosso dalle sorti del padre e in lui prevale, come potete vedere, un *temperamentum* sanguigno.»

I due studenti annuirono con tale convinzione che le loro teste parvero sul punto di staccarsi dal collo. Trotula continuava a fissare Barliario, incrociandone lo sguardo. Il ragazzo si sentì sorretto dai suoi occhi.

«Torneremo più tardi a far visita al povero Rainardo...» riprese il maestro, quindi concluse: «Tanto da qui di certo non si muove».

"Il povero Rainardo? Come osa questo piccolo omino presuntuoso rivolgersi a mio padre in tal modo?

Lui è il Grande Rainardo.

Il Terribile Rainardo.

Il Valoroso Rainardo.

Povero, mai!"

Barliario stavolta non replicò.

Pietro Chierico se ne andò senza salutare e dietro di lui, come segugi obbedienti, uscirono i due giovani. Trotula invece si attardò sulla soglia. All'ultimo momento si voltò e vide Barliario di spalle, col capo chino e i pugni serrati.

«Signorina De Ruggiero, andiamo?» chiese spazientito l'uomo, già in mezzo alla strada.

«Maestro, le chiedo il permesso di trattenermi ancora un poco. Mio padre passerà di qui tra non molto, così mi ha detto questa mattina. Ha degli affari da sbrigare al convento.»

Pietro Chierico la osservò, dubbioso se crederle o meno. Ma i De Ruggiero erano una famiglia potente e la giovane Trotula sapeva come farne sentire il peso all'occorrenza.

«D'accordo allora, ci vediamo per la lezione del pomeriggio, nell'orto officinale, allo scoccare della Nona.» Fece un inchino appena accennato. «Salutami Ruggero, tuo padre.»

«Sarà fatto, Maestro. A più tardi.»

12

I CONTRARI VENGONO CURATI CON I CONTRARI

Una volta rimasti soli, Trotula si avvicinò a Barliario. Come era già successo al fiume, ma ora con maggiore intensità, il ragazzo aveva sentito emanare un odore di buona stagione dalla sua pelle. Un profumo di ciclamini, di fiori e di miele selvatico che inebriava.

«Non ti dirò bugie. Tuo padre sta molto male» disse lei, secca.

«Lo vedo anche da me. Non ho bisogno della vostra medicina per capirlo. Se la vostra scienza fosse davvero utile, lo guarirebbe» rispose Barliario.

Trotula lo guardò come sapeva fare lei: con occhi stretti capaci di trafiggere. Poi si mosse verso Rainardo e lo osservò con attenzione. Gli toccò le dita della mano. E le ritirò subito.

«È gelido» sussurrò.

Un tuono lontano rotolò dal cielo sulla terra, promettendo tempesta.

«Tu pensi che sia colpa del fuoco?»

«Il fuoco gli ha arso la carne, questo è sicuro. Ma è strano che la sua pelle sia così fredda. Sai cosa penso? Che l'incidente gli abbia provocato uno scompenso negli umori.»

«Un che?!» esclamò Barliario.

«Il nostro corpo e tutto ciò che sta sotto il cielo della luna: animali, piante e persino i sassi, sono governati dalla presenza o dall'assenza di quattro umori. Quattro sostanze, diciamo.» E come aveva fatto al fiume quando Barliario l'aveva incontrata la prima volta, prese a contare, pinzandosi le dita. «Uno è il sangue, due la flemma, tre la bile gialla o collera...» Si fermò un attimo. «E di quella in te ce n'è un bel po'.» Accennò un sorriso saccente che non fece che indispettire Barliario ancora di più. Poi strinse il mignolo e disse: «Il quarto è la bile nera che noi chiamiamo anche melancolia. E poi ci sono gli elementi della natura, collegati a ognuno degli umori.» La studentessa di medicina aveva preso a girare intorno al letto di Rainardo. Era concentrata, sicura di sé, appassionata.

Barliario la seguiva con lo sguardo, cercando di afferrare il senso delle sue parole.

«La terra corrisponde alla melancolia, l'acqua alla flemma, l'aria al sangue e il fuoco alla collera.»

«Mi fai il favore di smettere di muoverti in tondo come un pesce intorno all'esca, e ti decidi una volta per tutte a dirmi come posso fare per aiutare mio padre?» Barliario alzò la voce talmente tanto che il tuono che ruggì all'esterno a malapena coprì le sue ultime parole.

«Tu prova a calmarti, innanzitutto... e ascoltami. Cercherò di fartela facile.»

«Stai dicendo che sono un stupido?»

«*Contraria contrariis curantur*» disse lei alzando un dito al cielo. «I contrari vengono curati con i contrari. Per riportare gli umori di tuo padre in equilibrio dobbiamo diminuire la bile nera con il suo opposto.»

«E quindi cosa ci serve, in poche parole?»

«Ci serve l'elleboro bianco... credo.»

«Credi?»

«Non sono certissima, ma seguendo le indicazioni di Plinio il Vecchio...»

«Un altro tuo maestro?»

«Ma che dici? È morto quasi mille anni fa.»

"Tu non sai niente. tu non SEI niente." La voce del padre risuonò in Barliario, che si sentì mortificato.

«Dovremmo andare alla Ruga Speciarorum, forse ne troviamo.»

La Ruga Speciarorum era la stradina degli erboristi e degli speziali. Non molto frequentata, decisamente meno della Drapparia. Barliario c'era stato qualche volta col padre, che spesso lì si riforniva di spezie e altre cose strane come l'allume di rocca o la fetida polvere di zolfo.

«Dobbiamo procurarcela allora, che aspettiamo?»

«Non è così facile» disse Trotula.

«Costa molto?»

«Non è questo il problema.»

"Forse per te" pensò Barliario. "Per me lo sarebbe eccome."

«L'elleboro bianco va maneggiato con cura. Basta sbagliare le dosi e si muore avvelenati in pochi minuti. E poi io sto ancora studiando, non so se sono in grado di preparare la medicina.»

Barliario sentì un tuffo al cuore. Sentì le sue speranze sgretolarsi.

«Ti prego, aiutami, Trotula.» Il ragazzo aveva cambiato tono.

Lei s'impietosì. Negli occhi color nocciola di Barliario le parve di vedere una autentica disperazione.

«Va bene, proviamoci. Tu resta con tuo padre, io vado alla Ruga. Conosco uno speziale che rifornisce la Scuola. Sono sicuro che riuscirà a darmene un po'.»

«Grazie» riuscì a dire Barliario, smozzicando la parola tra i denti.

Trotula alzò le spalle e annuì. Prima di avviarsi fuori, diede uno sguardo al cielo. Di lì a poco avrebbe piovuto. Doveva sbrigarsi, ma si prese ancora il tempo di un'ultima domanda.

«E il tuo amico ebreo? Sta meglio?»

«La ferita è guarita.»

Lei sorrise e stavolta andò via.

La pioggia arrivò. Con scrosci violenti. E l'odore di pietre bagnate e il suono della terra battuta dalle gocce fitte penetrarono nell'ospizio.

Qualche istante dopo un altro rumore, diverso, fece voltare Barliario verso l'uscio. Un rumore che preannunciava l'arrivo di un'altra persona.

IL DEMONIO

1

LA TUA UNICA POSSIBILITÀ

La faccia di Barliario prese la tonalità della cenere. Sulla soglia c'era un uomo intabarrato in un saio e in un mantello color della notte.

Il cappuccio, appesantito dalla pioggia, ne nascondeva il volto. Dove ci sarebbero dovuti essere occhi, naso e bocca c'era una minacciosa oscurità. E da quel buio emerse una voce profonda.

«Tu sai chi sono io?»

Barliario deglutì a vuoto. La paura gli strinse la gola. Sapeva chi era quell'uomo e non lo sapeva. Ne aveva sentito parlare in città, ma non l'aveva mai visto.

La verità è che nessuno sapeva chi fosse davvero Arimane.

Era un nome che circolava da anni a Salerno e bastava pronunciarlo perché i presenti cominciassero a farsi il segno della croce. O a zittire chi aveva osato farlo.

Anche l'origine di quell'uomo era avvolta nel mistero. C'era chi diceva fosse arrivato per mare, al seguito dei saraceni durante una delle loro scorribande sanguinarie. Altri giuravano su san Cristoforo che fosse emerso direttamente dall'inferno, per raccattare quante più anime possibile da offrire a Satana.

Non si vedeva mai in giro per la città, non si sapeva dove vivesse. Soprattutto non si sapeva se fosse solo una leggenda o una persona vera. Eppure le descrizioni di chi affermava di averlo incrociato o di averci addirittura parlato coincidevano tutte. E l'uomo che ora era in piedi sulla soglia dell'ospizio era esattamente come lo raffiguravano.

«Allora, la paura ti ha mozzato la lingua?»

Passò ancora qualche momento, che sembrò durare un tempo lunghissimo.

«Arimane...» il nome uscì dalle labbra di Barliario come una domanda, sotto forma di un bisbiglio.

L'uomo non rispose, ma fece un passo avanti. Gocce di pioggia colavano dal suo mantello. Il panico strinse ancora un po' le sue dita intorno alla gola di Barliario.

«Raggiungi stasera, dopo il rintoccar dei Vespri, la Casa delle Ombre. Immagino tu la conosca. Se vuoi salvare tuo padre, io sono la tua unica possibilità. Lascia stare l'elleboro bianco.»

Dette queste parole si voltò e prima di scomparire dietro al sipario liquido della pioggia aggiunse: «E vieni da solo, ti conviene».

Barliario ci mise un po' prima di scuotersi. Era pietrificato.

"L'ho sognato?" continuava a chiedersi.

No, non era un sogno. La macchia d'acqua lasciata sul pavimento dai vestiti bagnati dell'uomo era ancora lì.

Si morse il labbro per smettere di tremare. Poi si mosse dal giaciglio di suo padre e con cautela raggiunse la soglia. Sbirciò fuori. Non c'era anima viva sotto al violento nubifragio. Allora chiuse la porta, come per proteggersi, e corse accanto al padre.

"Sono la tua unica possibilità" aveva detto Arimane.

Guardò l'uomo bendato, e abbandonato a quello strano sonno simile a una morte, che fino a pochi giorni prima era stato il grande Rainardo, rispettato e temuto da tutti.

Poi a Barliario venne in mente un pensiero che lo fece di nuovo tremare. "Come sa dell'elleboro?"

Non c'era nessuno con loro, quando Trotula ne aveva parlato.

Era frastornato, in preda all'angoscia più nera. Doveva andar via di lì, e parlare con l'unica persona in grado di tranquillizzarlo.

2

NON SI VA MAI ALLA CASA DELLE OMBRE

Correva nel fango e nella pioggia, Barliario, attraverso le strade e le strettoie della parte meridionale della città per dirigersi alla Judaica.

Arrivò coi vestiti ormai zuppi all'arco stretto e scuro che puzzava sempre di piscio, che nemmeno tutta l'acqua che cadeva dal cielo riusciva a lavare via.

Da lì si sbucava in uno slargo proprio di fronte alle mura della città.

Quando vide le casette di legno degli ebrei, basse e dall'aspetto così fragile che ogni volta Barliario si chiedeva come facessero a restare in piedi, si sentì subito meglio.

A differenza della maggior parte dei salernitani, lui era il benvenuto nello stretto vicolo della Judaica. Barliario era amico di Shabbatai e in più di un'occasione aveva dimostrato lealtà e simpatia nei confronti della sua gente.

Superò qualche piccola bottega e si diresse verso la tintoria di Shalomoh. Quando entrò fu schiaffeggiato dall'odore acre dei bagni coloranti che ribollivano nei tini d'argilla dove il padre, la madre e il fratello di Shabbatai armeggiavano con grossi bastoni, agitando continuamente i liquami.

Per fortuna faceva caldo lì dentro, perché lui, con i suoi vestiti fradici, cominciava a tremare dal freddo.

«Aggiungi del sale, Isacco, non lo vedi che la robbia sta perdendo la densità?» gridò il capofamiglia al primogenito.

Quante giornate avevano passato con Shabbatai in quell'antro pieno di meraviglie!

Barliario salutò con le uniche parole ebraiche che conosceva: «*Shalom aleichem*». La pace sia con voi. E lo disse gridando per farsi sentire.

Solo allora i tre tintori si accorsero di lui e risposero in coro: «*Aleichem shalom*». Su di te sia la pace.

«Se cerchi quel disgraziato del tuo amico, lo trovi nella stanza della mordenzatura» disse la madre, dando un'altra bella agitata di bastone nel tino.

Il padre alzò gli occhi al cielo e disse qualcosa nella sua lingua. Barliario non capì, ma aveva il sospetto che non fosse proprio un commento dolce e gentile nei confronti del figlio.

Shabbatai era proprio lì dove aveva detto la madre: nella stanza imbottita d'umidità, arredata con una grossa cisterna e una panca che sosteneva sette tini sporchi di grosse macchie di colore, dal blu-indaco fino al rosso, sotto i quali bruciavano fiamme scoppiettanti.

L'amico aveva la faccia più annoiata del mondo, ma quando vide entrare Barliario la bocca prese la forma di un sorriso e la luce si accese nel panorama smorto del suo viso. Disse subito che non ne poteva più di nascondersi da Ermanno e che ormai aveva deciso di uscire. Meglio una spada alla gola che continuare a lavorare in mezzo a quel caldo asfissiante, a spaccarsi la schiena per colorare un pezzo di cotone.

Quindi chiese all'amico delle condizioni del padre e così Barliario gli raccontò quello che era accaduto all'ospizio. Non solo l'incontro con Pietro Chierico e le teorie strane di Trotula, ma soprattutto l'apparizione dell'oscuro Arimane.

«Cosa?! Ti ha chiesto di andare alla Casa delle Ombre?»

Shabbatai non poteva credere alle sue orecchie. «Non è che mi stai raccontando una delle tue *bobemeise*,* vero?»

Quella parola ebraica Shabbatai la usava per indicare una bugia bell'e buona.

Barliario andava avanti e indietro per la stanza, mentre l'amico era seduto ad ascoltare.

«Magari fosse una favola. Non so che fare, Shab.»

«Vengo con te» propose lui.

«No» rispose immediato Barliario, quasi gridando. Inspirò profondamente prima di andare avanti: «Mi ha ordinato di andarci da solo».

«Stiamo parlando della Casa delle Ombre, Barl.» Shabbatai si alzò e gli strinse le spalle. «Non puoi andare laggiù da solo. Nessuno osa andarci, nemmeno io ci andrei.»

«E cosa vuoi dire con questo? Che tu sei meglio di me?»

«Voglio dire che chiunque abbia solo sfiorato il terreno intorno a quel posto non ha mai potuto raccontarlo in giro. Non si va mai alla Casa delle Ombre, Barliario» mormorò piano piano Shabbatai. «E men che mai dopo il calar del sole.»

«Mi dici cos'altro potrei fare?»

«Non andarci.»

«È l'unico modo per salvare mio padre!» Di nuovo Barliario alzò la voce.

A proposito di padri, Shalomoh gridò dalla stanza accanto: «Shabbatai! Stai lavorando? Mi servono quei filati allazzati!».

«*Savlanut!*»** rispose Shabbatai. «Un momento...»

«Subito!» replicò con tono aspro il padre.

Shabbatai alzò gli occhi al cielo e Barliario si accorse di

* In ebraico *bobe* è "nonna" e *ma'aseh* un "fatto": quindi la storia della nonna, cioè una favola.

** "Pazienza!"

quanto somigliasse al suo genitore. Nei tratti e nel fisico così simili, eppure così distanti per sogni e comportamenti. "È il destino dei figli ereditare tanto poco dal carattere dei propri padri?" si ritrovò a pensare con amarezza.

«Dove eravamo? Ah sì, al tuo progetto di farti inghiottire dalla Casa delle Ombre» disse Shabbatai mentre con una pertica tirava fuori il tessuto, che aveva assunto un colore celeste pallido e sgocciolava nel tino pieno di mordente.

«Devi prestarmi uno dei tuoi coltelli» disse Barliario.

«Cosa? Ma hai battuto la testa venendo qui?» Shabbatai allungò una mano verso l'amico, come per sincerarsi che non avesse un bernoccolo. Barliario la scostò infastidito. «No, no, anzi... ti ha colpito una saetta! Con questa pioggia...»

«Ti prego, Shab.»

«E tu vorresti affrontare il figlio delle tenebre, Arimane, con un coltello? Che non sai nemmeno maneggiare, per giunta.»

«L'amore può tutto» replicò Barliario deciso.

«Sì certo, lo batti a suon di baci, il demonio.» Shabbatai si pulì le mani spolverandole l'una contro l'altra. «Aspetta. Ti insegno una tecnica che ti sarà utile. È di mio zio Qayin. Lui è un fenomeno. Morirai lo stesso, sia chiaro, ma almeno ci provi.»

«Io davvero ti ringrazio, come sai tirarmi tu su di morale...»

«Tranquillo, non ringraziarmi, vieni qui. Ti mostro come farlo svenire...» Shabbatai si piazzò dietro l'amico. «Ecco, devi afferrarlo così.» Gli allungò le braccia sul collo e le piegò in una morsa stretta.

«Ehi...» Barliario sentì una pressione soffocante ai lati del collo. Non arrivò nemmeno a dire "che stai facendo": la compressione dello strangolamento fu così forte che il figlio di Rainardo svenne.

3

IO HO UN SOLO AMORE: LA MEDICINA

Trotula entrò nella sua stanza sbattendo la porta con tale energia da far tremare le mura. Era furiosa.

"Che giornataccia!"

Si era inzuppata fino alle ossa per andare a prendere dell'elleboro bianco alla ruga degli speziali e tornare all'ospizio. E quel cafone di Barliario non si era fatto trovare!

E come se non bastasse, tornata a casa chi aveva incontrato? Il primo tra gli spacconi. L'ottuso Testadiferro. Ermanno.

La conversazione tra lui e Trotula era durata pochissimo: avevano poco da dirsi.

Ermanno le aveva prospettato ancora una volta l'idea del matrimonio, affermando che pure il padre di lei, Ruggero, ne era ormai convinto.

Trotula gli aveva detto chiaramente e per l'ennesima volta che non lo avrebbe sposato.

«Io ho un solo amore: la medicina» gli aveva detto forte e chiaro.

«Ancora con questa sciocchezza della medicina?» La voce di Ermanno le faceva l'effetto di una punta metallica che strideva contro una pietra.

«Credi che il matrimonio sia l'unica gioia per una donna?» aveva replicato Trotula.

«Ce ne sono altre?»

«Non ho niente contro i matrimoni felici. Ma quelli senza amore sono lacci che, se va tutto bene, privano giorno dopo giorno il petto del suo fuoco.»

«Ah sì? E se vanno male?»

«Ti tolgono pure il respiro.»

Ermanno usciva sempre sconfitto dal confronto, o meglio dagli scontri, con Trotula. Allora non trovava altra strada che l'arroganza e la furia.

Prima di andarsene con la sua andatura da cavaliere tutto d'un pezzo le aveva detto, con tono di minaccia: «Trotula de Ruggiero, sarai mia moglie. Che tu lo voglia o no».

Trotula era adesso nella sua stanza. Dopo aver congedato Mercuriade, andò a sedersi alla finestra. Da quella altezza aveva una magnifica veduta di tutta la città.

Il suo palazzo era nel quartiere di Plaium Montis, subito sotto al castello abitato da Gisulfo.

Da lì la vista scivolava lungo i tetti bassi fino al mare.

Trotula udì le campane dei Vespri che rintoccavano dalla chiesa di Santa Maria de Alimundo.

Amava quel silenzio e quella pace. Era distante dai rumori e dagli odori penetranti dei quartieri intorno alla Drapparia. Dalle strettoie malfamate che conducevano alla Judaica, piena di bambini che giocavano scalzi e selvaggi, raccogliendo gli avanzi delle bancarelle e rincorrendo animali randagi affamati quanto loro.

Per un attimo però pensò che le sarebbe piaciuto essere là fuori, a piedi nudi, senza fiato, vestita di stracci. Desiderò di non avere tutte le costrizioni del suo ceto sociale, le regole imposte, la via segnata.

Ma più di ogni altra cosa, desiderò di non essere costretta a sposare un uomo solo perché era quello che ci si aspettava da una donna.

Desiderò fuggire dalle mura che proteggevano sì la sua

città, ma che erano anche una barriera invalicabile, che la tagliava fuori dal vasto mondo, che lei non avrebbe mai visto.

All'ultimo rintocco della campana che chiamava alle preghiere del tramonto, Trotula scoppiò a piangere.

4

PERDERAI LA TUA ANIMA

Barliario camminava a passo sostenuto avviandosi verso la parte orientale della città. Gli doleva ancora un po' il collo dopo lo strangolamento alla Qayin.

Si era arrabbiato per lo scherzetto, ma poi Shabbatai gli aveva mostrato come farlo e dopo un paio di tentativi Barliario era riuscito a mettere in pratica la tecnica con successo.

Ora, col cuore in gola, si avvicinava al cosiddetto Ponte dei Diavoli, la costruzione più arcana e più temuta di Salerno.

Chiamavano così l'enorme acquedotto costruito cent'anni prima su un dirupo spaventoso, perché si diceva che a tirarlo su, in una sola notte di tempesta, era stato uno stregone, con l'aiuto del Maligno e della sua corte di demoni.

E visto che il diavolo non fa nulla per nulla, aveva preteso dallo stregone qualcosa in cambio: chiunque fosse passato sotto il ponte dopo il tramonto avrebbe reso l'anima a Lui, al Signore degli Inferi.

Leggenda o meno, i salernitani ci credevano ciecamente e nessuno si azzardava ad attraversare col buio gli altissimi pilastri dell'acquedotto.

Presto circolò la voce che lo stregone misterioso fosse Arimane. La capanna che sorgeva a poca distanza dal ponte prese il nome di Casa delle Ombre. Non ci abitava anima viva e per tutti si fece fama di luogo maledetto.

Tra poco le campane avrebbero suonato i Vespri. Bastava guardare il cielo, e conoscerlo, per saperlo.

Barliario prese un lungo respiro e alzò lo sguardo sulla ragnatela di archi che torreggiava sopra di lui.

"Per te, padre, lo faccio solo per il tuo bene" disse fra sé, con la speranza che le parole arrivassero magicamente a Rainardo che lottava tra la vita e la morte.

S'infilò sotto il ponte maledetto. Raccolse non solo tutto il coraggio che aveva ma anche quello che non sospettava di possedere, e risalì lungo il primo passaggio dell'acquedotto.

Non c'era nessuno nei dintorni. Nemmeno i cani randagi, i gatti raminghi, i topi famelici. La vita si era ritirata in altri angoli della città, lasciando quella zona in balia del sussurro dei morti e degli spiriti infernali.

Barliario cacciò via quei pensieri pericolosi, ma la paura ormai gli aveva messo radici nello stomaco. Non doveva farsi vincere, altrimenti il suo passo sarebbe diventato più pesante, rischiando di farlo arrivare alla fine dell'acquedotto a tenebre inoltrate.

"Perderai la tua anima, Barliario" disse la voce terrorizzata dentro di lui. Non servì a fermarlo. Quando arrivò in cima alla strada, si trovò sulla destra il muretto che circondava la Casa delle Ombre.

La sua anima era ancora nel petto? Barliario respirava, quindi pensò di aver passato indenne la maledizione del ponte.

Prima di scavalcare il muretto guardò in su, verso la parte alta della città, dove sorgeva il quartiere di Planium Montis, con i suoi ricchi palazzi.

"È lì che vive Trotula?" si sorprese a pensare.

Ebbe la sensazione di essere osservato proprio da lassù, ma durò un attimo.

Superando siepi di rovi, alberi dalla forma contorta e un pozzo costruito chissà quanto tempo prima, Barliario si ritrovò davanti la capanna di legno.

Si accorse solo in quel momento che la porta praticamente non c'era più e il tetto era sfondato in più punti.

Si fece il segno della croce, senza illudersi troppo che davvero potesse proteggerlo.

Ed entrò.

5

NON ESISTONO, I DRAGHI

Barliario fece qualche passo e si rese conto di non dover proseguire.

Aveva già trovato chi stava cercando.

Nell'unica stanza, invasa da detriti e sporcizia, c'era Arimane. Era in piedi con in mano una candela, i cui riverberi rossi guizzavano sul grosso cappuccio calcato sulla testa, e un libro stretto sotto al braccio.

Il ragazzo sentì le gambe farsi molli come sedano bollito.

«Vuoi davvero salvare tuo padre» esordì l'uomo incappucciato. Non era una domanda.

Arimane era vestito esattamente come nella sua apparizione all'ospizio, diversa invece era la voce, almeno così parve a Barliario. Era sempre profonda, sepolcrale, fredda, eppure c'era qualcosa che la rendeva differente, una questione di sfumature. Barliario aveva un dono per coglierle.

«Sì, voglio vedere mio padre di nuovo in piedi. Vivo.»

«Allora devi fare qualcosa per me.»

«Cosa devo fare?»

«Ascoltare» rispose l'uomo, poi, riferendosi al libro: «Questo è un volume antichissimo. Dentro c'è una storia che ha avuto inizio molto prima che questa città finisse nelle mani dei longobardi».

Barliario cercava di immaginare, senza riuscirci, un

tempo così lontano. La gente venuta dal nord, dalle lunghe barbe, dominava Salerno da oltre quattro secoli.

«È scritto in latino» continuò Arimane. «Lo sai leggere?»

Barliario non riusciva a cavare una parola dalla bocca, sempre più terrorizzato. Si limitò a scuotere la testa.

«È chiamato *Draconis Chronicon*» disse l'altro, e fece una pausa prima di andare avanti. «Le cronache del drago.»

"Un drago?"

Barliario pensò al vecchio monaco che pochi giorni prima aveva avvertito la folla di prestare attenzione ai segni della catastrofe. Di temere il risveglio della Bestia alata.

Sentì la pelle dietro al collo formicolare.

«Hai paura dei draghi?»

Le domande di Arimane avevano la capacità di infilarsi nella sua carne, aghi appuntiti e dolorosi.

«Non esistono, i draghi...» ebbe il coraggio di replicare Barliario.

Quasi all'istante la fiamma della candela nelle mani di Arimane si spense.

Il buio li chiuse entrambi nel suo pugno.

"Lui è il demonio."

Il pensiero gli entrò in testa nell'attimo stesso in cui si trovò nell'oscurità.

"Non permettere alla paura di afferrarti" risuonò in lui la voce del padre. Il problema è che per quanto cercasse di convincersi, ormai era troppo tardi. Simile a un veleno che agisce rapido, il terrore era entrato in circolo nel suo corpo, pietrificandolo.

E rischiò di sgretolarsi quando sentì distintamente un alito gelido soffiargli sul collo.

«Barliario» si sentì chiamare.

La voce di Arimane era dietro di lui, a meno di un palmo dalle sue orecchie. Si voltò di scatto.

Incontrò solo il nulla.

Poi sentì il suono secco dello stoppino della candela

che prendeva fuoco. Si voltò di nuovo e dritto davanti a sé ritrovò l'uomo incappucciato.

Barliario fu sul punto di svenire.

«Come avete fatto...?»

«Chi ha paura commette errori» disse Arimane. «Chi ha paura vede e sente ciò che non esiste. Tutto si confonde.»

«Vi prego Arimane, ditemi cosa devo fare per salvare mio padre.» Non avrebbe resistito ancora molto.

L'uomo si spostò verso la parete di legno e la candela illuminò una specie di tavolo che fino a quel momento Barliario non aveva scorto.

«Te l'ho già detto. Ascoltare.»

Arimane poggiò il libro e lo aprì.

Poi cominciò a raccontare.

Quando i Visigoti giunsero in prossimità di Volturara, nel settimo anno del quarto secolo dopo la nascita di Gesù Cristo, gli abitanti del luogo - gli Irpini - alzarono terrorizzati il capo verso il cielo.

Il pericolo e la morte non arrivavano solo dalla terra. Non arrivavano solo dall'esercito, dalle spade, dalle frecce degli invasori.

C'era un'ombra immensa che avvolgeva ogni cosa.

Il clangore delle armi barbare sparì nei ruggiti mostruosi che piovevano sulle loro teste, gelando il sangue nelle vene.

Ci fu caos e un terrore sconosciuto.

Solo quando dalla foschia emerse la Bestia volante dalle fauci spalancate, gli Irpini capirono.

Era il leggendario dragone dei barbari.

Esisteva davvero.

Divorava la luce del sole con la sua mole immensa. Portava morte, disperazione, tenebre. Non per nulla i Visigoti lo chiamavano nella loro lingua: sauil (sole) reqis (oscurità) ovvero: l'Eclisse.

Sauil Reqis.

Era stato catturato dal popolo germanico dei Bastarni in un remoto lago del Profondo nord, per poi farne dono ai Visi-

goti così da suggellare il loro patto di alleanza. L'orda barbarica conquistò le terre del Sud grazie a quel drago.

Nutrivano l'Eclisse con lo stretto indispensabile, così che fosse sempre affamato e pronto a scatenare la sua furia.

I Visigoti razziarono il castro di Volturara, portando violenza e distruzione. Quando ebbero finito, nascosero gran parte del loro tesoro tra gli acquitrini che sorgevano poco distante dal paese irpino. In una grande voragine che lo stesso drago scavò con le sue immense zampe, dagli artigli più duri del metallo.

La Bestia si ritirò in quell'abisso sotterraneo.

Ogni giorno, i Visigoti rimasti a Volturara prendevano due giovani del posto e due vitelli e li portavano alla voragine per sfamare il drago.

In tanti, animati dalla disperazione, provarono a sottrarre i propri figli alla furia del mostro. Ma finivano divorati a loro volta.

Finché un mattino giunse nei pressi del borgo un uomo altissimo, dalla lunga capigliatura dorata. La pelle era segnata dagli anni e dalle battaglie, coperta da vistose cicatrici come ragnatele lucenti sul corpo pallido.

Si faceva chiamare Cesio, "colui che ha gli occhi chiari".

Arrivato nei pressi di Volturara l'uomo si avvicinò a una fonte d'acqua per bere, e lì vide una fanciulla che piangeva disperata.

Cesio, per la prima volta dopo anni, si dimenticò del suo viaggio. E di chi lo aspettava al di là delle montagne.

Fermato il cavallo, strappò parte del mantello che gli co-

priva le ampie spalle e lo porse alla fanciulla perché si asciugasse le lacrime. Solo allora si accorse dello scintillante diadema a forma di drago che le cingeva il capo e i fluenti capelli dorati. Non era una semplice ragazza del popolo.

Lei gli raccontò della terribile maledizione che ormai gravava sulla città, raccontò dei barbari, di Sauil Reqis e dei sacrifici umani.

Cesio si allontanò senza proferire altra parola, stringendo la propria spada e lasciando la ragazza colma di domande e perplessità.

All'alba del giorno seguente, quando la fanciulla e un altro giovane furono condotti davanti all'ingresso della voragine, comparve il misterioso cavaliere pallido.

I due ragazzi erano legati, sorvegliati dai loro carnefici. Cesio li liberò con un colpo di spada, poi volse la sua lama ai guardiani Visigoti che erano con loro.

Tagliata la gola dell'ultimo barbaro, disse ai ragazzi di tornare alle loro case.

Adesso non gli restava che affrontare Sauil Reqis.

Cesio riusciva a udire i respiri che provenivano dalla profonda cavità. Intorno all'antro, l'aria era calda.

Man mano che procedeva, il budello di roccia diventava sempre più stretto e il calore si faceva più intenso. Poi un ruggito scosse le pareti. Il soffitto roccioso si stava sgretolando. Cesio poteva udire la terra battuta da Sauil Reqis, che si avvicinava a velocità sorprendente.

Il lungo corpo sbatteva contro le pareti di pietra, eccitato dalla preda vicina. Cesio aveva sfoderato la spada e stava in guardia. Si mise al riparo dietro lo scudo, un clipeo forgiato con un metallo speciale che nessun fuoco poteva fondere.

La Bestia apparve e lo fissò con l'unico occhio sano.

Lo scontro fu violentissimo.

Per quanto Cesio fosse veloce nei fendenti, l'Eclisse riusciva a sfuggire alla sua lama.

La battaglia andò avanti a lungo, le gambe di Cesio si fecero pesanti come macigni. Sauil Reqis con un movimento laterale sbilanciò il guerriero. Le sue fauci si chiusero intorno all'armatura, sollevando il suo corpo.

Lo scaraventò lontano.

Il corpo finì contro una parete per poi precipitare a terra.

Cesio avvertì i suoi sensi spegnersi, ma le ombre che da tempo gli affollavano la testa gli ricordarono che il viaggio non era ancora finito.

Ripose la spada e lo scudo.

Adytis ecfert penetralibus ignem.

Solo allora Cesio capì qual era il suo destino e seppe esattamente cosa fare.

6

RIUSCIRAI A PORTARMI IL FUOCO DEL DRAGO?

«Cosa significa la frase?» Barliario approfittò della pausa nel racconto di Arimane per interromperlo.

L'uomo lasciò le pagine del *Draconis Chronicon* e si girò verso di lui, il volto ancora nascosto nell'ombra del cappuccio, anche se per un attimo Barliario ebbe l'impressione di veder luccicare due fessure luminose. Occhi di ratto, scintillanti.

«*Adytis ecfert penetralibus ignem.*» Arimane pronunciò ognuna delle quattro parole come se le scolpisse nell'aria. «Porta il fuoco fuori dalle profondità del tempio.»

Barliario le mormorò dentro di sé.

Cosa significava? Per quante volte la ripetesse, la frase non diventava meno oscura.

Arimane chiuse il libro con uno scatto improvviso. Il rumore provocò un tonfo nel petto di Barliario.

«Cesio riuscì ad accecare uno degli occhi di Sauil Reqis e usò l'*Anbar* per abbattere il drago e prenderne il fuoco» disse infine l'uomo che Barliario credeva il demonio. «Non con la sua spada e con il suo scudo prevalse sulla Bestia. Non con la sua forza. Lo fece con l'*Anbar*.»

«L'*Anbar*?» il ragazzo non aveva mai sentito quella parola. «Anche questo è latino?»

Arimane emise un rantolo, qualcosa a metà strada tra

un ghigno e un raspare della gola. «Non è latino. È una parola scritta nella lingua dei barbari che portarono il drago a Volturara.» Poi batté la mano sulla copertina rigida del libro. Fece il rumore di uno schiaffo. Di corpo contro corpo.

«E cosa significa?» balbettò Barliario.

«Sta a te scoprirlo.»

«A me?»

«Un maestro ti può aprire la porta, ma tu devi entrare da solo.»

"E chi sarebbe il mio maestro?" pensò Barliario, ma la domanda restò chiusa nella bocca.

Arimane raccolse la candela e rispose alla domanda che non era stata posta.

«I maestri sul tuo cammino potranno essere tanti e quasi mai ti diranno che lo sono. Un maestro non lo conosci prima, lo riconosci dopo.»

Barliario provò a mettere in fila quelle parole e dar loro un senso.

Arimane avanzò verso di lui con passi che non facevano rumore. Sembrava fluttuare, senza peso, sulle assi marce del pavimento.

Si fermò a circa sei piedi da Barliario e, nonostante la distanza, il ragazzo avvertì una folata di gelo investirlo in pieno. Rabbrividì.

«Tu mi porterai il fuoco del drago, Barliario» disse l'uomo. La voce imperiosa trasformò quelle parole in un ordine. «Il fuoco nascosto nel luogo più profondo dove riposa Sauil Reqis.»

«Cesio non... non l'ha... ucciso?»

«La Bestia non si uccide. Cesio la domò, a costo della sua stessa vita. Le forze che si concentrano in un drago risalgono agli albori del tempo.» Arimane alzò il braccio e fece roteare la mano in un vortice lento. Barliario lo fissava, vittima di una sorta di ipnosi. «Terra, aria, acqua e fuoco: gli elementi primordiali racchiusi nell'anima del drago sono troppo potenti per essere conosciuti e vinti dall'uomo. Controllare davvero anche solo una di queste forze può servire a mutare la materia. A fermare lo scorrere del tempo.» Un passo silenzioso verso Barliario e l'uomo proseguì: «Perfino a invertirlo».

«Non si può... non si può fermare il tempo» protestò debolmente Barliario.

«Oh mio caro Barliario, imparerai anche questo nel tuo viaggio: l'impossibile esiste finché non spingiamo la nostra vista un po' più in là della solita linea dell'orizzonte.»

Una raffica di vento fece tremare la capanna. Le sue ossa di legno scricchiolarono. Barliario temette che potesse crollare.

«Quindi Cesio è morto per fermare l'Eclisse?» domandò il ragazzo.

«Tutto ciò che desideriamo davvero nella nostra vita si ottiene mettendo alla prova ciò che più amiamo.» Arimane alzò la mano e puntò il dito contro Barliario. «*Ales timuit exterrita pennis*». Di nuovo il latino. «L'uccello spaventato tradisce la sua paura con un battito d'ali.» Avanzò ancora di un passo senza rumore e Barliario istintivamente arretrò.

Sotto i piedi del ragazzo le assi cigolarono.

«Sei un uccellino intimorito, Barliario. Riuscirai a portarmi il fuoco del drago?»

Barliario restò senza parole.

«Portamelo e io salverò tuo padre. Questo è il patto.»

7
LA STRADA DA PRENDERE

Shabbatai non se lo fece dire due volte: sarebbe partito con il suo amico. Anche subito.

Per tre motivi.

Innanzitutto perché avrebbe accompagnato Barliario pure all'inferno, se glielo avesse chiesto.

In secondo luogo, quella era esattamente la grande occasione che cercava per lasciare la bottega. Il ragazzo si sentiva diverso dal padre, dal nonno e dai suoi antenati. Non avrebbe consumato la sua vita tra vasche per i bagni di tintura, caldaie per riscaldare l'acqua di lavaggio ed essiccatoi per l'asciugatura.

Terzo e ultimo motivo, forse il più importante: avventura e drago nella stessa frase era per Shabbatai il concetto stesso di felicità. Lui aveva una sola, bruciante ambizione: diventare un cavaliere; anzi, di più: un autentico eroe. Sconfiggere una Bestia come Sauil Reqis era il suo grande sogno.

Adesso avevano bisogno di una strategia per lasciare la città. Varcare le mura di Salerno significava abbandonare le certezze a cui erano stati abituati nei loro tredici anni di vita, per gettarsi a capofitto nell'oscurità del mondo esterno. Non potevano nemmeno immaginare cosa li avrebbe aspettati là fuori.

«Ladri, bande di criminali, animali selvaggi, il freddo, la fame sono solo alcuni dei pericoli che potrebbero ammazzarci» disse Barliario a Shabbatai mentre camminavano lungo le stradine anguste del quartiere ebraico.

«Niente a confronto della noia che mi uccide un giorno alla volta, lì dentro» e con il pollice indicò la tintoria alle sue spalle.

«Shab, è una cosa seria» disse Barliario guardandolo dritto in faccia.

«Ti sembro un tipo che scherza, di solito?»

«Sei un caso disperato» sorrise Barliario.

«Quando partiamo?» chiese Shabbatai.

Barliario invece si fermò, sedendosi a terra, frenato dal peso della preoccupazione. «Ermanno ti sta ancora cercando, dobbiamo muoverci con cautela. E sai che gli arimanni alle porte di Salerno rispondono a suo padre, quindi non mi fiderei a passare da lì.»

«Potremmo scavare dei tunnel sotterranei allora» disse lui e mimò gesti da roditore. Barliario sbuffò e scosse la testa.

«Idiota.»

«No dai, che facciamo allora? Seriamente.» L'ultima parola fu contraddetta da un sorriso che era sul punto di diventare una vera risata.

"Irrecuperabile" pensò l'amico. "Eppure senza di lui..."

«Come ti ho detto, qualcuno che può aiutarci c'è.»

«E che stiamo aspettando?»

«Che ritorni dalla pesca.»

Shabbatai afferrò un braccio di Barliario e lo mise in piedi senza sforzo. Aveva muscoli ben torniti, il giovane ebreo.

«Tra poco scocca la Sesta. Credi sia ancora in mare?» Ma Shabbatai non attese la risposta. «Forza, andiamo. A chi arriva per ultimo...» cominciò a correre «...tocca lo strangolamento alla Qayin!»

Barliario rise e partì al suo inseguimento.

«Ehi, non è valido, baro che non sei altro!»

Attraversarono la Judaica per raggiungere la postierla dell'arsenale, uno dei varchi segreti aperti nelle mura della città e che sbucava dalle parti dell'attracco sul mare, il porto che serviva da approdo per le operazioni di imbarco delle merci.

I due ragazzi volevano incontrare il vecchio pescatore Antimo. E lo trovarono dove doveva essere. La pelle incartapecorita dal sole e il corpo sottile che lo faceva sembrare un ramo contorto salvato dalle acque, stava seduto su una barca rovesciata, armeggiando con una rete di cui rammendava gli strappi.

Barliario lo conosceva perché qualche volta suo padre si era fermato con lui a parlare per strada. Era un uomo aspro, dallo sguardo cattivo e con una cicatrice sulla guancia che lo rendeva ancora più temibile.

«Signor Antimo, dobbiamo chiedervi una cosa» esordì il ragazzo.

Lui non alzò nemmeno il capo. «Non sono un signore. Cosa dovete domandarmi?»

«Voi avete viaggiato tanto... avete esperienze del mondo fuori dalla nostra città e...»

Ma il pescatore lo interruppe subito. Anche la voce sembrava seccata dai raggi del sole: «I follari ce l'hai?».

Barliario guardò Shabbatai, che annuì ed estrasse da un sacchetto legato in vita tre monete malconce.

Gisulfo II ci aveva fatto incidere sopra la sua immagine, seduto in posa da grande sovrano con tanto di scettro, corona e ricco vestiario. Sul retro le parole: *Opulenta Salernum*. La ricca Salerno.

Finalmente l'attenzione di Antimo fu tutta per loro, o meglio per i soldi. Se li fece consegnare. Sputò sulla faccia del principe, considerato da tutti un inetto buono solo a vantarsi e a esercitare il potere con crudeltà, quindi li intascò. «Sono pochi, ma me li farò bastare» commentò. «Cosa volete sapere?»

«Mai sentito parlare di Volturara?» chiese Barliario.

«Ci sono stato una volta» rispose abbassando di nuovo il capo sulla rete, così in fretta che Shabbatai dubitò che avesse detto la verità. Lui sapeva bene che le bugie si nascondono molto meglio dietro uno sguardo sfuggente. E gli sembrava strano che un pescatore conoscesse un luogo così distante dal mare. Comunque, tacque.

«Come possiamo raggiungerla?»

«E che ci andate a fare laggiù?»

Barliario cerco la risposta giusta: «Affari».

Antimo rischiò di strozzarsi per quanto rise. Solo quando si riebbe scatarrando sulla sabbia, riprese la parola. «E sareste solo voi due ad andare in mezzo a quei selvaggi degli irpini?»

«Perché non siamo abbastanza?» stavolta intervenne Shabbatai, con piglio da combattente: le mani sui fianchi e le gambe leggermente divaricate.

«Siete più che sufficienti per farvi massacrare» rispose l'altro, con calma e un mezzo ghigno ad accompagnare la sentenza.

Barliario deglutì a vuoto, poi incrociò lo sguardo con Shabbatai.

«Ce lo dite o no?» domandò quest'ultimo.

Un lampo di cattiveria attraversò gli occhi scurissimi di Antimo. Lasciò cadere la rete e si mise in piedi, saltando giù dalla chiglia della barca capovolta.

Barliario fece un passo indietro, l'amico restò dov'era.

«Non mi piacciono gli insolenti» disse l'uomo.

«E a me chi dice *bobemeise*» rispose Shabbatai e a quella parola strana, Antimo aggrottò le sopracciglia. La perplessità aveva per un attimo spazzato via la rabbia.

Intervenne Barliario, che si frappose tra l'amico e il pescatore.

«Vogliamo solo sapere la strada da prendere, Antimo. Tutto qui. Vi abbiamo dato anche tutti i nostri averi.»

«I miei» precisò Shabbatai.

Antimo alzò di scatto il braccio sinistro, i due ragazzi balzarono d'istinto all'indietro. Ma l'uomo non voleva colpirli. Stava indicando qualcosa alle loro spalle, verso il colle Bonadias, torreggiante sulla città col suo castello.

«Da lì dovete uscire.»

«Dalla Porta Rotese?»

Porta Rotese era una delle sei grandi aperture nelle mura cittadine.

«Sì, ma non lo farei fossi in voi» rispose Antimo e prima che i ragazzi chiedessero il motivo, li anticipò: «Là ci sono un sacco di guardie. E meno ci avete a che fare meglio è. O mi sbaglio?».

«Non abbiamo fatto nulla di male» si affrettò a dire Shabbatai.

Antimo annuì, poco convinto.

«E se invece volessimo evitare la porta?» s'intromise Barliario.

«Vi dico io come fare. E poi vi mostro dove andare.»

«Grazie!» disse raggiante Barliario.

«Non ringraziarmi. È roba da signori e io non lo sono.»

"Poco ma sicuro" pensò Shabbatai.

8

MAI SENTITO PARLARE DELLA *THERIACA*?

Barliario sobbalzò quando sentì bussare alla porta.

Da quando, qualche ora prima, il pescatore gli aveva rivelato tutte le dritte per arrivare a Volturara, molte delle quali per Shabbatai erano solo frottole inventate per darsi aria da uomo di mondo, non pensava ad altro che al viaggio da affrontare.

«Trotula...» disse Barliario sorpreso, trovandosi di fronte lei e la sua amica dalla pelle scura.

«E Mercuriade» completò la medichessa.

«E... e... cosa ci fate qui?» Barliario era rimasto piantato sull'uscio, arzillo e rigido come un'acciuga sotto sale.

«Ci fai entrare o ti è troppo di incomodo?»

"Questa ragazza non conosce la decenza. Oppure semplicemente se ne infischia" pensò Barliario mentre si faceva di lato per permettere alle due donzelle di passare.

Trotula si guardò attorno con la curiosità con cui si esplora un mondo sconosciuto ricco di meraviglie. Mercuriade annusò l'aria. Barliario si vergognò al pensiero che potesse sentire uno spiacevole puzzo di chiuso e di stufato di verdure.

«Siamo passate dall'ospizio, pensavamo di trovarti lì. Ma c'era tua madre» spiegò Trotula. «Quanto soffre...» Intanto si era spostata accanto al camino, le cui fiamme erano l'unica fonte di luce insieme a un paio di candele piantate in bugie di terracotta.

L'aria del pomeriggio cominciava a farsi più fresca, il cielo era denso di umidità. Nel giro di pochi giorni l'estate era diventata un lontano ricordo.

«Ho con me l'elleboro bianco, ne ho fatto un unguento» continuò la ragazza, che intanto si riscaldava le mani davanti alla fiamma.

«Non serve» rispose Barliario.

«Cosa?» chiese Trotula, e stavolta fu lei a mostrare stupore.

«La tua pianta non salverà mio padre. Sarò io a farlo.»

«E come faresti, di grazia?»

«Non posso dirtelo.»

Trotula inarcò le sopracciglia in una posa indagatrice. «Sentiamo, a quale santo ti sei affidato per curarlo?»

Barliario si sentì offuscare di rabbia.

«Nessun santo. Né santa.»

«Ah no? E come vuoi fare allora? Sono davvero curiosa.»

Barliario si sentì trafitto dagli occhi di lei, ma cercò di non farsi intimidire.

«Io e Shab partiremo il giorno della festa di San Matteo, per cercare una... cosa.» Adesso si era conquistato tutta l'attenzione della ragazza. Proseguì, sentendosi quasi in obbligo di rispondere a un interrogatorio. «Andremo in Irpinia.»

«In Irpinia? Ma è lontanissima, saranno almeno venti leghe tra montagne e zone disabitate.»

«Forse il doppio» replicò con un certo orgoglio Barliario.

«E come farete? Cavalcherete destrieri magici o chiederete al demonio di portarvi lì?» ironizzò Trotula.

Barliario sentì un brivido, pensando ad Arimane. «In effetti il demonio c'entra...» sussurrò tra sé.

Un silenzio inquieto piombò nella stanza. Poi Mercuriade pronunciò una parola in una lingua oscura: «*Inihidi*».

Trotula alzò la mano come a dire: aspetta un attimo.

«Barliario, ascolta... io posso aiutarti» disse la ragazza. «Viaggiare in territori sconosciuti non è un affare da poco, ci sono pericoli ovunque. La mia scienza potrebbe esserti molto utile.»

«Come lo è stata per mio padre?» ribatté lui, sarcastico.

Trotula inspirò profondamente per calmarsi. Mercuriade la guardò interrogandola a occhi stretti.

«Ascolta, Barliario. Mai sentito parlare della *theriaca*?» Lui scosse la testa. «È un medicamento straordinario. Una pozione che si dice miracolosa. Può curare anche i mali più oscuri e ostinati... La sua ricetta è antichissima.» Trotula parlava con passione, muovendosi per la stanza, come a raccogliere le parole giuste. «L'ha messa a punto il medico di Nerone, Andromaco.»

Fece una pausa per capire se il ragazzo lo avesse mai sentito nominare. Il vuoto nell'espressione di Barliario le diede la risposta.

«Per realizzarla sono necessari decine di ingredienti: foglie, radici, balsami, spezie, erbe... Ma è uno solo l'elemento indispensabile perché funzioni davvero.»

«Quale?» chiese Barliario.

«Lo dice la parola stessa. *Theriaca* viene dal greco *therion*, che significa vipera.»

«Non capisco.»

«L'ingrediente principale sono i cosiddetti *trocisci viperini*. Cioè la carne di questo serpente velenoso cotta con sale e aneto.»

«Che schifo» borbottò il ragazzo.

«Magister Garioponto sapeva come preparare la *theriaca*.»

Ecco un nome che Barliario conosceva bene.

Garioponto era stato a Salerno una figura mitica, non solo per la Scuola Medica di cui era il Magister più importante.

Alla sua morte, sei anni prima, tutti lo avevano pianto in città, suo padre Rainardo compreso.

«Garioponto lo conosco!» disse fiero Barliario.

Trotula gli si avvicinò. I suoi occhi scintillavano di entusiasmo. Di nuovo il ragazzo avvertì quell'odore di miele e ciclamini che si diffondeva dai capelli biondi di lei.

"Come diamine è possibile profumare in questo modo? Non ho quest'odore nemmeno quando mi lavo a ogni luna nuova."

«Io posso preparare per tuo padre la *theriaca* più potente mai esistita. E dato che il maestro era convinto che le vipere irpine siano le più pregiate di tutte... verrò con te.» Poi Trotula si voltò verso Mercuriade, rigida come una statua antica, e aggiustò la frase: «Noi verremo con te. Ti aiuteremo, qualsiasi cosa tu debba fare o cercare... e intanto raccoglierò tutti gli ingredienti che mi mancano.» Si rivolse verso l'amica, che emanava contrarietà da tutto il suo essere. «Vero, Mercuriade?»

Lei inizialmente non mosse un muscolo, poi si sciolse in un cenno di assenso, anche se con poca convinzione.

Barliario si scostò leggermente all'indietro, anche per sottrarsi all'incantesimo del profumo avvolgente di Trotula.

«No, andremo solo io e Shab.»

«Ma perché?» Trotula quasi gridò quella domanda.

«Perché voi... siete femmine» rispose bruscamente Barliario.

Trotula si bloccò. Aprì la bocca come per dire qualcosa, ma la richiuse un attimo dopo senza aver articolato nessun suono.

Mercuriade le poggiò con delicatezza una mano sulla spalla.

Poi Trotula annuì, senza distogliere lo sguardo da Barliario.

Quindi si voltò e attraversò la grande stanza che faceva da cucina, sala da pranzo e tutto il resto. Mercuriade la seguì fuori. Non chiusero nemmeno la porta.

Barliario, sbigottito, le inseguì fin sulla soglia, giusto in tempo per vederle sparire lungo la strada che conduceva verso la parte alta della città.

«Non è avventura per donzelle, questa» mormorò a se stesso, cercando di convincersi che fosse giusto così.

KHARIJ ALJASAD

Respiro.

Spazzo via tutti i pensieri che fanno peso nella mia testa. È la prima regola che ho appreso da mio padre.

"Se non ti liberi dalla zavorra non puoi staccarti da te stesso."

L'ho letto tra i suoi appunti sull'Extricatum. Lui annota tutto. Quando sono entrato per la prima volta nel suo laboratorio, a sua insaputa, ho trovato i suoi fogli e ho cominciato a leggerli.

Non potendo ricopiare quello che leggevo, l'ho imparato a memoria. Sempre col cuore in gola, col timore di essere scoperto.

Respiro.

Ma i pensieri mi restano attaccati dentro. Eccone un altro...

"...Abbiamo deciso di partire il giorno della fiera di San Matteo. Il 21 di settembre. Io e Shab abbiamo un piano; seguiremo le indicazioni di Antimo il pescatore. Usciremo dalla postierla di San Clemente, il varco nelle mura che si trova dalle parti del monastero dedicato al santo. Ci sarà grande confusione quel giorno in città. Sarà tutto un viavai di gente e di animali..."

Maledetti pensieri, non riesco a liberarmene. Vanno da tutte le parti. Come faccio a smettere di pensare?

Respiro.

Devo concentrarmi sul…

Respiro.

Seconda regola: recitare la formula dell'Extricatum.

«Kharij aljasad.»

Non so cosa significhino queste parole, ma le ho fatte mie. Non so a quale lingua appartengano, so che mio padre le ha estratte dalle pagine antichissime del "Libro dei segreti" di un certo al-Rāzī.

Un arabo, forse. O un mago caldeo.

Le ripeto all'infinito, fino a che tutto sparisce.

Sono steso nel mio rifugio, perché è così che bisogna rimanere. Questa è la terza regola.

«Kharij aljasad Kharij aljasad Kharij aljasad Kharij aljasad.»

Respiro e recito la formula.

Quarta regola: non opporre resistenza alla forza che sembra risucchiarti.

È così… Sento una specie di vibrazione che mi attraversa il corpo. Un tremolio che non riesco a bloccare. E una forza invisibile che mi tira via. Precipito nel vuoto e non ho più appigli a cui aggrapparmi…

Anzi, uno c'è.

Il filo d'argento.

Lo vedo perfettamente. Parte dal centro del mio stomaco e mi tiene legato all'altro mio corpo, quello evanescente, che si alza sopra di me.

"Il delicato e scintillante filo d'argento. Yebiri Kiri, lo chiama al-Rāzī. È il sentiero strettissimo che l'anima dell'alchimista percorre nel cammino verso il suo spectrum, il secondo corpo. Io ho imparato a seguire lo stesso sentiero per uscirvi e poi rientrarvi."

Così ha scritto mio padre nei suoi appunti. Lui sa che li leggo. Ma non ha intenzione di spiegarmene il significato. Tocca a me trovarlo.

Una volta mi ha detto: "È il tuo Extricatum, non il mio".

Quarta e ultima regola. Non avere paura.

Ed è questa la più difficile. Perché la paura non si fa mettere da parte. Quando sento il mio corpo che si sdoppia, mi prende una paura che strizza le budella. Anche se ti sembra di tenerla a bada, resta in agguato. E ti salta addosso, appena le permetti di farlo. Quando sto per uscire fuori da me e il mio corpo resta sdraiato senza vita, mi prende un terrore che non so spiegare. È come se vedessi la mia morte.

E cosa c'è di più spaventoso?

9

CHE SIGNIFICA ESSER FEMMINA

«Gli farò vedere io che significa esser femmina.»

Trotula non poteva farsi una ragione del rifiuto di Barliario. Aveva ottenuto conquiste che tutte le altre donne in città potevano solo sognare, anzi, forse nemmeno questo. Il fatto stesso che studiasse medicina alla Scuola era un privilegio non raro, bensì unico.

Mercuriade la seguiva con lo sguardo. Trotula andava avanti e indietro per il giardino senza sosta. Era un animale feroce rinchiuso tra le sbarre di una gabbia.

«Quel piccolo presuntuoso... Ah, ma vedrà di cosa è capace Trotula de Ruggiero. Lo vedrà!»

«Cosa vuoi fare?» La voce di Mercuriade era un graffio.

«Cosa voglio fare? Partire con loro, no?» disse lei, ancora di spalle.

Mercuriade si puntò un dito alla tempia: «No, Trotula, è *idibi.*»

«Una pazzia? E perché?» La medichessa ruotò su stessa e si trovarono occhi negli occhi. «Non capisci? È un'occasione incredibile, Mercu. Andar via di qui, vedere il mondo! Liberarci da queste mura e scoprire quello che c'è dall'altro lato.»

«È troppo pericoloso» sussurrò Mercuriade.

«Lo so!» proruppe Trotula. «So che potrebbero esserci

cose terribili, ma se non partiamo, sono sicura che me ne pentirò.» Andò a sedersi sulla panca scolpita nella roccia accanto alla siepe di ligustro.

Improvvisamente pareva intristita, svuotata. Mercuriade andò a sedersi accanto a lei. Le sfiorò i capelli dorati con le sue dita scure e disse: «Ho fatto di nuovo quel sogno, ieri notte».

«La strega?» chiese Trotula.

«Non è una strega.»

«Da come me l'hai descritta, lo sembra.»

«È come se volesse mettermi in guardia.»

Mercuriade fu sul punto di confessare quello che la donna del sogno le aveva detto, ma poi preferì non farlo. Non amava raccontare i sogni, specialmente quelli brutti, perché aveva paura che si avverassero.

«Da cosa?» Trotula si era rianimata.

«Non lo ricordo» mentì l'amica.

«E allora come fai a sapere…»

«*Imenenyi*» la interruppe Mercuriade nella sua lingua.

«Fidarsi…» Trotula si alzò e sbuffò. «Certo, lo sai che ti credo, ma questa è pura superstizione, Mercu. Sai come la penso.»

Mercuriade sapeva che quella era una battaglia che non poteva vincere.

«A ogni modo è deciso. Io andrò con Barliario e Shabbatai. Se tu non vuoi venire con me, ti capisco.»

Mercuriade fece per dire qualcosa, ma poi ci ripensò. Si mise in piedi anche lei. Era più alta e più slanciata di Trotula e con un portamento tale da farla sembrare una vera regina. La sovrana di un luogo lontano e pieno di fascino.

«Tu lo sai che io sono stata accolta dalla tua famiglia per starti accanto e servirti.»

«Non dire assurdità. Sei molto più di questo, per me.»

«No, aspetta, fammi finire…» ribatté Mercuriade alzando una mano come per bloccarla. «Per me sei come una sorella, ma io sono qui per prendermi cura di te. Se hai deciso che dobbiamo andare, farò di tutto per aiutarti.»

«Davvero?» Trotula, raggiante, raccolse le mani di Mercuriade nelle sue. «Grazie! Sono così felice.»

L'altra le concesse un sorriso ampio e luminoso. «Come hai intenzione di fare? Non sappiamo che strada prenderanno, né quando.»

«Questo non è un problema se, come mi hai assicurato, potrò contare sul tuo aiuto.» Negli occhi della medichessa brillò una scintilla. «Nessuno come te sa essere veloce e furtiva.»

«*Teketelu'āchewi*...» Mercuriade sussurrò.

«Sì, dovrai seguirli» rispose Trotula. «Poi convincerò io Barliario a portarci con loro.»

Mercuriade tacque. Sapeva che, quando Trotula aveva preso una decisione, cercare di farle cambiare idea era come raccogliere tutta l'acqua del mare con un guscio di noce.

10

IL MONDO MI ASPETTA

E venne la festa di San Matteo, con la sua folla rumorosa e gli odori intensi: il puzzo di fumo, di bestie che vagavano libere o legate, di umanità accalcata nelle strade, e il profumo acre di aceto e menta che si sprigionava dalla milza imbottita: piatto che per l'occasione veniva preparavo in ogni casa che poteva permetterselo e che faceva bella mostra di sé sui banchetti dei venditori.

Per la Drapparia e le strade vicine era tutto un brulicare di gente che veniva da ogni parte del principato. I più numerosi erano i pellegrini che giungevano a Salerno per ossequiare il santo, ma i più felici erano i ladri, che potevano nascondersi in mezzo alla fiumana di persone e far correre leste le mani, a sottrarre ogni ben di Dio.

Facendosi strada a spintoni, Barliario e Shabbatai, bisacce in spalla, percorsero la strada che dalla Judaica portava al capo opposto della città, verso nord: il quartiere che frequentavano meno, perché era quello dei ricchi.

Per arrivare alla Porta Rotese dovevano passare necessariamente davanti al monastero di San Benedetto dove, come ogni anno, i frati avevano organizzato un rinfresco per le famiglie notabili di Salerno.

I De Ruggiero non potevano mancare.

E anche Trotula era lì, con indosso la gamurra, l'abito

della festa, e pronta alla grande fuga. Con l'aiuto di Mercuriade e usando la propria straordinaria conoscenza di piante ed erbe aveva confezionato una serie di pozioni, unguenti, medicamenti in piccole dosi. Si era procurata i viveri per il viaggio: carne secca, pane, formaggio stagionato. E un po' di soldi, che sarebbero serviti di sicuro.

Barliario e Shabbatai passarono accanto al chiostro del monastero, sfiorando con lo sguardo i grandi tavoli imbanditi con piatti ricolmi di pesci arrostiti, frutti di mare, lupini e carciofi, melanzane marinate nell'olio, cavoli lessati nel sugo dell'uva sultanina. E poi ancora: mele candite, torte di grano, frittelle di fiori d'acacia e fichi secchi farciti.

Stettero bene attenti a non incrociare Ermanno e i soldati della guarnigione di suo padre Helmichis, che di sicuro partecipavano al rinfresco.

Quello che invece non potevano prevedere era che Mercuriade era di vedetta con sguardo da falco. Quando li individuò sgusciare furtivi tra la folla, andò subito a riferirlo a Trotula.

Lei sorrise contenta. "Il mondo mi aspetta" pensò mentre si allontanava dai banchetti. Approfittando della distrazione dei presenti, occupati ad abbuffarsi e tracannare generosi boccali di vino, le due ragazze sgattaiolarono verso la stanza del monastero dove le aspettavano i loro nuovi vestiti e gli agili bagagli.

Si cambiarono in tutta fretta, indossando abiti maschili e cappucci in cui nascondere i capelli. Sopra, due ampi mantelli. La trasformazione era completa, anche se Mercuriade, con la sua pelle scura, avrebbe risaltato ovunque, come una lacrima di ossidiana su un volto di porcellana.

Trotula conosceva come pochi altri le porte e i passaggi del monastero, che era una delle sedi della Scuola Medica, dove andava a studiare ogni giorno, e le strade intorno che conducevano alla parte alta della città.

Presero una *strectula* sul retro, che partiva dall'orto delle erbe officinali. Da lì continuarono per una serie di viottoli e di passaggi che offrivano una scorciatoia verso l'uscita a nord della cinta muraria.

Le due ragazze sapevano dove erano diretti Barliario e Shabbatai. Nei giorni precedenti Mercuriade, non vista, li aveva spiati più volte e anche seguiti, mentre furtivamente facevano le prove generali di quella fuga dalla città.

Avrebbero sorpreso i due ragazzi dalle parti della postierla e li avrebbero costretti a portarle con loro. E Trotula aveva un piano perfetto per vincere la loro ritrosia.

11

SENZA RANCORE

«Per tutti i diavoli dell'inferno, che ci fate voi qui?!» Nelle parole di Barliario erano mescolate insieme sorpresa e rabbia.

Trotula stava seduta su un muretto coperto di muschio, mentre Mercuriade era ritta e silenziosa come una statua.

«Te l'ho detto. Veniamo con voi» rispose la ragazza.

Barliario le si avvicinò con passo risoluto: «Ti avevo assicurato che non saresti venuta, e non verrai».

Mercuriade contrasse le mascelle, Shabbatai lo notò e non gli sembrò un buon segno.

«Calmo, messere. Ti farai venire il bollore in volto, che già così non è questo granché.»

«Come osi?» replicò infuriato Barliario.

Trotula saltò giù dal muretto. «Allora, hai proprio deciso? Eppure vi saremmo parecchio utili, credi a me.»

Shabbatai si accostò a Barliario e gli sussurrò all'orecchio: «Barl, andiamo, lasciamole qui e facciamo la nostra strada».

Barliario era davvero furioso. Nessuno, nemmeno Ermanno Testadiferro, gli dava sui nervi più di quella ragazza presuntuosa. Per niente al mondo avrebbe viaggiato con lei e la sua strana amica. «Per l'ultima volta, andate via. Non sappiamo che farcene di voi due. Sareste solo d'intralcio. Le avventure che può vivere una femmina deve cercarle tra le quattro mura di casa.»

Trotula sospirò. Ma, a sorpresa, non ribatté. «Forse ha ragione, Mercuriade.» Gli occhi a mandorla della ragazza venuta da lontano si strinsero un po' per cogliere il senso di quella frase. Sapeva bene che l'arrendevolezza era l'ultima delle qualità della sua amica. Stava tramando qualcosa, di sicuro.

«Ci abbiamo provato» proseguì Trotula. «Vuol dire che lasceremo a voi virgulti l'onore dell'avventura e ce ne torneremo alle nostre torte di grano.»

«Ecco, brave, l'avete capito» ribadì Shabbatai mentre si avviava verso la postierla. Sarebbero usciti da quel pertugio incustodito, coperto dai rovi e dai rampicanti.

«Ma a proposito di torte... quelli sono mirtilli!» esclamò improvvisamente Trotula, indicando una piantina a ridosso del muro dietro Barliario. Si precipitò per andare a raccoglierli, staccò una bacca e la porse al ragazzo: «Prendi, meglio se ti rifocilli per il viaggio. Ti piacciono i mirtilli, no?».

Barliario annuì e lo portò alla bocca.

Il sapore era molto gradevole, anche se gli parve diverso dal solito.

Trotula finse di portare a sua volta una bacca alle labbra, ma poi la gettò via senza farsi vedere.

«Addio allora» salutò, avviandosi con Mercuriade lungo la strada.

«Senza rancore, vero?» chiese Barliario, un po' pentito di averla trattata così male.

«Senza rancore...» rispose lei.

«Conta fino a trenta e vedrai che cambieranno idea» disse Trotula a Mercuriade senza curarsi di abbassare troppo la voce, con un sorriso trionfante stampato sulla faccia.

«... Ventinove e trenta» contò Mercuriade.

Un urlo squarciò l'aria. «Trotulaaa!»

Le due ragazze si voltarono in direzione della postierla.

Era stato Barliario a gridare. Era a terra e si contorceva tenendosi la pancia per il dolore.

«Andiamo a salvare i poveri maschi indifesi» annunciò trionfante Trotula.

12

MORIRETE TUTTI E DUE PRIMA DEL CALAR DEL SOLE

Le pupille di Barliario erano così dilatate che i suoi occhi sembravano il fondo di un pozzo. Il ragazzo si dimenava, biascicando parole senza senso. Shabbatai, inginocchiato accanto a lui, lo guardava, terreo in volto. «Che ti succede, amico mio?!» gridò spaventato.

Trotula torreggiava su di loro con un ghigno compiaciuto.

Il ragazzo ebreo le si rivolse: «Che cosa gli prende? Tu sei un medico...».

«Medichessa, prego» rispose lei con tutta la calma del mondo.

Mercuriade capì cosa aveva fatto Trotula. E sorrise tra sé.

«Perché te ne stai lì senza fare nulla!?» sbraitò Shabbatai.

«Mi pare che tu e il tuo compare potete cavarvela da soli, no?»

Sì, Barliario se la stava cavando alla grande: il volto aveva assunto il colore della prima neve, gli occhi ormai erano un abisso, le labbra livide, il corpo tremava tra spasmi che, a sentire i suoi lamenti, dovevano essere dolorosissimi.

«Ti prego Trotula! Non vedi quanto sta male?»

«Lo vedo. Ha tutti i sintomi tipici dell'avvelenamento da belladonna.»

«Cosa?!» Shabbatai si mise in piedi e si avventò su Trotula, afferrandola per le spalle con le sue mani forti. «Sei stata TU, vero? Con quella bacca...»

Con uno scatto da serpente Mercuriade si avvicinò e portò una mano sul petto del ragazzo. Shabbatai avvertì un senso di calore che per un momento fu piacevole, ma subito dopo bruciante. Era una sua impressione o la mano di quella ragazza aveva l'incandescenza di un tizzone?

Si scostò subito.

«Il tuo amico non sa distinguere una succosa bacca di mirtillo da quella velenosa di belladonna» disse Trotula ricomponendosi. «E voi pretendete di arrivare a Voltura-ra? Non farete una lega, senza di noi. Morirete tutti e due prima del calare del sole.»

«Sei una strega!» bofonchiò il ragazzo.

«E voi, due sprovveduti. Veniamo con voi, o puoi dire addio al tuo compar somaro.»

Shabbatai le avrebbe fatto assaggiare il profilo affilato della sua lama, se avesse potuto. Ma pur di veder salvo il suo fratello di sangue avrebbe anche acconsentito a spogliarsi nudo di fronte a loro e a ballare un madrigale.

«E va bene. Te lo prometto! Ma ti prego, fa' qualcosa per Barliario.»

Le sue parole erano cariche di disperazione.

Trotula tirò fuori da una bisaccia che portava legata in vita una piccola ampolla di vetro in cui sciabordava del liquido giallastro. Aveva un aspetto poco invitante e un odore che fece il solletico al naso del ragazzo.

La porse a Shabbatai. «Fagliela bere tutta d'un fiato» ordinò con sicurezza.

«Che cos'è?»

«Acqua tiepida e senape. Non perdere tempo, tra poco potrebbe avere delle convulsioni.»

Shabbatai non sapeva che cosa fossero le convulsioni, ma suonava come qualcosa di non troppo piacevole. Si avvicinò a Barliario, che con le labbra secche ripeteva ossessivamente la parola "sete".

Trotula osservò: «Ha ragione... in effetti è come se non bevesse da settimane».

Shabbatai la guardò in cagnesco, poi si rivolse all'amico. Gli sostenne la testa con una mano e con l'altra gli portò la fiala alla bocca.

«Ecco, bevi... starai meglio.» Si voltò verso Trotula. La ragazza annuì convinta.

Poco dopo, Barliario iniziò a vomitare.

Shabbatai era al colmo della preoccupazione, ma Trotula lo rassicurò: «È cosa buona, starà subito meglio. E tornerà l'idiota di prima».

L'EREMITA

1

CHE COSA È MALE, MERCURIADE?

Nessuno dei quattro aveva mai oltrepassato le mura della città. Si guardavano attorno con un misto di stupore e preoccupazione. Fuori da Salerno il mondo aveva tutto un altro aspetto. Mentre Shabbatai non si guardava mai dietro, carico di aspettative per le avventure che li avrebbero attesi, Barliario andò più volte con lo sguardo e i pensieri alla città. In più di un'occasione si trovò a domandarsi se avrebbe più rivisto la sua casa, la spiaggia, i vicoli del quartiere degli amalfitani e soprattutto la sua famiglia.

Per ridare la vita al padre, stava mettendo a rischio tutto.

Chi davvero gioiva più di tutti era Trotula. Nonostante percorressero sentieri polverosi, pieni di buche, le terre che si aprivano davanti al suo sguardo promettevano meraviglie. Tutto era nuovo, anche gli odori e i colori sembravano più intensi fuori dalla città.

Si fermava di continuo, per raccogliere una pianta o per osservare da vicino un cespuglio dai fiori vivaci, e Mercuriade non la lasciava mai sola.

I due ragazzi, ostinatamente, acceleravano il passo per lasciarle indietro, ma loro riuscivano sempre a seguirne la scia.

Barliario era ancora provato dallo scherzetto di Trotula,

la quale per farsi perdonare gli aveva regalato della polvere di carbone attivo.

«È un antico rimedio che già gli antichi Egizi usavano per disintossicare l'organismo nel caso di avvelenamento da cibo» gli aveva spiegato. E anche se aveva un sapore orribile, in effetti gli aveva procurato grande sollievo. La nausea e il dolore di stomaco erano scomparsi.

"Chissà se esiste anche una sostanza per far sparire tutta la sua saccenza!" si chiese Barliario, che sopportava di malavoglia le due compagne di viaggio abusive. Per ora non osava allontanarle: forse la competenza di Trotula con le erbe sarebbe tornata utile, e Mercuriade gli incuteva una grande soggezione. Il suo silenzio era selce tagliente, più di qualsiasi parola.

Il giorno scivolava verso l'ora Nona e lungo il cammino non avevano ancora incontrato anima viva. Vero è che si tenevano lontani da quelle che il pescatore Antimo aveva indicato come le vie maestre.

«Dove ci dice di andare la tua mappa? Perché abbiamo una mappa, vero?» chiese Trotula alle spalle dei ragazzi.

«Quanto è vero Iddio, prima o poi la scaravento in un burrone» mormorò Barliario a Shabbatai, il quale rise sguaiatamente. Poi rispose: «Niente mappa. È tutto nelle nostre teste».

«Ben detto, Barl» approvò l'amico.

«Sai cosa dice Plinio il Vecchio?» replicò la ragazza, senza farsi scoraggiare.

«Che era meglio se restavate a casa?» gridò Shabbatai, e rise ancora.

«"Niente è più misero eppur più superbo dell'uomo"» disse Trotula.

Barliario si fermò di botto e l'amico lo imitò.

Le due ragazze finalmente li raggiunsero.

«E con questo, che vuoi dire?» Barliario era sul piede di guerra.

«Niente. Però almeno così avete rallentato e ora siamo tutti insieme» disse la medichessa, alzando le sopracciglia e aprendo le labbra in un sorriso furbo.

Barliario scosse la testa e sbuffò, poi riprese a camminare a testa bassa. Shabbatai invece provò a fare il simpatico con Mercuriade, ma lei lo fulminò con il suo sguardo tagliente.

Percorrevano un lungo sentiero, appena visibile attraverso la folta vegetazione.

Le indicazioni del pescatore si rivelarono corrette: aveva parlato di tre o quattro capanne che formavano una specie di villaggio, da cui stare alla larga.

Oltre quell'avamposto avrebbero trovato un grande altare di pietra contornato da due colonne: i resti di un antico tempio pagano. Su ognuna delle due colonne una croce metallica gigantesca si innalzava verso il cielo, dove si stavano radunando eserciti di nuvole minacciose.

«Ecco le due croci!» esclamò Barliario.

«Chi l'avrebbe detto, quel brutto ceffo non ci ha ingannato» commentò Shabbatai.

«Stiamo cercando un posto dove pregare?» chiese ironica Trotula.

«Divertente come una spina infilzata in un dito» sbottò Barliario.

Mercuriade si guardò attorno, circospetta. Era la più nervosa dei quattro, come se sentisse nell'aria un senso di minaccia.

«Da qui si allarga una mulattiera che conduce al rifugio di un eremita» disse Barliario. «È da lui che cercheremo ospitalità.»

Mercuriade trasalì. «Cosa hai detto?» chiese guardandolo fisso negli occhi.

«Che cercheremo ospit...»

«No, prima» lo interruppe.

«Che ti prende, Mercu?» chiese Trotula, che conosceva bene la sua amica: non capitava spesso di vederla così agitata.

«Già, che ti prende, Mercu?» intervenne Shabbatai. La ragazza nera si voltò verso di lui e lo mise a tacere con uno sguardo di fiamme.

«Dove siamo diretti?» Mercuriade sgranò i suoi occhi a mandorla e li puntò in quelli di Barliario.

«Alla capanna di un eremita» rispose lui.

«Eremita» ripeté in un mormorio Mercuriade.

Trotula annuì. «È un uomo che si è allontanato dagli altri uomini. Uno che ha scelto di starsene per conto suo, per pregare o per penitenza, o...» provò a spiegarle, pensando che non le fosse nota quella parola.

«È un uomo solo?» chiese ancora l'amica.

Barliario e Shabbatai incrociarono gli sguardi, con complice perplessità.

«Sì, Mercuriade, è un uomo solo» disse Trotula, con un velato sospetto nella voce.

La ragazza cominciò a scuotere la testa, spaventata. Intanto indietreggiava a piccoli passi, allontanandosi dal gruppetto.

«Che ti prende?» chiese Trotula, a sua volta disorientata.

«*Jahat*» disse Mercuriade, con la voce scorticata dal terrore.

«Male? Che cosa è male, Mercuriade?»

«*Jahat!*» ripeté gridando con la mano che indicava un punto lontano alle loro spalle, verso la mulattiera. «Dobbiamo tornare indietro.» Arretrò di qualche passo.

I due ragazzi erano sconcertati. Continuavano a scambiarsi occhiate interrogative, per cercare una spiegazione l'uno dall'altro.

«Non dire assurdità, Mercuriade, non possiamo tornare indietro.»

Gli alberi rumoreggiavano in un cupo coro di foglie che stormivano e rami scricchiolanti.

«*Jahat!*» gridò Mercuriade. E scappò via, veloce come un purosangue imbizzarrito.

Trotula guardò i ragazzi, cercando un appiglio. Ma erano più turbati di lei.

Allora la medichessa gridò il nome dell'amica e partì al suo inseguimento. Non l'avrebbe mai raggiunta, la ragazza nera aveva il vento sotto i piedi.

Shabbatai si riscosse e partì anche lui, veloce. Barliario sbuffò: non gli restava che correre a sua volta. Non riusciva a perdonare Trotula per averlo avvelenato di proposito e pensò, con una punta di rivalsa, che ben le stava se lei e la sua amica pazza si fossero perse per strada.

«È sparita.» Trotula si era fermata in mezzo al pianoro che avevano attraversato poco prima. Senza più fiato, si era lasciata cadere sulle ginocchia, incredula e disperata.

Shabbatai continuò la corsa. In città si vantava di essere il più veloce di tutti, eppure Mercuriade era inafferrabile. Non solo non riusciva a raggiungerla, ma perdeva terreno passo dopo passo.

Per un po' l'aveva tenuta nel suo campo visivo. A un certo punto, però, lei aveva tagliato per il bosco e zigzagando tra gli alberi aveva fatto perdere le sue tracce.

Anche Shabbatai dovette arrendersi. Riprese fiato, piegato in due, puntellandosi sulle ginocchia. Quindi tornò indietro.

Trovò Barliario in piedi accanto a Trotula, genuflessa e con il volto coperto dalle mani, piangente.

«È andata» sentenziò Shabbatai. Al che la ragazza scoppiò in singhiozzi ancora più forti.

«Devo tornare indietro» disse poi, ricomponendosi. Si rimise in piedi e tirò su col naso.

«No, Trotula. Non puoi farlo. Lo vedi il sole?» disse Barliario. La sfera luminosa si stava inabissando a ovest. Il cielo andava a fuoco. Sulle nuvole che si erano addensate erano comparse pennellate cremisi, viola, arancioni. Un tripudio di colori da togliere il fiato. «Dobbiamo trovare la capanna dell'eremita» sentenziò il giovane alchimista.

«Prima che ci sorprendano le tenebre» aggiunse Shabbatai.

Trotula scuoteva la testa, incredula, lo sguardo perso nelle profondità del bosco dove era sparita la sua Mercuriade.

Sapeva che i due ragazzi avevano ragione. Sarebbe stato un suicidio mettersi sulle tracce dell'amica.

«Perché l'ha fatto?» La domanda era rivolta più al vuoto, dove avrebbe dovuto esserci Mercuriade, che a se stessa e ai suoi compagni di viaggio.

E il vuoto, come sempre, non rispose.

Le lacrime premevano dietro agli occhi, che non riuscirono a ricacciare l'assedio. Per la prima volta, da quando le era morta la madre, Trotula si sentì sola.

Spaventosamente sola.

2

TUTTO AVVIENE PER UN MOTIVO

Nella luce incerta del crepuscolo il bosco stretto intorno alla mulattiera sembrava animarsi di vita propria: sagome nere, fruscii e soffi, gemiti e crepitii come se gli alberi si sgranchissero le ossa.

E silenzi improvvisi, il rumore più terrificante.

Barliario era attento a tutto, non avrebbe saputo dire se temeva di più le bestie selvagge e gli uomini in agguato o le ombre destate dalle sue paure. Il sollievo fu immenso quando dal crinale della collina che stavano salendo scorse la luce nel capanno.

«È quello?» chiese Trotula.

Erano le prime parole che pronunciava da quando Mercuriade era fuggita. Accanto alla costruzione in legno dal tetto spiovente si apriva una grotta, il cui interno era di un nero insondabile.

«Sì, deve essere per forza il rifugio dell'eremita, c'è anche l'ingresso alla grotta di cui parlava Antimo» rispose Barliario.

«Andiamo, che qui fuori si fa buio» propose Shabbatai.

Trotula si coprì meglio che poté col cappuccio, tirato sui capelli legati stretti, così da provare a passare per un maschio.

L'eremita aveva un aspetto malsano e un'età difficile da stabilire. Ma vecchio era vecchio, su questo c'era poco da dire. Aveva una folta barba bianca incolta. Occhi del colore delle foglie nuove, incastonati in un viso coperto da una ragnatela di rughe. Unghie sporche, lunghe e contorte. I suoi piedi erano nudi nei calzari e indossava soltanto un saio di tela grezza, lacero e maleodorante, in una maniera che ricordava il pelo dei cani quando si bagnano.

Fu contento di vedere quei tre giovani, e al contempo sorpreso.

«Non avete l'aspetto e l'età di *peregrinus*.»

«Siamo *viator*» si affrettò a rispondere Barliario, che aveva già previsto una situazione del genere. I *viator* non viaggiavano per motivi religiosi, a differenza degli altri.

«Non sono tanti i viandanti che si presentano alla mia porta» continuò con un sorriso sincero e confermando il nome che Antimo aveva preannunciato a Barliario e Shabbatai.

Era infatti Vulferio da Malavalle.

I tre ragazzi si presentarono a loro volta, Trotula mentì. Con voce camuffata, per quanto poteva, dichiarò di chiamarsi Ignazio.

Chiesero ospitalità per quella notte e il vecchio li fece accomodare subito.

Era una capanna molto modesta. C'erano solo un tavolaccio non molto grande, un paio di lunghe panche, un largo camino di pietre e una tenda che separava quell'ambiente dallo spazio dedicato al sonno. Una madia dall'aria malconcia, dove probabilmente l'uomo conservava tutti i suoi miseri beni. Una finestrella tagliata nelle assi di una parete, e chiusa da un quadrato di tela di sacco ben tesa, era l'unica apertura all'esterno oltre la porta. Da lì il freddo non aveva difficoltà a infilarsi.

«Avete una stalla, signore? Noi potremmo dormire lì»

propose Barliario che guardandosi attorno non vedeva posto per stendersi, se non sul pavimento lercio.

Vulferio sorrise ancora bonariamente e con le sue gambe sottili si accostò alla tenda, l'aprì e mostrò loro un largo pagliericcio: «Giammai permetterò a giovani ospiti di dormire in terra. Non ho stalle, ma il mio umile giaciglio è per voi».

Umile era un aggettivo fin troppo generoso per quel pagliericcio, che sembrava aver attraversato tutte le sfortune del mondo.

«Non vogliamo arrecarvi tanto fastidio» ribatté Barliario.

Shabbatai lasciava parlare il suo amico, che con le parole ci sapeva fare più di lui. Trotula se ne stava zitta, per non smascherarsi. Non smetteva invece di guardarsi attorno, alla ricerca di un indizio per spiegarsi il comportamento di Mercuriade.

"È fuggita via quando ha saputo che dovevamo venire qui, da quest'uomo. Possibile che avesse una ragione per essere così spaventata?"

Notò con una certa sorpresa le gambe dell'uomo, che il saio lasciava scoperte: erano scorticate e piene di croste.

Smise di fissarle quando il vecchio cominciò a parlare.

«Abramo alzò gli occhi e scorse tre uomini in piedi, davanti a lui. Appena li vide dall'ingresso della tenda, subito corse loro incontro, si inchinò fino a terra e disse...» Vulferio allora chiuse gli occhi, aprì i palmi delle mani verso l'altro e recitò il resto dei versi come se fosse in ascolto della stessa voce di Dio: «Mio Signore, ti prego, non andare oltre. Fermati. Sono qui per servirti. Vi farò subito portare dell'acqua per lavarvi i piedi. Poi vi darò qualcosa da mangiare. Dopo esservi ristorati potrete continuare il vostro viaggio. Non dovete essere passati di qui inutilmente».

I tre ragazzi si guardarono tra di loro, perplessi.

Il vecchio riaprì gli occhi. E mentre andava al camino per rinforzare il fuoco si rivolse ancora a loro con calma: «Lo dice anche la Bibbia, nel libro della Genesi. L'ospite è sacro. Sacro». Buttò un altro piccolo ciocco di legno, che subito arse. «Guai se non vi dessi tutto quel che ho. Anche se è infinitamente poco. Dio mi guarderebbe con rammarico.»

«Grazie davvero, Vulferio, siete un'anima buona» disse Barliario, e gli altri due gli fecero da coro.

«Ci provo, ci provo davvero...» rispose lui mentre era chino sul fuoco e dava loro le spalle.

Stavolta Trotula avvertì nel tono dell'eremita una sfumatura fuori posto, come se qualcosa ne avesse incrinato la benevolenza mostrata fino a quel momento.

"*Jahat*. Il male" si ripeteva, andando con la mente alle parole spaventate di Mercuriade. "Tutto avviene per un motivo, anche se all'inizio ci è oscuro, presto o tardi si manifesterà."

3

IL SONNO DEGLI ANGELI

La zuppa di cavoli e fave era giusto un gradino sopra il disgustoso, ma Vulferio era troppo gentile e la fame troppo ingombrante per mettersi a fare gli schizzinosi.

L'eremita fu prodigo di aneddoti sulla sua vita solitaria. Raccontò loro di non essere mai stato un religioso, né di aver mai avuto una vita legata a un cenobio. «Ho scelto di rimanere solo e in costante contatto con Dio, solo nelle intemperie, solo nella fame, solo nella lotta con i demoni che infestano il mondo e l'animo di ognuno di noi.»

I ragazzi ascoltavano rapiti le parole del vecchio. Le sue indicazioni su come raggiungere il Monte Mai, valicato il quale ci si sarebbe trovati in territorio irpino, furono davvero preziose. Disse di prendere la Via del Lamento.

«La chiamano così perché si dice che la strada sia battuta nottetempo dalle anime in pena dei morti che vagano senza meta, piangendo per la loro sfortunata condizione.»

Shabbatai restò col tozzo di pane a mezz'aria, davanti alla bocca spalancata dallo stupore. «Anime dei morti?» chiese quando si riprese.

Shabbatai non avrebbe temuto un esercito di saraceni a spade sguainate, ma tutto ciò che sconfinava nell'inspiegabile lo metteva seriamente in allerta.

Trotula invece conteneva a stento l'insofferenza.

"Superstizioni prive di fondamento scientifico" si disse. "Un corpo morto è un involucro in cui i fiumi del sangue si sono disseccati e i quattro umori si sono dissolti una volta per tutte. Nessuna dissezione ha mai mostrato il segno di una cosiddetta anima."

Anche il suo faro di conoscenza, Plinio il Vecchio, lo diceva chiaramente.

Continuò a trangugiare quella tremenda zuppa, senza proferire parola.

Come Antimo il pescatore, anche Vulferio si raccomandò di non prendere mai le strade principali: «Meglio allungare di qualche lega il cammino che rischiare di ritrovarsi in una delle tante imboscate che funestano le nostre vie».

Verso la fine della cena fu Shabbatai a fare la domanda che avevano in animo lui e Barliario sin da quando erano entrati in quella casa: «Voi cosa sapete del drago dei Visigoti?».

Calò un silenzio pesantissimo sulla tavola. Per poco Trotula non fece cadere il cucchiaio nella ciotola che aveva dinanzi a sé.

"Drago? Ma che dice?" pensò la ragazza. Lei non sapeva nulla del vero obiettivo di Barliario.

«Perché questa domanda?» chiese Vulferio, accigliato.

«Andiamo a Volturara appositamente per questo motivo» rispose Barliario. «Ci hanno detto che è lì che la Bestia dorme, in attesa di risvegliarsi.»

Trotula non poteva credere alle sue orecchie. Forse era tutto un orribile incubo. O forse quei due ragazzi erano ancora più pazzi di quanto lei avesse sospettato.

Vulferio emise un suono simile a un ringhio sommesso.

Poi si alzò dalla panca, lasciando dietro di sé una scia di puzza bestiale.

«Anche alle mie orecchie solitarie è arrivata la voce che l'Eclisse, come chiamano il drago, si sia destato. È un anno di terribili sventure quello che stiamo vivendo» disse, mentre a passi incerti si avviava verso il fuoco. Le sue fiamme cominciavano a languire e c'era bisogno di riattizzarle.

«Ci sono segni che alimentano terrori e superstizioni tra le genti di quei luoghi. Carestie. Morti inspiegabili di animali, domestici e selvatici. E schianti terribili nell'aria.» Buttò nel focolare un ultimo ciocco, che avvampò in mezzo a uno sbuffo di scintille.

«Però in tutta onestà non posso assicurarvi che siano verità oppure i frutti marci dell'inganno a cui vanno incontro gli stolti e gli esaltati.»

Vulferio si spostò verso la madia e ne prese un fiasco. «In tutti i casi, fossi in voi me ne terrei alla larga. Arrivare a Volturara è già compito arduo, trovare e affrontare il grande drago dei Visigoti... be'... mi pare, invero, e lo dico con rispetto, un'idea senza né capo né coda.»

«Ha ragione!» esclamò d'istinto Trotula, senza riuscire a controllare la tonalità della sua voce. Il vecchio si voltò di scatto verso di lei. Gli occhi si strinsero in una fessura. Restò così, con la fiasca in mano, a osservarla.

Barliario e Shabbatai attesero, temendo che la medichessa si fosse smascherata.

«Vedo che il vostro compagno è più saggio di voi.» La tensione si sciolse nel sorriso e nelle parole di Vulferio. «Comunque, per farmi perdonare delle tante chiacchiere che non credo vi abbiano rallegrato, e soprattutto della qualità della mia zuppa... ecco qualcosa che invece davvero mi rende orgoglioso.» Mostrò la fiasca, stringendo le dita nodose intorno al collo di vetro. «Lo chiamo l'elisir della buonanotte.»

Si avvicinò al tavolo. Controllò che nei boccali non fosse rimasta acqua e cominciò a versare il liquido bruno.

«Cos'è?» chiese Barliario.

«Vino speziato alla maniera di Malavalle, la mia terra natia nella Repubblica di Pisa.»

Il vino che colava nei boccali diffondeva aromi molto piacevoli.

«Bevano il vino gli uomini, l'acqua è per gli animali» disse con tono allegro l'eremita.

«Bacche di ginepro» mormorò Trotula, annusando la bevanda.

«Ginepro, hai il naso sopraffino eh?» disse Vulferio. «Ma non c'è solo quello. La ricetta dell'elisir della buonanotte è un segreto che si tramanda da generazioni. Dormirete il sonno degli angeli, credetemi, e domani mattina... be'... avrete la forza di un orso» aggiunse sorridendo.

Shabbatai fece i muscoli e lanciò un grido feroce. Risate. Ma non per la ragazza camuffata da uomo: Trotula rimase concentrata sul vino.

Barliario e Shabbatai lo trangugiarono tutto in un sorso.

«Avete detto il vero, Vulferio! Mai assaggiato niente di simile» sentenziò felice quest'ultimo.

«Nettare divino» gli fece eco l'amico. «Ignazio, che te ne pare?» Una risata fragorosa scoppiò tra i due maschi.

Trotula pensò che c'era una nota profumata che non riusciva a distinguere, doveva assaggiare per capire. Mascherò il più possibile la voce e alzando il boccale parlò: «Come scrisse Plinio il Vecchio: *In vino veritas*».

Anche gli altri alzarono i bicchieri. Vulferio, con faccia sorridente, disse: «Alla verità del vino!».

«Alla verità del vino» fecero da coro i due ragazzi.

«E a Plinio, che la sa lunga!» rilanciò Shabbatai in uno scoppiare di risate.

Trotula bevve un sorso generoso. Ma invece di schiarirsi le idee sull'ingrediente misterioso, cominciò ad avvertire un certo torpore. La testa prese a girarle. Strano che l'effetto dell'ebbrezza fosse così immediato.

Provò a mettersi in piedi, ma le gambe non la ressero.

Ebbe un momento di lucidità. Allontanò da sé il boccale e provò a dire: «Ragazzi, non bevete». Dalle labbra, però, uscirono solo suoni impastati.

L'ultimo pensiero che attraversò la mente di Trotula, terrorizzandola, fu: "Papavero rosso. Ecco cos'è quel profumo… papavero rosso".

Poi crollò a terra, priva di sensi.

4

NON NE USCIRETE VIVI

Il risveglio di Barliario fu uno schiaffo di odore nauseante.

"Zaffate di putrido e di carne andata a male" giudicò la sua mente ancor prima di destarsi del tutto.

Le tempie gli facevano un male cane, tanto che gli sembrava di avere un chiodo conficcato in testa, da parte a parte. La bocca era impastata da un sapore acido.

Promise a se stesso che non avrebbe mai più bevuto.

Provò ad aprire gli occhi e cercò di mettere a fuoco. Intorno a lui si addensava una fredda penombra, difficile da penetrare. Scorse un paio di sagome umane, immobili.

Tentò di muovere le braccia intorpidite e formicolanti.

Tintinnio di catene.

"INCATENATO?!"

Il cuore scalciò e cominciò a galoppare.

Richiuse gli occhi. Le palpebre pesavano come drappi fradici d'acqua. Fece uno sforzo per ricordare, ma in testa aveva una poltiglia di pensieri.

Poi la memoria arrivò di schianto.

Mercuriade era fuggita. Lui, Shabbatai e Trotula avevano raggiunto il capanno dell'eremita. Erano stati ospitati: un vecchio gentile aveva preparato loro una zuppa orribile. Avevano cenato. Avevano parlato della via da percorrere, del drago... e poi per poco quella saputella di Trotula non si era fatta scoprire. Avevano brindato e bevuto del vino aromatizzato... e poi, nulla.

Buio. Vuoto.

E ora puzza fetida.

E catene.

Mosse le gambe. Un rumore di metallo pesante. Gelo intorno ai polsi e alle caviglie. La vista stava ritornando e finalmente Barliario riconobbe nelle silhouette abbandonate a qualche piede di distanza Shabbatai e Trotula. Incatenati come lui. Erano in una grotta. Di sicuro quella accanto alla capanna di Vulferio, che avevano notato arrivando.

Il panico lo avvinghiò stringendogli gola, viscere, polmoni. Riuscì a gridare i nomi dei suoi amici. Poi chiamò una seconda volta, e poi di nuovo, ripetutamente, sempre più angosciato.

"Che cosa sta succedendo?"

Finalmente anche i suoi compagni uscirono dal bozzolo di sonno in cui erano imbrigliati.

«Barl! Che diavolo è tutto questo?» chiese agitato Shabbatai.

Trotula rimase silenziosa, guardò prima le catene ai polsi, poi osservò intorno. «Vulferio ci ha storditi con quel vino speziato» disse alla fine.

«Per tutte le *spathion** bizantine! Quel maledetto vecchio!» Shabbatai sembrava un cavallo imbizzarrito che non vuole essere domato. Tirava le catene con tutta la forza che aveva nelle braccia.

«Deve aver usato l'essenza di papavero rosso.» Trotula provava a ragionare. «È un potentissimo narcotico. Ecco perché quell'odore familiare... alla Scuola lo abbiamo visto più di una volta. Che stupida sono stata!»

* Spada dritta in uso tra i guerrieri di Bisanzio.

Shabbatai e Barliario nemmeno l'ascoltavano, così presi a gridare, a dimenarsi.

«Smettetela! Non serve a nulla.»

Dapprincipio Barliario pensò che fosse stata Trotula a pronunciare quelle parole.

E invece no.

I tre ammutolirono e si voltarono verso il buio delle sue profondità.

«Non ne uscirete vivi.» Una voce sottile, da bambina, proveniente da quella zona in ombra.

«Chi è là?» chiese Barliario, mentre si sforzava di estrarre qualche forma dalle tenebre.

«Una prigioniera, come voi, ma condannata a vivere molto più a lungo, purtroppo.» Quelle parole, pronunciate con fredda calma, diffusero più gelo del vento che ululava sulla soglia della grotta.

«Fatti vedere» intervenne Trotula.

Silenzio.

Rimasero immobili, con le orecchie tese, scrutando le viscere della caverna.

Poi ci fu un rumore di catene. Un paio di piedi nudi emerse lentamente dalla linea che separava la luce dal buio.

E poi venne il resto del corpo, fatto di ossa fragili come rami caduti sul sentiero. Infine il volto, sporco e smunto, incorniciato da lunghi capelli crespi. Più simile a una preda selvatica che a un essere umano, quella creatura poteva avere intorno ai dieci anni, valutò Trotula.

«Stai bene?» La medichessa notò le nere occhiaie che circondavano lo sguardo.

«No. E nemmeno voi» rispose lei, calma, quasi avesse detto qualcosa di rassicurante.

«Che sta succedendo? Perché siamo qui dentro?» chiese Barliario.

"Mercuriade lo sapeva" pensò Trotula.

La bambina proruppe in un risolino stridulo. Era una reazione insensata, nervosa. Poi si mise a sedere e iniziò a giocherellare con la catena. «Il mio nome è Ligea.»

«Ligea, ascolta.» Trotula addolcì il tono. La bambina non alzò nemmeno lo sguardo. «Sono sicura che tu sai cosa sta succedendo...»

Lei annuì nervosamente. «Ci siete cascati, per una zuppa e un boccale di vino. Funziona sempre.»

«Sempre?» chiese Barliario.

Ligea alzò il braccio incatenato e indicò un punto dietro di loro.

Dovettero sforzare gli occhi, che intanto si stavano abituando alla luce fioca della caverna, per vedere quello che Ligea stava puntando.

E quando capirono cosa fosse, non fu piacevole.

Non fu affatto piacevole.

5

LA MIA MALEDIZIONE È UN'ALTRA

Ossa. Era un bel mucchio. Ossa accatastate ordinatamente secondo disegni folli. Decine tra femori, mandibole, tibie e tanto altro a cui Barliario e Shabbatai non sapevano neanche dare un nome, ma Trotula sì.

«Dio misericordioso! Ma cos'è questo posto?» esclamò Barliario.

«Una sala da pranzo» rispose Ligea con il tono di chi sta raccontando una storia. La guardarono in attesa di una spiegazione.

«Vulferio non è quello che dice di essere. O meglio, non sempre.»

«Cosa intendi?» la incalzò Trotula.

Ligea raccolse le pesanti catene e le allungò fin dove le fu possibile.

«Vulferio non è un uomo» disse, e senza attendere le reazioni degli altri aggiunse: «Cioè, non è solo un uomo».

«Sì, in effetti non è un granché...» provò a scherzare Shabbatai.

«È un lupinario» lo interruppe Ligea.

«Un *cosa*?!» Shabbatai non era sicuro di aver capito bene.

A prendere la parola fu Barliario. «Uomini che diventano lupi. Che vagano per la terra in cerca di cibo.» Era il suo campo, quello delle "mirabilia", come la gente chiamava quel genere di cose straordinarie e meravigliose, non sempre in senso positivo.

«Ridicolo. Sapete come le chiamava Plinio il Vecchio? Credenze da ignoranti.» Barliario e Shabbatai alzarono gli occhi al cielo, di nuovo quel Plinio! Trotula lo citava a ogni occasione. Lei andò avanti: «"Dobbiamo ritenere assolutamente essere falso che gli uomini si mutino in lupi per diventare *versipellis*, per poi tornare uomini. Oppure dobbiamo credere a tutte le favole che da tanti secoli sappiamo essere tali"».

Ligea la guardò con stupore. Mosse lo sguardo sui due ragazzi per chiedere spiegazioni di quelle parole; i due non fecero altro che alzare le spalle, come a dire: "Non guardare noi, non c'entriamo nulla con lei".

«Favole?» sibilò Ligea. «La vedrete stanotte, la bella favola.»

Guardò verso l'imboccatura della grotta, quasi che si aspettasse di veder comparire qualcosa da un momento all'altro.

«Da quanto tempo sei qui?» chiese la medichessa, seguendo il suo sguardo.

«Non lo so. In che mese siamo?»

«Settembre.»

Ligea inspirò dolorosamente. «Sono qui da cinque mesi, allora.»

«Sei da sola?» disse Barliario.

«Prima che arrivaste voi, sì.»

Poi la bambina tacque. Un silenzio sinistro si allungò tra tutti loro, fino a che fu lei stessa a parlare di nuovo.

«C'era mio nonno con me, e i suoi uomini.»

«E cosa è successo?» domandò Trotula.

Ligea, dopo qualche momento di esitazione, cominciò a raccontare.

Disse che era partita all'inizio della primavera da Montemarano, un piccolo borgo dell'Irpinia, con suo nonno, il Conte Silverio, per raggiungere il gastaldato di Rota dove era stata promessa in sposa a un notabile del luogo, perché il padre aveva deciso così.

«Ma io ho solo dieci anni!» Una vena di tristezza le attraversò il viso. «Non volevo lasciare la mia casa a Montemarano per sposare un vecchio che non avevo mai visto.»

Trotula capì perfettamente il suo disgusto. Ermanno non era certo un "vecchio", ma un matrimonio forzato era ciò da cui stava scappando anche lei, tra le altre cose.

«E soprattutto non volevo lasciare mia sorella Sofronia che mi faceva da padre e madre, visto che i miei genitori di noi non si curavano. Meglio morire, mi dissi. Così scappai, appena ne ebbi modo. Mi infilai nei boschi qui intorno.» Alzò un braccio tra un tintinnare di catene. «Ben presto però la fame, la sete e la paura mi assalirono. Continuai a camminare fino a che trovai il capanno dell'eremita.»

«Vulferio?» domandò Barliario.

«Fu molto gentile, dapprincipio. Si prese cura di me. Mi tenne al sicuro e quando scoprì che eravamo nati lo stesso giorno, quello di Nostro Signore...»

«Il 25 dicembre?» intervenne di nuovo il giovane alchimista.

«Sì... e questo è il motivo... ma vi dirò tra poco, ora fatemi continuare.»

E proseguì a raccontare. Quella sera stessa fu ritrovata dal nonno e dalla piccola guarnigione che viaggiava con loro. Il vecchio eremita si fece promettere che nessuno le avrebbe torto un capello e in cambio rifocillò tutti con la sua zuppa e con tutto ciò che aveva in casa.

«Ma era una trappola...» disse Ligea.

«Anche voi avete bevuto l'elisir della buonanotte.» Stavolta quella di Barliario non fu una domanda.

«Sì, tutti tranne me. Li vidi cadere addormentati in pochissimi istanti. Non capivo che cosa stesse succedendo. La luce negli occhi di Vulferio era cambiata. Quel vecchio dall'aria dolce e dai modi gentili si era fatto scostante. Andò a serrare la porta con il chiavistello in modo che non potessi fuggire. Ma non l'avrei fatto comunque, ero paralizzata dallo spavento.»

Barliario lo capiva bene. Quando la paura si impossessava di lui, le gambe e le braccia smettevano di dargli retta.

«E poi, poi che successe?» chiese Shabbatai.

Ligea li fissò. «Mi disse che non mi avrebbe fatto nulla perché portavo il marchio, come lui.»

«Il marchio? E cosa sarebbe?» Stavolta fu Trotula a mostrare curiosità.

«Chi osa nascere nel giorno di Nostro Signore deve pagare per questa insolenza. È quello che mi disse. A meno che i suoi genitori lo passino tre volte davanti alla bocca infocata del camino o di un forno. A Vulferio non era toccata questa buona sorte e da allora, con la luna piena, si ricopre di peli ispidi, si mette a quattro zampe e si tramuta in una specie di lupo mostruoso e affamato.»

Trotula scosse la testa, del tutto incredula, e pensò: "Povera bambina, quante ne avrà passate. La sua mente si è perduta".

«Per tutti i gladi* dei Romani. Ma che dici, Ligea? Un uomo che diventa lupo?» esclamò Shabbatai.

«Lo so che non mi credete...» pigolò la bambina.

Barliario lanciò un'occhiataccia all'amico. E lui scrollò le spalle come a dire: "Perché, che ho detto?".

«Ma no Ligea, noi ti crediamo...»

Lei sembrò riscuotersi. «Lui porta qui le sue prede e aspetta» disse la bambina, sempre sul punto di scoppiare in lacrime.

* Spada a doppio taglio dalla lama larga e corta.

Prima che i ragazzi potessero chiedere cosa aspettasse, Ligea riprese a raccontare: «Ci legò alle catene che ha messo a voi. Passarono due giorni e due notti. Mio nonno giurò che lo avrebbe fatto a pezzi e dato in pasto ai suoi maiali, ma Vulferio non si fece mai vedere fino a che...».

Ligea cominciò a mordicchiarsi la pelle delle dita.

Si fece coraggio e ruppe di nuovo il silenzio con una voce diventata più cupa: «Venne la prima notte di luna piena. Sentimmo prima degli strilli di dolore e di angoscia. Gli uomini che erano con mio nonno cominciarono a gridare e piangere. Supplicavano i santi ché venissero ad aiutarci».

Una breve pausa.

«Non passò troppo tempo che io udii degli ululati. Restammo in silenzio. Mio nonno, che non aveva mai paura di niente, quella volta... Il grande lupo arrivò davanti all'entrata della grotta. Io mi nascosi dietro una roccia, mezza morta dallo spavento. Non riuscivo nemmeno a gridare...»

Si fermò di nuovo. Tremava. Shabbatai allungò una mano verso di lei, per cercare di consolarla, ma così legato non ci riuscì.

«Gridavano, chiedevano a Dio di essere risparmiati. Ma forse l'orecchio di Dio non coglie ciò che avviene nelle profondità delle caverne.» Incassò la testa tra le ginocchia, che circondò con le braccia. «Io chiusi gli occhi e mi coprii le orecchie, pur di non sentire. Ma fu inutile. Le urla di mio nonno e dei suoi uomini le sento ancora oggi.»

Di nuovo silenzio. Solo il vento osava rumoreggiare. I ragazzi erano raggelati.

«Come fai a essere certa che non si trattasse solo di un grosso lupo?» chiese Trotula. Seppur spaventata da quel racconto, era incapace di credere alla storia del lupinario.

Ligea la fissò con un'intensità tale che le mascelle della medichessa si serrarono di scatto.

«Da allora ne ho viste tante di lune piene.»

A quelle parole tacquero tutti.

Fu Barliario a riprendere la parola: «Prima dicevi del marchio… Quindi anche tu…?».

«Il destino delle marchiate è diverso» rispose Ligea. «Il MIO destino è diverso. La mia maledizione è un'altra.»

6

IO PARLO CON I MORTI

«Io parlo con i morti» disse Ligea, candidamente. «Riesco a vederli, a sentirli. Sono ovunque. Anche qui, adesso.»

Barliario e Shabbatai si guardarono attorno, quasi si sentissero accerchiati. Ovviamente non videro nulla.

«Stai scherzando, vero?» disse Shabbatai e subito se ne pentì.

"No" fece lei con la testa.

«Vuoi dire che sei… una negromante?»

Lei alzò solo le spalle come a dire che non capiva cosa intendesse.

«Credi anche a questo?» sbottò Trotula, spazientita, verso Barliario.

«Mi spiegate che state dicendo?»

«Un negromante è chi opera la divinazione attraverso i morti. Ecco cosa sta dicendo il tuo amico. Evocare dei defunti per svelare passato e futuro.»

Trotula era esasperata da quelle che per lei erano solo fantasie.

«Tu e i tuoi maestri pieni di boria impallidireste di fronte a tutta la scienza oscura che non conoscete, cara la mia medichessa.»

Trotula scacciò quelle parole con un gesto della mano. «Idiozie» aggiunse.

«Non badare a loro, fanno sempre così.» Shabbatai usò un tono lieve per dirlo. «Come avviene? Com'è che riesci a parlare con i morti? Non dirmi che sono… qui intorno, in questo momento.»

«No. Adesso no» rispose Ligea pigolando.

«E… e puoi chiamarli?» chiese ancora il ragazzo.

«Certo, come no. Manda loro un piccione viaggiatore…» ironizzò Trotula. «Ma che sia un uccello fantasma, mi raccomando!»

Barliario sbuffò nervosamente.

«Alcuni si lasciano vedere, ma non sono io a decidere quando e come.» La bambina esitò un attimo. «Ritorna chi è morto in modo improvviso. O violento. Chi non ha avuto degna sepoltura, i suicidi, le donne morte di parto, i neonati che non hanno ricevuto il battesimo…» Si fermò prima di bisbigliare: «Io li chiamo gli Inquieti».

"Gli Inquieti" ripeté nella sua testa Barliario.

«E cosa ti dicono?» chiese il ragazzo.

Ligea fece spallucce. «Tante cose, ma ognuno di loro può rispondere a una sola domanda. Solo una.»

Trotula intervenne di nuovo: «E hai chiesto a qualcuno come uscire da questa grotta, per caso?».

Ligea la guardò. Non si accorse del tono ironico con cui aveva parlato.

«Bisogna liberare Vulferio dalla maledizione.»

Trotula roteò gli occhi esasperata.

Barliario si sporse verso la bambina: «Ti hanno detto anche in che modo?».

«Bisogna pungere il lupo e farlo sanguinare tre volte. Non pensiate però di ucciderlo, perché un lupinario è un essere praticamente immortale.» Ligea aveva adesso una luce diversa negli occhi e l'espressione mesta aveva lasciato il posto a una certa eccitazione. «Un uomo di Montecalvo, divorato molte lune prima che io arrivassi in questo posto, mi ha confessato che nel suo paese c'era già stato un caso.» Lo sguardo di Ligea cercava quello di Shabbatai più degli altri. «Il lupinario se ne andava in giro per i vicoli del borgo nelle notti di luna piena, attorniato dai cani randagi. E sapete come se ne sono liberati? Un chierico si è arrampicato su un albero e da lì ha punto la bestia con un punteruolo legato a una pertica. Tre gocce di sangue, e il mostro è tornato umano.»

«E perché salire su un albero?» chiese Barliario.

«I lupinari non posso guardare verso l'alto. Ne rimangono atterriti» rispose Ligea.

«Non vedo chiodi, né pertiche o bastoni qui dentro. Né tantomeno alberi» sbuffò Trotula. «Quindi non abbiamo speranze. Ringrazia i tuoi morti, ma non possiamo farci nulla con le loro istruzioni. E con queste ai polsi» alzò le braccia incatenate «al massimo possiamo salire su questa pietra.» E così dicendo calciò un piccolo masso accanto ai suoi piedi.

A quelle parole calò di nuovo un silenzio disperato tra i quattro ragazzi.

«Quando ci sarà il prossimo plenilunio?» chiese tutt'a un tratto Barliario.

Ligea passò gli occhi dall'uno all'altro dei prigionieri.

«Stanotte.»

La risposta li ghiacciò.

«Bene, ora siamo più felici» commentò Shabbatai.

«Sono tutte sciocchezze!» Trotula si mise in piedi. «Anche questa cosa della negromanzia. Plinio il Vecchio lo ha detto con chiarezza nel settimo libro.»

«Ma chi è questo Plinio?» chiese Ligea con ingenuità.

«Il suo promesso sposo» disse ironico Shabbatai, prendendosi in cambio uno sguardo assassino dalla medichessa.

«Tutte queste credenze sulla sopravvivenza dell'anima dopo la morte, gli spettri che vagano lamentandosi, sono pure invenzioni.» Come fosse animata da un fuoco, Trotula si muoveva fino a dove le catene le permettevano di farlo agitando le mani per sottolineare le sue parole. «Sono solo le speranze degli uomini, che non vorrebbero mai morire e continuare a vivere per sempre» concluse.

«Trotula...» Barliario cercò di intervenire, ma Ligea alzò una mano per fermarlo. Un gesto deciso, che non ammetteva repliche.

La bambina chiuse gli occhi.

Inspirò. Sotto le palpebre abbassate si intravedeva il movimento del bulbo oculare. Rapido, scattante, come se stesse seguendo qualcosa che correva.

«Che sta facendo?» sussurrò Shabbatai, perplesso. Barliario gli fece cenno di tacere.

I tre ragazzi la osservarono stupefatti.

La videro annuire al vuoto, muovere le labbra in un mormorio silenzioso e, soprattutto, notarono il suo orecchio destro vibrare come quello di una lepre quando cerca di cogliere i suoni di pericolo intorno a sé.

Passò qualche istante, poi Ligea, senza schiudere le palpebre, disse: «Tua madre ha perso la vita dando alla luce un bambino». Si rivolgeva a Trotula. «Tuo fratello Adinolfi è morto con lei, senza aver mai visto la luce del sole.»

La faccia della medichessa si svuotò di colore.

«Non può essere vero...»

Una lacrima caldissima attraversò la guancia della ragazza, tracciando un solco liquido.

«Non è possibile» sussurrò Trotula. «Mamma...»

7

UN GUSCIO VUOTO

«Devo ricorrere all'*Extricatum*» annunciò Barliario.

Shabbatai era l'unico a sapere di cosa stesse parlando. Lo fissò negli occhi e scorse la risolutezza nel suo sguardo. Il ragazzo della Judaica aveva capito le sue intenzioni.

«Che cosa stai dicendo?» chiese Trotula.

«Posso uscire dal mio corpo.» Le due ragazze fissarono Barliario, sgomente. «È come se mi sdoppiassi, capite? Come se lasciassi un guscio vuoto... e potessi andare da un'altra parte. In questo modo, potrò cercare aiuto» concluse. Ma la sua era una sicurezza di facciata. La verità è che non aveva idea se avrebbe funzionato.

«Fratello mio, credo in te... puoi farcela.» Shabbatai gli sussurrò quelle parole all'orecchio.

«Tu lo sai che non mi è mai riuscito... completamente.» Anche Barliario usò un tono basso per non farsi sentire dalle altre.

«Ti stai esercitando da tempo. Questa è la volta buona per farlo funzionare.»

Le parole dell'amico ebbero il potere di farlo sentire fiducioso.

«E... dove? Dove puoi andare?» chiese Ligea, interrompendo il loro mormorio.

Se Barliario avesse dovuto rispondere sinceramente,

avrebbe detto: "Non lo so, non ne ho idea: fino a ora mi sono sollevato solo di mezzo palmo dal mio corpo". Invece, rispose: «Ovunque io voglia andare».

Ci volle qualche attimo prima che l'enormità di quell'affermazione fosse elaborata da Trotula e da Ligea. La quale commentò: «E poi sarei io quella strana?».

Shabbatai sospirò. Trotula restò in silenzio, ancora turbata dalla rivelazione della giovane negromante, che aveva scosso le sue certezze.

«Forza allora, provaci. Che abbiamo da perdere?» disse Ligea.

"A parte la dignità e l'onore, nulla... credo" avrebbe risposto Barliario. «Devo solo trovare la concentrazione necessaria...» disse, invece.

Non appena concluse la frase, sulla soglia della grotta comparve la sagoma di un uomo.

Vulferio.

La luce del giorno dietro di lui ne faceva solo un'ombra scura e sottile. Reggeva in mano quella che sembrava una cesta.

«Liberaci subito!» gridò Shabbatai e fece per precipitarsi nella sua direzione, dimenticando le catene. Lo strattone improvviso del metallo gli causò una fitta di dolore.

L'eremita entrò con passo malfermo nella caverna.

Il ragazzo della Judaica continuava a dimenarsi e a sbraitare contro di lui. Gli altri invece tacevano, in attesa. Ligea si rintanò nell'ombra, evidentemente spaventata.

Vulferio prese qualcosa dal cesto che portava in mano e lo lanciò ai prigionieri. Erano pezzi di pane e carne salata e un otre di pelle caprina pieno d'acqua. Trotula riconobbe in quel cibo i viveri che aveva conservato nella sua sacca.

Prima di uscire dalla caverna Vulferio rivolse a loro solo una frase in latino: «*Doleo pro vobis*».

Nelle sue parole si avvertiva una vibrazione di vero dispiacere. Ma questo non mitigò la furia di Shabbatai.

«Ti dispiace eh? Maledetto! Liberaci da queste catene, sennò ti dispiacerà ancora di più!»

«È la sua maledizione» spiegò Ligea, una volta che l'uomo scomparve nella luce del giorno.

«Non me ne importa un fico secco!» sbottò ancora Shabbatai. «Se devo morire, voglio farlo combattendo, non come pasto di un vecchio pazzo.»

Barliario annuì e si fece coraggio. «Ce la farò. E usciremo da qui, amico mio.» Nulla gli avrebbe fatto cambiare idea, nemmeno lo sguardo scettico di Trotula. Si sentiva attraversato da una risolutezza nuova per lui.

Si ritirò verso il muro roccioso in cui erano conficcate le sue catene e si distese.

Intanto Trotula si era avvicinata a Ligea quel tanto che le catene le permettevano di fare. Le fece segno di accostarsi a sua volta.

«Come hai fatto, Ligea?» le chiese.

«Cosa?»

«Sai a cosa mi riferisco.» Le costava molto ammetterlo, ma Trotula voleva davvero sapere. Era convinta che ci fosse una spiegazione razionale, anche se in quel momento non riusciva a trovarla. «Sei stata tu a evocare lo spirito di mia mamma?»

Ligea scrollò la testa.

«Vuoi dire che è apparsa lei… proprio adesso?» Al silenzio della giovane negromante, Trotula la incalzò. «Puoi parlarle ancora?»

«No, mi dispiace.» Poi aggiunse: «Come vi dicevo, i morti rispondono a una sola domanda».

Trotula rifletté per un attimo. E se fosse stato vero? E se davvero quella bambina avesse avuto delle capacità che i suoi libri e i suoi studi non potevano spiegare?

«Secondo te… soffriva?» Nonostante fosse ancora scettica, non riuscì a trattenersi dal fare quella domanda.

«Credo di no. È difficile dirlo. A volte sembrano vivi,

anche se non hanno espressione, altre volte sono più sfumati. Forse dipende da quanto tempo sono andati via.»

Trotula annuì, anche se per lei era difficile capire ciò che la ragione non riusciva a spiegare.

«Mi manca» confessò, forse prima a se stessa che alla ragazza.

Ligea le rivolse un sorriso caldo. «I morti non ci lasciano mai del tutto.»

Intanto, lontano da quella conversazione, Barliario inspirò profondamente. Chiuse le palpebre. E cominciò da dove si deve cominciare il viaggio astrale.

Dalla parte più difficile: sgomberare la testa dai pensieri.

SONO UNO *SPECTRUM*

«Kharij aljasad.»

Pronuncio la formula e resto dentro le parole, senza farmi trascinare via dai pensieri. Ripeto così tante volte questi suoni che finiscono per diventare una melodia.

È il secondo tentativo. Il primo è fallito subito. Troppa tensione, troppa paura, troppo desiderio di riuscirci.

"Paura e desiderio sono nemici dell'Extricatum" ha scritto mio padre. "Quando qualcosa ci spaventa, ci rende pesanti e non possiamo sollevarci. Quando vogliamo qualcosa con troppa forza, diventiamo più deboli."

Ricomincio da capo.

Rallento il respiro.

La testa vuota, vuoto il cuore.

«Kharij aljasad.»

Non vado da nessuna parte, sono ancora sdraiato nella caverna. Osservo il soffitto di roccia nuda, poi chiudo gli occhi.

D'un tratto mi sento tirare verso l'alto, fuori di me. Il senso di precipizio al contrario. Il gelo che s'impossessa del corpo.

Un momento prima fluttuavo nel buio dei miei occhi chiusi, un momento dopo il respiro è un fiume che abbandona il suo letto per sfociare in un altro corpo.

Sono sopra di me. Faccia contro faccia.

Mi sento calmo, all'improvviso, mentre mi trovo a fluttuare a due palmi da terra, nell'aria. Senza sforzo, mi alzo ancora un po', spingendomi dove non sono mai arrivato.

Noto il filo d'argento che brilla nel buio e tiene legato il corpo e lo spectrum.

Si tende fino allo stremo mentre continuo ad allontanarmi.

Che fare ora?

Devo uscire dalla grotta.

Ma in che modo?

È tutto nuovo. E così lento.

Quando sento il suono dello strappo rischio di cadere dentro me stesso e fallire ancora.

Lo Yebiri Kiri, il filo d'argento, si è lacerato.

Ora niente mi ancora al corpo.

L'Extricatum si è compiuto.

Non provo esultanza. Non provo spavento. Come se insieme all'involucro di pelle avessi lasciato dietro di me anche le emozioni.

Ora capisco cosa voleva dire mio padre quando scriveva sulle sue carte: "I primi viaggi si fanno al freddo. Solo con il tempo s'impara a portare con sé le sensazioni che riscaldano. Sono un peso che solo gli esperti viaggiatori astrali sono in grado di sostenere".

Più mi allontano dal mio corpo disteso, più il mondo intorno a me muta. Tutto rallenta, poi accelera all'improvviso. Il mio udito si affievolisce, la vista è più debole. Ogni cosa perde di consistenza, la luce è più fioca, le forme si sdoppiano.

Senza rendermene conto, arrivo fin quasi a sfiorare il soffitto della caverna. Cerco di controllare i miei movimenti, ma sono troppo goffo. Vedo Shab, Trotula e Ligea circondati da un bagliore strano. Provo a chiamarli. Non mi sentono.

Ho come l'impressione che dalla mia bocca escano solo refoli di vento.

Devo fluttuare verso l'uscita. Non ho idea di come si faccia. Provo a imitare il volo degli uccelli, ma questo non è volare. Non c'è una corrente da seguire, a cui abbandonarsi.

Sono uno spectrum.

8

TRA RADICI GONFIE E LOMBRICHI CIECHI

Nessuno notò Barliario lasciare la grotta.

In forma di *spectrum* non era possibile vederlo, proprio come fosse un fantasma.

Il suo corpo giaceva come privo di vita. Ligea e Shabbatai provarono a chiamarlo, inutilmente. Trotula, trattenuta dalle catene, non poteva avvicinarsi per sentirgli il polso.

«Non preoccuparti… credo sia così che funzioni. Sono certo che ce l'ha fatta. È riuscito!» esclamò Shabbatai. «Non ci resta che aspettare, vedrete. Barliario ci salverà!»

Forse il ragazzo non avrebbe avuto la stessa convinzione se avesse visto il modo in cui il suo amico si orientava fuori dalla caverna. Simile a un neonato che cerca di muovere i primi passi nel mondo, lo *spectrum* di Barliario proseguiva goffamente a scatti.

Passò l'ora Sesta e passò anche l'ora Nona. L'aria era riscaldata da un sole ancora estivo, il cielo senza troppe nuvole, un vento lieve che stormiva tra gli alberi: un tempo ideale per volare sui boschi lì intorno.

Ma Barliario non si godeva la bella giornata.

Trovandosi fuori dal corpo, i suoi sensi erano ovattati: colori spenti, suoni attutiti, profumi appena percepibili. Il respiro era lento e sottile, rallentato.

Cominciava a prendere confidenza con il suo essere

spectrum e a capire che poteva manovrarne i movimenti con il pensiero e la volontà.

Aveva faticosamente raggiunto la cima di un grosso frassino quando si accorse di una presenza lungo il sentiero che serpeggiava tra gli alberi sotto di lui. Cercando di vedere meglio, fece uno sforzo di volontà per scendere un po'.

Lo fece troppo velocemente e si ritrovò addirittura sotto terra, tra radici gonfie e lombrichi ciechi.

Cercò di pensare un altro movimento e riuscì a risalire fino al punto desiderato (più o meno).

E finalmente la vide.

Mercuriade scappava, voltandosi indietro di continuo. Correva veloce e leggera come un gatto.

Un gatto spaventato.

Fuggiva da qualcosa. Da qualcuno.

Ancora uno sforzo e Barliario si proiettò a quasi duecento piedi alle spalle della ragazza, dove quattro cavalieri procedevano al galoppo. Il rumore degli zoccoli giungeva come un tonfo ritmico e sordo alle sue orecchie di spettro.

Per capire chi fossero li aspettò proprio sul sentiero, e uno dei cavalli galoppando gli passò attraverso. Barliario si stupì di non provare nessuna sensazione particolare. Però vide chi lo cavalcava.

Ermanno Testadiferro.

9

TU MI SENTI?

Per quanto corresse svelta, Mercuriade nulla poteva contro i cavalli della piccola guarnigione di Testadiferro.

A un tratto, arrivati a una radura, i quattro la accerchiarono. I destrieri facevano da barriera, mettendosi di traverso con le loro figure possenti e muscolose.

La fuga aveva reso lucida la pelle brunita di Mercuriade, facendo risplendere ancora di più la sua bellezza. Ermanno e i suoi uomini, però, non erano certo lì per corteggiarla.

Barliario riuscì a ridiscendere, sempre con movimenti imprecisi, a poca distanza dalla scena.

Se fosse stato nel suo corpo fisico, sarebbero successe sicuramente tre cose, e forse una quarta.

Uno. Avrebbe avuto una gran paura.

Due. Avrebbe potuto governare meglio i propri movimenti.

Tre. Nel vederlo i cavalieri l'avrebbero aggredito.

Restava da vedere, quattro, se avrebbe avuto il coraggio di aiutare Mercuriade.

Trovandosi nella condizione di *spectrum*, Barliario sapeva di non poter essere ferito né ucciso. E le sue emozioni restavano come impigliate nel corpo che lasciava, paura compresa.

Non esitò dunque ad avvicinarsi, in modo da poter vedere e sentire quello che stava accadendo.

Per fortuna stava migliorando velocemente nel gestire i propri movimenti.

Ermanno, smontato da cavallo, si era fatto vicino a Mercuriade e le puntava una spada contro il petto, che si gonfiava e sgonfiava rapidamente per la corsa e la paura.

«Bene bene... Cos'è tutta questa fretta, piccola serva?» Il giovane abbassò l'arma e la squadrò cupamente. «Dove pensavate di andare tu e la tua padrona?»

Mercuriade tacque senza abbassare lo sguardo, con la fierezza di una regina.

«Ora mi farai il favore di dirmi dov'è.» Ermanno si avvicinò così tanto al volto della ragazza che quasi le loro labbra si sfiorarono.

Lei per tutta risposta gli assestò una spinta vigorosa.

I cavalieri proruppero in un "oh!" di sorpresa.

«Che caratterino, la selvaggia!» esclamò uno dei gaglioffi. E tutti presero a ridere.

«Non permetterti mai più di toccarmi» sibilò Testadiferro. Fece scattare il braccio e la centrò in pieno volto con un manrovescio. Dal labbro di Mercuriade uscì un sottile rivolo di sangue.

Questo era davvero troppo, Barliario si fiondò contro il giovane. Senza alcun risultato: anche in quel caso non fece altro che attraversarlo.

Ermanno non si accorse di nulla e avanzò ancora verso la ragazza, la quale indietreggiava tenendosi una mano sulla bocca ferita.

«Lasciala!» gridò disperato Barliario in un refolo di aria fredda.

Mercuriade si voltò di scatto verso di lui, mentre Ermanno non ebbe alcuna reazione.

Era possibile? Forse la sua voce non era trasparente per tutti? si chiese il ragazzo con stupore.

Riprovò: «Mercuriade, tu mi senti?».

Lei annuì.

«Che hai da muovere la testa, serva?» Ermanno si voltò, come se avesse avvertito una presenza alle sue spalle. Eppure dietro di lui c'era il vuoto.

I cavalli cominciarono ad agitarsi.

"Che gli animali percepiscano la mia presenza?" si domandò Barliario.

«Che succede, signore?» chiese uno degli uomini, allarmato.

«Niente» si riscosse lui, a disagio.

Per Barliario era il momento di agire. Con un balzo lo *spectrum* si diresse verso i cavalli, gridando a squarciagola.

Si formò un vento denso, fatto di mulinelli e raffiche gelide.

Uno degli animali s'impennò, rischiando di mandare a terra il suo cavaliere. Le altre bestie fremevano, giravano su se stesse, nitrivano impaurite.

In breve la paura degli animali contagiò anche gli uomini.

«Questo bosco è maledetto!» urlò uno di loro. Gli altri gli fecero eco.

Quel trambusto fornì un'occasione a Mercuriade, che la colse al volo. Sferrò un calcio tra le cosce di Ermanno, facendolo finire in ginocchio sull'erba accecato dal dolore, un urlo strozzato in gola.

La ragazza scattò per prendere la via del bosco. Mentre passava accanto ai cavalli imbizzarriti, uno di questi disarcionò il suo cavaliere. Mercuriade non ci pensò due volte e con un balzo magistrale salì in groppa all'animale. Afferrò le redini, diede il via e partì al galoppo.

Testadiferro raccolse il poco fiato rimastogli nei polmoni e gridò: «Sta scappando! Prendetela!».

I cavalieri provarono a partire all'inseguimento, ma Barliario fece da scudo alla fuga di Mercuriade: fluttuando in aria di fronte agli animali, con le sue grida alzò una diga di vento che li riempì di terrore e impedì loro di avanzare.

Se lo *spectrum* fosse stato in grado di provare emozioni, in quel momento il figlio di Rainardo sarebbe stato felice.

Per la prima volta in vita sua aveva messo a frutto il potere dell'*Extricatum*. Suo padre sarebbe finalmente stato fiero di lui?

10

BISOGNAVA FARE IN FRETTA

Quando fu certa di non essere più in pericolo, Mercuriade si fermò. Lasciò libero il cavallo, perché proseguire per quel bosco in groppa a un destriero era più un pericolo che un vantaggio.

E attese.

Dopo essersi assicurato che Ermanno e i suoi non seguissero la ragazza, Barliario la raggiunse. Sospeso a una spanna da terra, si fermò a pochi passi da lei nel folto di una boscaglia impenetrabile persino alla luce.

«Mercuriade.» Barliario era così vicino alla ragazza che, se avesse avuto un corpo, allungando una mano l'avrebbe toccata.

Lei si voltò in direzione di quel sussurro.

«Barliario, sei qui?»

«Proprio davanti a te.»

Mercuriade tese un braccio per tastare lo spazio davanti a sé, in cerca del ragazzo. Naturalmente non trovò che vuoto intorno a lei.

«Che succede? Che cos'è, magia?» chiese lei, senza ombra di paura nelle parole.

Barliario le spiegò cosa fosse l'*Extricatum* e ciò che era capitato da Vulferio.

«Mi spiace se sono scappata così» disse Mercuriade parlando al nulla davanti a sé, dove supponeva dovesse esserci Barliario. «Ero stata avvertita in sogno... di tenermi alla larga dall'uomo solo.»

Era la prima volta che Barliario la sentiva pronunciare tutte quelle parole e avrebbe voluto farle altre domande. Ma non era il momento delle spiegazioni. Bisognava fare in fretta. Dovevano sbrigarsi a raggiungere i loro amici prima che sorgesse la luna piena.

«Dobbiamo procurarci un bastone e un chiodo. Io so dove trovarli, ma devi essere tu a prenderli, io non posso» disse Barliario.

«Guidami.»

Tagliarono attraverso i boschi per non rischiare di incappare nel manipolo di Testadiferro.

Il ragazzo acquisiva sempre maggiore dimestichezza con la sua nuova forma. Era successa una cosa simile quando aveva imparato ad andare a cavallo: giorno dopo giorno aveva preso confidenza con l'animale, fino a percepirlo come una sua estensione. Non era arrivato ancora a questo punto col suo *spectrum*, ma almeno aveva smesso di spostarsi come un insetto frastornato.

Arrivarono a una casa di contadini. Un cane pulcioso che sonnecchiava davanti all'uscio scappò via, avvertendo la presenza dello *spectrum*.

Mercuriade s'introdusse di soppiatto in quella che era una specie di stalla, mentre Barliario stava di guardia per avvertirla di un eventuale pericolo.

Andò tutto liscio e dopo pochi istanti la ragazza sgusciò fuori dalla baracca con in mano quanto occorreva: un bastone e un lungo chiodo.

Il cane le si parò davanti, ma bastò che Barliario si frapponesse tra i due perché la bestiola si dileguasse tra i guaiti, con la coda tra le zampe.

Barliario e Mercuriade se ne andarono senza lasciare traccia.

Affrontare Vulferio non sarebbe stato altrettanto facile.

11

DA DOVE VENIVA QUEL SANGUE?

Ad annunciarlo fu un terribile ululato.

"Siamo spacciati" pensò Trotula.

Il sole era tramontato, il cielo trasformato in una tela scura, forata dal cerchio perfetto della luna da cui passava tutta la luce nascosta dietro la notte.

Shabbatai, Trotula e Ligea si voltarono verso l'entrata della caverna.

«È lui!» esclamò Ligea. «È già qui.»

Il ragazzo fece leva contro una roccia per strappare le catene, in un ennesimo tentativo disperato che non portò a nulla.

Un secondo ululato, più vicino.

Ligea si accucciò contro la parete, chiudendo gli occhi e tappandosi le orecchie. Aveva già vissuto quella scena e non voleva assistere all'attacco. Sapeva bene quello che sarebbe accaduto, e questa volta era anche peggio. Scoppiò a piangere. I suoi nuovi amici le piacevano. Non voleva che...

Trotula si avvicinò al corpo disteso di Barliario e provò a scuoterlo per risvegliarlo, ma inutilmente.

D'un tratto un pensiero cupo attraversò la sua mente. E se quello che l'amico chiamava *Extricatum* non fosse stato altro che il passaggio all'Altro mondo? Se Barliario fosse morto? Non capiva come sarebbe potuto accadere, ma sembrava comunque più plausibile di un viaggio dello spirito fuori dal corpo.

Shabbatai si arrese. «È davvero la fine? Se lo avessi saputo, mi sarei vestito meglio.»

Trotula dovette ammettere la sua ammirazione per quel ragazzo, che riusciva a conservare l'ironia fino all'ultimo.

Si udì un ringhio profondo, a cui seguirono dei passi.

I tre prigionieri ammutolirono.

Ed eccolo lì.

«Per tutti i *sakin** da macello!» esclamò Shabbatai.

Il lupo avanzava guardingo dalla soglia della caverna. Aveva un muso incredibilmente lungo, una pelliccia folta, nero pece. Era grosso come un orso e i suoi artigli parevano di ferro.

Ancora qualche passo e si fermò.

Trotula e Shabbatai arretrarono il più possibile. Anche dalla distanza a cui si trovavano, non poterono fare a meno di notare gli occhi ardenti della belva.

Il lupo sbuffò dalle narici e ringhiando mise a nudo le zanne, lucide di bava.

Ligea cominciò a cantilenare dei versi strani, restando con gli occhi chiusi e le orecchie tappate. «Cento mosche fosche, dieci strane rane, venti santi aitanti, mille pozzi tozzi...» e più andava avanti con l'assurda filastrocca più alzava il volume della voce.

Trotula la guardò con tenerezza.

Poi si udì un fischio.

La bestia drizzò le orecchie appuntite.

E quando un secondo fischio sibilò nell'aria, si voltò di scatto verso l'esterno della grotta.

* Coltello usato dagli ebrei nella macellazione *kosher*.

Una pallida speranza si fece largo nei cuori ghiacciati di Trotula e Shabbatai.

Un terzo fischio, prolungato, più squillante degli altri due.

Il lupinario arricciò il naso. Sembrava combattuto tra la voglia di tuffarsi sulle prede incatenate e la curiosità di scoprire da chi provenisse quel richiamo, da dove quel nuovo odore di altra carne.

Shabbatai guardò cautamente oltre la roccia dietro cui si era riparato e vide la bestia uscire dalla caverna. Il suono delle sue zampe che si allontanavano sul terreno svanì nel buio della notte.

«È Barliario, ne sono certo» sussurrò il ragazzo.

«Speriamo che il tuo amico sappia quello che fa.»

«Se c'è uno che può tirarci fuori di qui è lui» rispose Shabbatai.

Intanto il lupinario, avanzando nel bosco, ringhiava per la fame e la frustrazione. Percepiva qualcosa, ma non riusciva a individuarlo.

Arrivò in prossimità di un grosso albero che cresceva a pochi passi dalla grotta. Era inebriato dall'odore di sangue che si diffondeva dall'erba. Il prato ne era intriso.

Da dove veniva quel sangue?

La risposta era tra i rami di un albero sopra di lui.

12

QUESTO È IL MOMENTO

Il sangue colava dalla ferita che Mercuriade si era procurata nel palmo della mano. La ragazza era seduta sul ramo, mentre lo *spectrum* di Barliario le aleggiava intorno.

Il grosso animale perlustrava con il muso nell'erba, stordito dal profumo invitante. Per ogni goccia fresca che scorgeva tirava fuori la lingua rasposa e cominciava a leccare. L'esca stava funzionando.

«Questo è il momento» annunciò Barliario a Mercuriade con le sue parole di vento.

La ragazza allungò il bastone verso il lupinario, ma si accorse che non ci arrivava. La punta del chiodo non sfiorava nemmeno il pelo.

Tese il più possibile il braccio.

Inutile.

Barliario gridò a Mercuriade di stare attenta. E come era successo ai cavalli, anche il lupinario percepì qualcosa di quella presenza impalpabile.

Ululò con furia.

Mercuriade ebbe un momento di incertezza, poi saltò.

Barliario avrebbe voluto fermarla, ma come? Il suo *spectrum* si limitò a vibrare. La ragazza atterrò sulla schiena del predatore.

Il lupinario provò a disarcionarla, ma lei gli si afferrò

alla groppa con tutta la sua forza, circondandone il corpo con le gambe. Sentiva i muscoli tesi e il pelo ispido della bestia sotto di sé.

Le mascelle del lupinario si chiusero di scatto a un nonnulla dal suo polpaccio. Non avrebbe resistito ancora per molto.

Barliario guardava la scena dall'alto, chiedendosi come intervenire. Era in una situazione di stallo.

Restò impassibile quando vide la ragazza sbalzata via dalla groppa del lupo. Delle emozioni non arrivava che un'eco remota, come la risacca di un mare troppo lontano.

Mercuriade era distesa sull'erba. E fu allora che Barliario intervenne gridando, almeno nelle intenzioni, il nome di Vulferio.

Il vento che si produsse dalle sue labbra distrasse il predatore che intanto si stava avvicinando alla ragazza.

Lei ne approfittò subito.

Allungò il braccio, recuperò il bastone e fece partire un colpo tremendo. Il legno squarciò l'aria abbattendosi sul muso della bestia.

Il lupinario guaì e per un attimo finì riverso sul lato. Era il momento decisivo, Mercuriade lo sapeva. Corse a tutta velocità verso l'albero.

La bestia si riscosse, scuotendo il capo indolenzito. Ululò di rabbia e di vendetta, partì alla carica con l'impeto di un esercito all'attacco. Le zanne scoperte, la bava copiosa, le narici dilatate per lo sforzo.

Fu sul punto di balzarle alle spalle, ma Mercuriade lo sorprese con un'azione prodigiosa.

La ragazza spiccò un salto e per qualche attimo corse in verticale sul tronco dell'albero, poi lo usò come trampolino per dare la spinta a un'incredibile capriola all'indietro.

Per un attimo sembrò che il tempo stesso rallentasse. Mercuriade volò al di sopra del lupinario disorientato.

Atterrò alle sue spalle.

Prima ancora che la bestia se ne rendesse conto, Mercuriade la colpì tre volte con il chiodo conficcato nel bastone. Tre stangate precise e velocissime che fecero zampillare tre gocce di sangue scuro dalla sua carne. Mercuriade inspirava ed espirava per riprendere fiato, un ginocchio premuto contro l'erba, gli occhi fissi sul lupinario.

Il bosco intero trattenne il respiro e ogni movimento si contrasse in uno spasmo di attesa.

13

È LA FIGLIA DELLA LUNA

La trasformazione da lupinario in essere umano fu raccapricciante.

La creatura mostruosa si contorceva sull'erba, attraversata da spasmi e contrazioni.

Mercuriade lasciò cadere a terra il bastone chiodato e insieme a Barliario si addentrò di corsa nella caverna: avevano fretta di ritrovare i loro amici.

Alla sua entrata, la sorpresa fu grande.

Al bagliore argenteo del plenilunio, la sua sagoma scura si disegnò sulla soglia. Nella luce fredda che rischiarava l'anfratto, Trotula fu sicura che si trattasse di un'allucinazione.

Lei e Shabbatai erano pronti all'arrivo di Vulferio e si ritrovarono di fronte Mercuriade.

Trotula d'istinto si portò le mani alla bocca. Shabbatai balzò in piedi e Ligea interruppe l'ossessiva cantilena.

"È la figlia della luna" si scoprì a pensare la bambina, al colmo dello stupore.

Mercuriade si fermò a un passo da Trotula. S'inginocchiò e disse solo: «Perdonami».

L'amica, attraversata da un fiume in piena di emozioni, le posò la mano su un braccio e rispose: «Alzati amica mia, che fai?».

Un istante dopo erano strette in abbraccio che sembrava non dovesse mai finire. «Mi devi raccontare tutto, per filo e per segno» disse Trotula. «Prima però dobbiamo uscire di qui.»

«Le chiavi delle catene sono nella madia» intervenne Ligea. «Nella capanna.»

Mercuriade non se lo fece dire due volte e si precipitò fuori dalla caverna.

Tornò poco dopo, mostrando le chiavi con espressione trionfante. Per prima liberò la medichessa, poi Shabbatai e infine si accucciò ai piedi di Ligea.

«Sei bellissima» le sussurrò la piccola negromante. Mercuriade le rispose solo con un sorriso.

Intanto Shabbatai cercava il suo amico con lo sguardo. «Dov'è Barliario?» chiese con apprensione.

«È qui, è entrato insieme a me» rispose la ragazza nera.

Trotula, Shabbatai e Ligea la fissarono, in attesa di una spiegazione.

Intanto Barliario aveva raggiunto il suo corpo inanimato.

Il ragazzo che per tanti mesi si era esercitato a compiere il viaggio astrale, senza mai avere successo, questa volta aveva realizzato il prodigio, ma si trovava nell'imbarazzante condizione di non sapere assolutamente come ritornare nel proprio corpo.

Come poteva ricucire il filo d'argento tra lo *spectrum* e l'involucro fisico, lo *Yebiri Kiri* spezzato con l'*Extricatum*?

Vide i suoi amici riuniti intorno al suo corpo disteso.

«Che succede? Perché non si risveglia?» chiese Shabbatai, allarmato. «Ehi amico, non facciamo scherzi» esclamò, provando a stemperare la tensione.

"Non so come tornare" alitò senza parole lo *spectrum* di Barliario.

Mercuriade lo sentì e spalancò la bocca di stupore. «Non riesce a tornare nel corpo» disse ad alta voce per gli altri.

«Dov'è?» chiese Shabbatai.

«Credo sia proprio accanto a te.»

Il ragazzo mulinò le mani intorno a lui, per sentirlo con le dita: «Barl, ci sei? Sei qui?».

«Sì, sono qui» rispose, inascoltato.

L'amico avvertì un guizzo di aria sfiorargli il collo e rabbrividì. «Cosa è stato?» chiese.

«È lui, quel lieve vento freddo… è lui che parla.»

«E tu come fai a udire le sue parole?» chiese Trotula.

Mercuriade si strinse nelle spalle. Non aveva una risposta, ma sapeva cosa doveva fare. Barliario aveva bisogno di restare da solo.

IL TEMPO CORRE

Devo rientrare nel corpo, ma mi mancano le istruzioni per farlo. Provo a concentrare l'attenzione. Sono la freccia, che una volta scagliata non può tornare alla corda tesa.

Che stupido sono stato!

Un rumore. È un fruscio che arriva appena ai miei sensi offuscati. Senza voltarmi, dirigo la mia vista verso quel suono.

In fondo alla caverna c'è Lui.

Il demonio incappucciato.

Arimane.

Per la prima volta da quando ho eseguito l'Extricatum avverto un accenno di emozione. E non è piacevole. Somiglia alla paura.

L'uomo avvolto nel mantello avanza verso di me. Il gelo, che non mi ha mai abbandonato in questo viaggio astrale, si fa ancora più bruciante. Ogni residuo di calore scivola via.

«Il tempo corre, Barliario.»

«Cosa fate qui? Come ci siete arrivato?»

«Non sono io a essere giunto fino a qui, sei tu che mi ci hai portato.»

«Cosa?»

Non mi è parso di chiudere gli occhi, eppure un istan-

te dopo l'essere oscuro è a un palmo dalla mia faccia. E nonostante siamo praticamente incollati l'uno all'altro, continuo a non scorgerne il volto.

«Tuo padre, ragazzo, sta soffrendo. E tu sei così lontano dal fuoco.»

Avverto un dolore fortissimo alla schiena, come se una mano invisibile e straordinariamente forte mi agguantasse la spina dorsale. È insopportabile.

Mi sento tirare giù e non posso opporre resistenza.

È come se stessi cadendo da una scogliera altissima.

Un precipitare infinito.

Un attimo dopo, sono nel mio corpo abbandonato a terra.

Riapro gli occhi e vedo le dita della mia mano muoversi lentamente. Sento il battito del mio cuore risuonarmi nelle orecchie.

Sono di nuovo in me.

Eppure sento che c'è qualcosa di diverso, come se non tutto fosse tornato al suo posto.

Provo a rialzarmi, ma faccio una fatica enorme. Che io abbia dimenticato come si fa a camminare? A muovere le braccia? A respirare? Come ho fatto a ritornare dal viaggio?

Ho così tante domande che mi sembra di impazzire.

E una su tutte: È stato Arimane a ricondurmi nel corpo?

14

VULFERIO È SPARITO

Barliario fece il suo ingresso nel tugurio dell'eremita.

Shabbatai scattò e gli si fece incontro con la gioia negli occhi.

«Che bello rivederti in carne e ossa, fratello mio» disse. Ma in cuor suo sentì che c'era qualcosa che non andava. Anche Trotula notò che Barliario non era esattamente quello di prima, però al momento era solo una sensazione che non decifrava appieno.

Il ragazzo andò a mettersi accanto al camino acceso. Aveva patito un gelo che ancora gli mordeva le ossa.

«Dunque ce l'hai fatta, amico mio» gli disse Shabbatai con ammirazione.

«Mercuriade ci ha raccontato tutto. Fino alle tre gocce di sangue e alla trasformazione del lupinario. Ma... Vulferio è sparito» spiegò la medichessa.

«Potrebbe essere fuggito» disse Shabbatai. «Ma non mi fiderei.»

Ligea giochicchiava con delle molliche di pane sulla tavola. Alla luce del fuoco, sembrava ancora più piccola e smunta. D'un tratto alzò la testa e disse con voce piatta: «Non tornerà».

Tutti si voltarono verso di lei.

«Come fai a esserne sicura?» domandò Barliario, un

istante prima di essere colto da un violento capogiro. Si tenne al camino e sperò che nessuno degli amici lo avesse notato.

«Me l'ha detto lei» spiegò, indicando un punto oltre la finestra.

I ragazzi ne seguirono la traiettoria.

«Un Inquieto?» chiese Shabbatai.

Lei annuì e precisò: «Sì. Una donna».

Shabbatai intervenne: «Che facciamo adesso?».

Barliario, in piedi accanto al camino, annunciò: «Io non torno indietro. Sono arrivato fino a qui e intendo proseguire».

«Dobbiamo fare attenzione, però: in questi boschi si aggirano Ermanno e i suoi uomini, a cavallo» intervenne Mercuriade.

Al sentire quel nome sul collo di Trotula si formò un sudore freddo. Sentì il panico sfilacciarle i pensieri: certo, suo padre aveva scoperto la fuga e aveva mandato proprio l'odiato Ermanno a recuperarla. E lei sapeva bene quanto il giovane fosse ostinato e crudele.

«I cavalli non sono necessariamente un vantaggio» commentò Shabbatai. «In queste zone andare a piedi è più agevole, viste le condizioni dei sentieri.»

Barliario annuì, poi si rivolse alla medichessa: «Allora è meglio che tu e Mercuriade torniate a Salerno».

«Non ci penso nemmeno» rispose la medichessa. «Anche se questa storia del drago devi spiegarmela.»

«E io?» La vocina di Ligea s'insinuò nella discussione.

Fu Shabbatai a parlare: «Tu vieni con noi». A Ligea comparve il sole in faccia e la bambina andò a mettersi accanto al ragazzo, in cerca di protezione. Lui le sorrise. «Non possiamo certo lasciarti qui da sola» aggiunse.

Fin dal primo momento in cui l'aveva vista, Ligea gli aveva ricordato la sua sorellina Rahel. Si era ammalata di dissenteria tre anni prima e nemmeno le preghiere recitate giorno e notte l'avevano salvata. A Shabbatai mancava molto, anche se preferiva non parlarne mai. Era stata proprio lei a convincerlo che un giorno sarebbe diventato un grande eroe.

"Ora sono tre le femmine con cui dobbiamo viaggiare: bell'affare" pensò invece Barliario.

«Va bene» disse, arrendendosi alla maggioranza. «Allora per stanotte restiamo qui. Non possiamo metterci in cammino col buio. Io e Shab ci alterneremo nei turni di guardia. D'accordo?»

«Ci puoi contare» rispose subito l'amico.

«E terremo il fuoco acceso» concluse Barliario, mentre le fiamme dal camino incidevano sul suo volto ombre scurissime, ma non altrettanto cupe di quelle che abitavano i suoi pensieri.

Trotula avrebbe voluto ribattere dicendo che anche lei poteva restare di guardia, ma era stanca di combattere ogni volta con quel "testone".

Quindi si avviò con Mercuriade e Ligea dietro la tenda, sul paglericcio. Aveva tanto da raccontarsi con la sua amica.

Il primo turno di guardia toccò a Shabbatai.

Barliario stese il mantello sul pavimento e provò a chiudere gli occhi. Lui di parlare non aveva voglia. Non si era mai sentito così stanco in vita sua.

Scivolò nel sonno dopo poco, nonostante il più duro dei giacigli.

Al risveglio, nel pieno della notte, fu colto da una tremenda sorpresa.

15

FUORI DAL CORPO

Quando Shabbatai andò a ridestarlo per il cambio di turno, Barliario avvertì prima una terribile sensazione di debolezza, poi una vertigine così violenta che dovette serrare gli occhi con forza.

«Ho l'impressione che una parte di me sia rimasta fuori dal corpo» sussurrò a Shabbatai.

«A vedere la tua espressione da ebete, dev'essere la testa» scherzò Shabbatai.

«Dico davvero, Shab.» Barliario si mise a sedere, ma fu assalito da una fitta alle tempie. Gemette di dolore. «È come… come se le ossa non riuscissero più a reggermi. Non so come spiegartelo diversamente.»

Shabbatai lo guardò con sospetto. «Forse è perché hai dormito su questo pavimento duro, e hai ancora sonno. Se vuoi continuo io il turno…»

«No, non si tratta di questo.»

Barliario vedeva accanto a sé la propria immagine sdoppiata. Era nel corpo e fuori, allo stesso tempo. «Il ritorno dall'*Extricatum* è andato storto» dovette confessare all'amico e soprattutto a se stesso.

«Se non ti spieghi meglio, non riesco ad aiutarti.»

Allora Barliario provò a mettersi in piedi, ma con sua grande sorpresa a farlo fu solo il suo *spectrum*.

Era come se avesse due sé da comandare, e gli ordini impartiti all'uno finivano involontariamente all'altro.

Era un gran pasticcio, di sicuro.

«Temo che non potresti farlo comunque. Dammi una mano ad alzarmi, per favore.»

Shabbatai lo prese per un gomito. Barliario si guardò attorno e si accorse che anche la vista era sdoppiata, quasi avesse gli occhi di una lumaca, che si muovono indipendentemente in due direzioni diverse, ognuno in cima alla propria antenna.

Sarebbe caduto a terra, se l'amico non l'avesse sostenuto.

«Ehi Barl, che ti prende?»

Shabbatai lo accompagnò fino alla panca. Barliario si sedette cautamente e vide il suo doppio traslucido prendere posto accanto a sé.

«Tu lo vedi?» sussurrò Barliario indicando lo *spectrum*.

«Cosa?»

«Lascia stare.»

Il giovane alchimista provò a muovere un braccio, per testare la propria capacità di agire sul corpo. Ci riuscì, ma l'arto pesava come se fosse fasciato in una stretta armatura di ferro, e il suo movimento lasciava una scia argentea.

«Shab, non so come...» Ma improvvisamente anche la parola si deformò e dalla bocca del ragazzo uscirono suoni strani.

«Cos'hai detto, Barl?»

Barliario ripeté e di nuovo, nel mezzo della frase, alcune parole si tramutarono in una specie di gorgoglio. Si portò le mani alla gola, spaventato.

«Amico mio, questa roba non mi piace affatto» commentò Shabbatai. «Vado a chiamare Trotula.»

«No, lasciale dormireeeeee.» L'ultima lettera si allungò oltre misura, quasi fosse portata dal vento.

Shabbatai si bloccò, incredulo. «Tu... tu...» Non sapeva cosa pensare.

Barliario rinunciò all'idea di parlare.

L'amico gli si sedette accanto.

«Prova a dormire ancora un po', io non ho problemi a fare anche il tuo turno di guardia. Forse quella roba da stregoni ti ha affaticato troppo e ora devi solo riprenderti, eh?» Era commovente il modo in cui Shabbatai cercava di semplificare ciò che per sua natura era oscuro e inafferrabile.

Barliario poggiò il capo sul tavolo, usando le braccia come cuscino.

«Forse hai ragioooo..., sento... come un ronzzzz... nella te...»

16

COME UN VELO SUI SUOI OCCHI

Nel cielo ancora non si erano levate le prime luci dell'alba quando Trotula scostò la tenda ed entrò nello stanzone.

Scosse la testa, scoraggiata e divertita allo stesso tempo.

Entrambi i ragazzi dormivano saporitamente sul tavolo.

«Bella guardia state facendo!» esclamò a voce alta.

Shabbatai emise un gemito e si voltò dall'alta parte. Barliario, nemmeno quello.

«Ehi, dico a voi!» La ragazza alzò ancora il tono di voce.

Di lì a poco sarebbe stato opportuno mettersi in cammino.

Anche Mercuriade e Ligea emersero dall'altra stanza, stropicciate dal sonno. Sorrisero notando i due amici che dormivano beatamente.

«Shab!» gridò Trotula e il ragazzo quasi cadde dalla panca. Anche Barliario aprì gli occhi, fu la sua unica reazione.

«Per tutte le daghe celtiche, devo essermi addormentato» borbottò Shabbatai, mentre si strofinava il volto per destarsi completamente.

«Almeno tu hai aperto gli occhi, il tuo amico poltrisce ancora» disse la medichessa.

Barliario si ridestò lentamente, troppo lentamente. Aveva la bocca semiaperta, con un'espressione non proprio intelligente sul volto.

«Barl, come ti senti?»

Alla domanda di Shabbatai, l'amico non rispose. Lo guardò fisso per un attimo, prima di spostare gli occhi sulle mani. Se le ammirava come non le avesse mai viste prima.

«Ma che gli prende?» chiese Ligea, che intanto si era avvicinata alla tavola.

Shabbatai spiegò ciò che era successo durante la notte. Barliario non si era sentito bene e credeva fossero le conseguenze dell'*Extricatum*, che forse non era andato per il verso giusto.

«Mi pare che adesso stia ancora peggio» concluse il ragazzo della Judaica.

Trotula si avvicinò a Barliario e lo fissò con attenzione.

«C'è come un velo sui suoi occhi» sentenziò.

«È... è una cosa brutta?» chiese Shabbatai.

Trotula rispose con un silenzio preoccupato.

«Dobbiamo fare qualcosa» la incalzò Shabbatai. «Non hai qualche erba o uno dei tuoi intrugli per curarlo?»

«Con le piante curiamo i mali del corpo, non le stregonerie andate storte» rispose lei, piccata.

«Io forse un'idea ce l'ho.» A parlare era stata Ligea.

Gli occhi di tutti la fissarono.

«A un paio di giornate di cammino da qui, verso il sole che nasce, c'è un borgo chiamato Terravecchia. È posto in alto, su una collina, ha pure una specie di fortezza.»

«E cosa c'è lì che potrebbe aiutarci?» chiese Trotula.

«Ci vive una potente strega» rispose Ligea.

«Ci mancavano giusto le streghe!» esclamò la medichessa alzando le mani al cielo e lasciandole poi ricadere lungo i fianchi.

«Sei sicura di quello che dici?» chiese Shabbatai.

Prima che Ligea potesse replicare, la medichessa le rubò la parola: «E scommetto che è stato uno dei tuoi morti a passarti l'informazione, giusto?».

Ligea annuì, imbarazzata.

«Basta, dobbiamo ragionare. Smettere di credere a stregonerie, incantesimi e superstizioni. I fenomeni della natura agiscono secondo leggi che la scienza deve saper cogliere. A tutto c'è una spiegazione.»

«E quale sarebbe la tua spiegazione, sentiamo?» la sfidò Shabbatai.

Trotula ammutolì per un attimo, giusto il tempo di preparare la difesa. Quando fu sul punto di ribattere, però, a prendere la parola fu Mercuriade.

«Andiamo a Terravecchia» disse.

LA TEMPESTARIA

1

MALEFICIUM

In Mercuriade si era risvegliato un pensiero rimasto sopito molto a lungo, come un animale in letargo che tornasse alla veglia.

Il pensiero di poter finalmente incontrare la donna che compariva regolarmente nei suoi sogni fin da quando era piccola.

Negli ultimi tempi si era insinuata in lei l'idea che quelle non fossero affatto visioni, bensì ricordi. Pezzi confusi di una vita vissuta prima di giungere, da piccola, sulle sponde di Salerno.

Mercuriade aveva il presentimento che la strega di Terravecchia fosse proprio quella signora dai capelli color del bronzo che le parlava nel profondo della notte.

La donna nei sogni sussurrava sempre una parola: *diro*. E nella lingua di Mercuriade, la parola *diro* indicava una terra antica, logora… vecchia.

Diro: Terravecchia.

Mercuriade non credeva alle coincidenze.

Prima di partire controllarono le loro bisacce. Per fortuna Vulferio non le aveva svuotate del tutto. Fecero colazione con i pochi viveri trovati nella sua dispensa e i frutti di cui quei boschi erano ricchi. Riempirono gli otri di acqua al ruscello lì vicino, dove Mercuriade e Trotula aiutarono Ligea a lavarsi per bene, sfregando con forza lo sporco ormai incrostato e usando uno dei preparati della medichessa a base di sapone gallico per rendere la pelle morbida.

Secondo le indicazioni sommarie fornite da Ligea, per raggiungere il borgo dove si diceva vivesse quella strega avrebbero dovuto proseguire verso meridione, attraverso i boschi fittissimi che chiamavano il Frassineto, fino a raggiungere un villaggio di poche anime: Castiglione.

Lì avrebbero cambiato direzione. Dovevano mettersi il sole alle spalle e proseguire ancora per un po' fino al Castello di Terravecchia.

La piccola negromante lo ricordava abbastanza bene, perché aveva trascorso lì un giorno e una notte, in compagnia del nonno e dei suoi cavalieri, durante il suo viaggio di cinque mesi prima.

Marciavano in una costante penombra, che li metteva a disagio. Gli alberi erano sentinelle imperscrutabili dai cui corpi rugosi sembravano provenire mille sguardi. Emanavano un'aria ostile, rafforzata dal silenzio sinistro interrotto solo da fruscii e scricchiolii dei passi umani.

Barliario era incapace di camminare autonomamente e Shabbatai doveva sorreggerlo per evitargli di cadere a ogni passo.

Continuava a vedere il proprio *spectrum* camminargli accanto. Era una sensazione inquietante: essere uno e due allo stesso tempo. Di tanto in tanto, senza che lui potesse far nulla per deciderlo, le due forme coincidevano e solo allora Barliario riusciva a riprendere il controllo del corpo e della voce.

All'imbrunire arrivarono ai piedi del colle su cui si ergeva Terravecchia.

Erano stanchi, affamati, con i piedi che dolevano per il tanto camminare. Il buio correva veloce a riempire tutti i buchi in cielo. Presto sarebbe stata notte e mancava ancora parecchia strada per giungere al borgo.

«Cos'è quel fumo laggiù?» Trotula indicò un pennacchio grigio che si levava in mezzo alla boscaglia.

«Andiamo a vedere» propose Shabbatai.

La medichessa aveva preso la testa del gruppo, seguita dal ragazzo della Judaica che si trascinava dietro l'inerte Barliario. Chiudevano Mercuriade e Ligea, mano nella mano.

Più si avvicinavano, più l'odore del fumo si faceva penetrante.

Passarono accanto a uno stazzo in parte distrutto, dove non c'era più traccia degli animali che avrebbero dovuto dimorarvi.

Un'aria di abbandono avvolgeva quel luogo e lo rendeva spettrale.

Infine arrivarono a un piccolo insediamento con quattro o cinque costruzioni in legno, che sembravano stare in piedi per miracolo.

Da una di queste si levava il serpente di fumo. Le altre parevano disabitate.

«È saggio secondo voi bussare alla porta di questa gente?» chiese Trotula. «Dopo quello che ci è successo da Vulferio...»

«È troppo tardi per proseguire verso Terravecchia.» Shabbatai indicò la strada che s'inerpicava fino alla cinta muraria. «Arriveremmo lì con le porte già chiuse. E non possiamo rischiare di restare fuori di notte.»

Ci fu un trapestio alla loro destra. Si voltarono tutti di scatto, allarmati.

Ligea si strinse a Mercuriade. Trotula si avvicinò istintivamente a Shabbatai, che con un braccio reggeva Barliario e con l'altra mano impugnava il coltello.

Dagli alberi vennero avanti un uomo e una donna. Quest'ultima teneva in braccio un bambino di pochi mesi. Erano il ritratto stesso della povertà e della disperazione. Sui volti scarni e sporchi si potevano leggere gli stenti della loro misera vita.

«Chi siete?» chiese l'uomo, che brandiva una grossa ascia.

«Un bel benvenuto, non c'è che dire» sussurrò Shabbatai ai suoi compagni di viaggio. Poi si rivolse all'allegra famigliola: «Cerchiamo ospitalità per la notte. Dobbiamo salire a Terravecchia ma ormai si sta facendo buio».

La donna guardò il marito con occhi impauriti.

«Andate via da qui. Non abbiamo niente per voi.»

«Non vi daremo fastidio.»

L'uomo per tutta risposta alzò l'arma.

Il bambino si portò le manine secche alla bocca ed emise un gemito.

«Possiamo pagarvi» disse Trotula.

Shabbatai si voltò verso la ragazza, accigliato, e mormorò, poco più che in un sussurro: «Per tutti i pugnali ostrogoti! Che stai dicendo?».

Trotula tirò fuori una scarsella che portava appesa al collo e la mostrò ai poveri contadini, che sgranarono gli occhi con un'intensità tale che sembrava potessero uscire dalle orbite.

Seguì un silenzio d'attesa, rotto dal gracchiare di un corvo dall'aria curiosa.

Poi il padre di famiglia disse: «D'accordo, potete dormire nella stalla. Tanto, gli animali...».

Pronunciava le parole con difficoltà, quasi avesse della ruggine nella voce.

«Cosa è successo alle bestie?» chiese Shabbatai.

«Tutte morte.»

«Come?»

«Il *maleficium*» intervenne la donna facendosi il segno della croce, spaventata.

Il marito abbassò l'ascia e aggiunse: «È stata quella» e

con il capo indicò l'insediamento di Terravecchia sopra la piccola montagna.

«Quella chi?» Stavolta fu Trotula a fare la domanda.

«La tempestaria» disse il contadino con la rabbia nello sguardo. E sputò a terra.

2

MUTARE QUELLO CHE È IN CIÒ CHE NON È

La stalla si sviluppava su due piani.

Il fieno era umido ed emanava un fastidioso odore di muffa, a cui si aggiungeva quello del letame secco che imbrattava la terra del pavimento.

Non si poteva fare troppo gli schizzinosi, però. Almeno avevano un giaciglio morbido su cui riposare le stanche membra.

Una scala di legno a pioli portava al soppalco e lì si sistemarono le tre ragazze. Era un po' più sicuro che starsene al piano terra, con la possibilità di essere attaccati da animali o, peggio ancora, da uomini, che fossero i cavalieri della guarnigione di Ermanno o dei poveracci disperati, in cerca di qualche soldo.

Shabbatai continuava a ripetere a Trotula che l'idea di pagare quei contadini era stata stupida.

«Non si accontenteranno dei follari che gli hai dato. Ora che hai mostrato loro la fiammella, vorranno il fuoco.»

«E così si bruceranno. Ci sei tu a proteggerci, no?» aveva risposto la medichessa ammiccando.

Shabbatai avvampò di imbarazzo a quella stoccata. Niente, con quella ragazza non si poteva spuntarla. Si era fatto beccare a dormire la notte a casa di Vulferio, quando doveva fare la guardia, e ora lei non perdeva occasione di mettere il dito nella piaga.

Andò a sistemarsi vicino a Barliario. L'amico era disteso con gli occhi sbarrati, e solo raramente batteva le palpebre.

«Fratello, come stai?»

Nessuna risposta. Poi d'un tratto il ragazzo si riscosse. Il velo che gli offuscava la vista sembrò dissolversi di colpo. Guardò Shabbatai accanto a lui, come se lo vedesse per la prima volta.

«Ah? Cosa?»

«Chiedevo come ti senti.»

«Mmm... direi bene, ma non so quanto durerà...»

«Domani mattina saliamo a Terravecchia e vediamo di incontrare questa strega.»

«È una tempestaria, non so se può aiutarmi.»

«E che significa?».

Barliario si tirò su a sedere. «Sono stregoni che hanno il potere di comandare la terra, il cielo e specialmente le acque. Sono capaci di risvegliare le forze segrete che dormono nelle profondità del mondo.» Parlava piano, misurando le parole. «I tempestari possono mutare quello che è in ciò che non è, scatenare tormente, grandinate e fulmini. Colpiscono case e raccolti, affondano le navi.»

«Per tutte le *scramasax* dei barbari! Esistono davvero persone con questo potere infernale?»

«Non sempre sono cattivi, spesso compiono questi atti solo per difesa, o per infliggere un castigo a chi lo merita.»

Andarono avanti un po' a chiacchierare. Poi Barliario disse di sentirsi fiacco e di avvertire uno strano formicolio alle dita dei piedi e delle mani. Temeva che lo sdoppiamento stesse per accadere di nuovo.

«Veglierò io su di te» lo tranquillizzò Shabbatai.

«Ma anche tu devi riposare.»

«Dormirò con un occhio aperto.»

Il ragazzo della Judaica questa volta tenne fede al suo proposito e restò sveglio.

Pensava al drago. All'avventura che stavano vivendo. Anche se avevano rischiato di essere sbranati, se la fatica gli induriva i muscoli, se Ermanno poteva piombar loro addosso da un momento all'altro, anche se dormivano in posti scomodi con la paura di essere assaliti, ecco... nonostante tutto questo, era quella la vita che aveva sempre sognato per sé. E, si disse, niente gli avrebbe impedito di affrontare la Bestia che si stava svegliando a Volturara.

Ma il ragazzo fu distolto dai quei pensieri di gloria da improvvisi strepiti che squarciarono il silenzio.

Si mise in piedi, ma un attimo dopo un nuovo rumore attirò la sua attenzione.

Veniva dal soppalco.

3

ARIA LEVATIZIA

«Trotula, sei tu?» chiese Shabbatai.

«Hai sentito?» La ragazza stava scendendo dalla scala con una certa fretta.

«Sì, sembra quasi...»

«...È il pianto di un bambino» sentenziò Trotula. «Vado a vedere.»

«Ma sei impazzita?»

«Sono urla di disperazione, quel piccolo sta soffrendo, ha bisogno di cure.»

La medichessa si strinse nel suo mantello e uscì prima che Shabbatai potesse fermarla.

La notte mordeva.

L'aria del bosco era fredda e umida, il buio inospitale. Trotula vide una luce provenire dalla baracca di fronte. Solo pochi passi le distanziavano, eppure le sembrò un tragitto lunghissimo.

Sotto le suole sottili delle scarpe, il tappeto delle prime foglie secche crepitava. Arrivò dinanzi la porta e bussò con un paio di colpi.

Nessuno rispose, così si fece coraggio ed entrò. Ad accoglierla trovò una stanza così misera che definirla casa sarebbe stato eccessivo. Il fuoco nel camino languiva e bastava appena a diffondere un po' di tepore.

Al centro della stanza, su un giaciglio imbottito di erica e giunchi, erano sdraiati la donna e il suo bambino. Trotula vide che il piccolo era fasciato da bende così strette che lo rendevano livido. Da quel bozzolo usciva solo la testa. Piangeva, scosso da violenti singhiozzi.

La scena fece inorridire Trotula, che si avvicinò subito a madre e figlio. Solo allora, come uscendo da una specie di incantamento, la contadina si accorse della ragazza e si ritrasse spaventata, con uno sguardo da preda abituata a essere cacciata. "Non ha che pochi anni più di me" considerò la medichessa osservandola.

Poi notò l'assenza del padre. Perché aveva lasciato la famiglia nel cuore della notte?

«Come ti chiami?» chiese alla donna.

Dato che lei non rispondeva, Trotula le prese gentilmente la mano e rifece la domanda con un sorriso di incoraggiamento.

«Mi chiamo Gemma.» Poi guardò il figlio. «E lui è Guido.»

«Gemma e Guido, che bei nomi. Posso?» Trotula stese le braccia verso quella larva disperata che era il bambino. La madre ci pensò un attimo, poi annuì.

Trotula lo prese e gli fece una carezza. Avvertì subito il cattivo odore che emanava. Chissà da quanto tempo non lo lavava. Cominciò a liberarlo dalla fasciatura.

«Ma che fai?» si allarmò Gemma.

«Queste fasce gli fanno male. Vedi il colore della pelle? È blu.»

«Ma è così che si fa. Deve stare nelle bende, sennò diventa storpio. O prende a camminare come una bestia» protestò la donna, ma nel tono della sua voce c'era più arrendevolezza che convinzione.

«No Gemma, non è vero. Sono credenze assurde... e pericolose.» Intanto con delicatezza stava liberando Guido, che smise di piangere. «Il sangue così non si muove nel corpo. Capisci? Per questo piangeva. Sentiva dolore, questa povera creatura.»

Una volta nudo, Guido sembrò rinato. Le lacrime si erano asciugate, le grida placate. Gemma assaporava lieta la pace ritrovata. Trotula osservò le piaghe che gli segnavano il corpo.

«Ora gli facciamo un bel bagno. Gemma, devi tenerlo pulito se vuoi che tuo figlio viva.»

Trotula chiese alla donna di riempire d'acqua il paiolo che si trovava accanto al camino e di metterlo a scaldare sul fuoco. Lei obbedì.

Versarono l'acqua calda nel tino che di solito la contadina usava per raccogliere i frutti del bosco e Trotula passò in rassegna le piante appese a un gancio a seccare sul muro vicino al camino. Trovò dell'erba limoncina, l'annusò e sorrise: avrebbe fatto al caso loro.

«Questa aiuterà Guido con le sue piaghe» disse prima di sbriciolarne alcune foglie nell'acqua per il bagno.

Trotula mostrò a Gemma come lavare il bambino e le consigliò di farlo ogni volta che poteva.

«Più lo tieni pulito, meglio crescerà» l'ammonì.

Dopo che fu asciugato e rivestito con un doppio strato di stracci, il piccolo Guido trovò la via del sonno.

Trotula scambiò ancora qualche parola con la donna, seduta sul giaciglio con lei. Negli occhi di Gemma la paura aveva lasciato il posto a una grata venerazione.

«Ho visto che le case qui intorno sono vuote. Cosa è successo?»

«Quella strega, Ildegarda, ha richiamato la tempesta.» Gemma si fece il segno della croce. «Lei ha il potere oscuro. L'Aria levatizia.» Trotula ascoltava le sue parole senza soffermarcisi davvero. Le considerava le farneticazioni di una mente semplice. «È stata chiamata dal duca Autari di Terravecchia, per proteggere i raccolti e rendere fertile la terra. Dapprincipio tutti la credevano una salvatrice.»

«E poi che cosa è successo?»

«Hanno smesso di pagarla, perché il duca ha cambiato idea e diceva che era un imbroglio, tutto un inganno.» Gemma si fermò un attimo prima di proseguire. «Secondo me era solo una scusa per liberarsene senza cacciare più un soldo.... Allora la tempestaria ha giurato vendetta. Per sette giorni e sette notti ha fatto piovere veleno sulle nostre terre. Gli animali sono tutti morti, anche le nostre pecore e le due mucche che avevamo. I maiali pure.» Si fece di nuovo il segno della croce, come se il solo parlare di quei fatti potesse attrarre una maledizione. «La terra ha chiuso il suo ventre. Non dà più frutti. La mia famiglia è andata via, ma mio marito...» Gemma abbassò lo sguardo.

«Cosa?»

«Lui si è incaponito. Ha detto che qui è nato e qui resta. A costo di morirci.»

«E dov'è ora? Perché ti ha lasciato qui sola?»

Gemma raccolse le mani di Trotula nelle sue. «Forse è meglio che torni alla stalla. Lui è uscito con in tasca i soldi che gli hai dato, e in questi casi è capace di farsi mezza giornata di cammino pur di trovare una locanda.» Ecco dov'era finito: a bersi tutto il denaro che Trotula gli aveva dato. «E quando torna è...»

Ma era troppo tardi. La porta si aprì in quel momento.

4

MULTI DOLORES IMPII

Dal modo in cui barcollava, Trotula capì subito che una locanda l'uomo l'aveva trovata di sicuro.

Quando il contadino si rese conto della presenza della ragazza nel tugurio biascicò: «Che ci fai qui? Chi sei?».

Gemma si alzò di scatto dal letto e si mise tra suo marito e Trotula. «Aldobrandino, ti prego, mi ha aiutato con il piccolo. È una...»

«Una strega! Pure lei!» L'uomo sputò le parole insieme alla saliva. Si guardò attorno e vide la sua ascia appoggiata nell'angolo. «Ora ti faccio vedere io, figlia del demonio... la fine che ti faccio fare!» esclamò impugnandola.

Gemma tremava, senza però abbandonare la sua posizione di difesa.

Trotula, dopo un momento di esitazione, disse: «Ho altri soldi».

Lui si fermò un momento. «Prima ti spacco in due, poi mi prendo i tuoi soldi! E tu, donna, togliti dai piedi. Sennò la provi pure tu» minacciò.

Il bambino, svegliatosi per tutto quel trambusto, si mise a piangere.

Impaurita, Gemma lo prese in braccio e si fece da parte, sussurrando un debole "scusami" rivolto alla medichessa.

L'uomo era molto ubriaco e maneggiava quell'arma pesante con difficoltà, ma non per questo era meno pericoloso. Fece un passo verso Trotula, che rimase immobile, terrorizzata.

«Fai un altro passo e ti ritrovi un coltello piantato nella schiena, zotico!»

Shabbatai.

La medichessa tirò un sospiro di sollievo.

Il contadino si voltò e vide il ragazzo sulla porta. In mano stringeva un pugnale. «Vuoi farmi il solletico con quell'arnese?» lo sfidò. Le parole erano appesantite dall'alcol bevuto.

«Naaa... faccio di meglio. Ti metto a dormire.»

Prima ancora che Aldobrandino potesse reagire alzando l'ascia, Shabbatai lanciò il pugnale.

Trotula e Gemma trattennero il fiato. La mira di Shabbatai fu perfetta, così come il calcolo delle rotazioni dell'arma: il coltello non si conficcò dalla parte della lama, ma colpì la fronte di Aldobrandino con il manico. Un manico in osso e corno che per poco non gli sfondò il cranio.

L'uomo ricadde all'indietro. Il pugnale finì a terra, accompagnato da un suono metallico.

Sul volto di Shabbatai comparve un sorriso di compiacimento. Quindi il ragazzo si mosse a raccogliere l'arma.

Sul manico si poteva leggere una frase: *Multi dolores impii.* "Molto dolore ai malvagi."

«Solletico, eh?» disse beffardo al contadino steso a terra privo di sensi. Poi si rivolse a Gemma: «Non vi preoccupate, signora, il vostro gentil consorte non è passato a miglior vita. Sta solo riflettendo sui suoi peccati. Domani mattina si sveglierà con un gran mal di testa e un bernoccolo più alto della collina di Terravecchia.»

Gemma restò impietrita mentre i due ragazzi legavano l'uomo.

5

LE VIPERE RESTANO AL RIPARO

L'aurora colorava di una nota impalpabile le rocce, l'aria, la terra.

Alla compagnia dei giovani viandanti si era unita anche Gemma, che aveva pregato Trotula di permettere a lei e a suo figlio di andare con loro fino a Terravecchia. Lì, nel villaggio, avrebbe ritrovato i genitori e chiesto loro riparo.

In cambio avrebbe mostrato ai ragazzi la scorciatoia per salire fino alle mura: il cosiddetto "sentiero della stampella", invisibile e sconosciuto a chi non fosse della zona.

Partirono quando i primi sprazzi di luce stracciarono il manto della notte.

Non appena fuori dall'insediamento lasciarono la strada e presero la via del bosco, che si arrampicava sulle pendici della collina con un percorso tutto curve. Il sentiero, che in alcuni punti presentava un antico lastricato di epoca romana, spesso scompariva nel folto della vegetazione e solo chi conoscesse bene il luogo poteva trovare la giusta direzione.

«Attenti a dove mettete i piedi» avvertì Trotula. «Tra queste pietre si possono nascondere serpenti velenosi.»

Ligea emise un gridolino di spavento. Shabbatai la chiamò a sé con un gesto. «Tranquilla, ci sono qui io.»

«Le vipere restano al riparo tra la vegetazione nelle ore

più calde, ma col fresco si espongono più a lungo al sole» proseguì la medichessa. «All'alba sono più lente e non sempre si allontanano spontaneamente. Sono miti se nessuno le infastidisce, ma se per caso vi avvicinate troppo...»

«Non erano questi i serpenti che cercavi per i tuoi intrugli?» chiese Shabbatai.

«No, cerco quelle irpine» rispose la ragazza.

E l'altro alzò gli occhi al cielo.

A guidare la compagnia era Shabbatai che seguiva le indicazioni di Gemma, subito dietro di lui. Continuava a sorreggere Barliario, il cui *spectrum* restava nel suo corpo sempre meno, lasciandolo in un pericoloso stato di torpore e confusione.

Bisognava fare qualcosa al più presto: così non potevano certo continuare il viaggio verso Volturara, né tantomeno affrontare la Bestia.

Arrivarono a una grande porta nelle mura quando il mattino si era già aperto.

Terravecchia pareva immersa in un sonno profondo, nonostante l'ora della Prima fosse passata da un pezzo.

Era il borgo più grosso tra quelli incontrati finora lungo il cammino. E anche il meno miserabile. Si notava una mezza dozzina di case in pietra grigia, ma la maggior parte erano tozze costruzioni di legno, con tetti bassi di paglia. Dai comignoli si srotolavano serpenti di fumo che sprigionavano nell'aria un forte aroma di castagno bruciato.

C'erano anche delle botteghe e, cosa singolare, a livello del terreno si notavano delle cisterne: Gemma spiegò che servivano per raccogliere l'acqua necessaria al castello. La fortezza, dall'insolita forma triangolare, si ergeva sul cocuzzolo del colle.

«Quella è la chiesetta di Sant'Egidio.» Gemma indicò una piccola costruzione con un basso campanile di pietra. «Andate a chiedere ai monaci, loro forse sapranno dirvi qualcosa della strega e saranno più disponibili della gente del posto. Non amano molto gli stranieri, qui.»

«E qual è il posto in cui li amano?» commentò amaro Shabbatai.

Arrivati davanti alla casa dei genitori di Gemma, si salutarono con affetto. La medichessa abbracciò la donna e le sussurrò ancora una volta di tenere pulito il bambino. Poi le mise nelle mani due monete, dei tarì d'argento, raccomandandosi di non darle al marito, anzi, la pregò di starne il più lontano possibile.

Lacrime calde di commozione e gratitudine bagnarono le guance di Gemma e il mattino le indorò della sua luce.

6

IL VILLAGGIO È STRETTO NELLA SUA PAURA

Non fu un vivo, ma una morta ad aiutarli a trovare la tempestaria.

Né i monaci né le poche persone incontrate lungo i viottoli acciottolati, infatti, dissero loro una parola su Ildegarda. Anzi, quando ne sentivano il nome fuggivano in casa o minacciavano di chiamare i soldati del duca.

«Il villaggio è stretto nella sua paura» commentò Mercuriade, la quale da quando erano entrati a Terravecchia sentiva ancora più forte il richiamo della donna. La notte precedente l'aveva sognata di nuovo, in maniera così vivida che al risveglio era certa di aver visto davvero Ildegarda chiamarla a sé e abbracciarla.

Sulla pelle avvertiva un formicolio che interpretò come un segno.

Un segno di vicinanza.

Si fermarono sotto un gruppo di querce secolari, per far stendere Barliario. Era di nuovo fuori di sé. Aveva ricominciato a ciondolare, simile a un giunco scosso dal vento, e gli occhi si erano spenti.

Fu allora che Ligea vide l'Inquieta.

La donna era in piedi di spalle, accanto a una fontana.

«Ligea...» la richiamò Trotula. «Che succede?»

La bambina non rispose, sollevò solo un braccio facendo cenno di darle un momento. Shabbatai e Mercuriade volsero lo sguardo verso il punto su cui era concentrata la loro amica. Ma non videro nulla se non la fontana.

Ligea si diresse proprio lì.

Non erano mai fantasmi traslucidi o fluttuanti quelli che Ligea vedeva, anzi erano simili ai vivi, non fosse stato per il pallore esasperato che in alcuni assumeva tonalità livide.

La donna, un'anziana dai capelli giallastri raccolti sotto un copricapo logoro, indossava una corta casacca. La pelle del volto era così rugosa da sembrare la corteccia d'un albero. Sul suo volto era impressa la fissità dei cadaveri, gli occhi svaniti in un abisso e la bocca ridotta a una fessura. Ligea avvertì un improvviso calore, simile a una febbre altissima, a cui si alternavano brividi di gelo.

Aveva una sola domanda a disposizione e la usò senza pensarci due volte.

«Come arriviamo da Ildegarda la tempestaria?»

L'anziana non aprì bocca, eppure le parole raggiunsero le orecchie di Ligea, che ebbe la sua risposta.

7

TI PREGO NON SPARIRE

Ildegarda era tenuta prigioniera nella *oubliette* del castello, la cella sotterranea a cui si accedeva attraverso una botola. Le indicazioni dell'Inquieta interrogata da Ligea parlavano di un passaggio nascosto che conduceva direttamente alle segrete.

«L'hanno rinchiusa lì perché non possa più nuocere e tutti si dimentichino di lei» commentò Trotula.

Salirono lungo la mulattiera che cuciva il villaggio alla fortezza del duca, sulla cima della collina.

Nei paraggi le sentinelle erano poche, perlopiù concentrate a sorvegliare la grande pianura sottostante, laddove negli ultimi tre secoli scorribande continue di saraceni avevano messo a ferro e fuoco gli insediamenti della zona.

Così la compagnia poté agire pressoché indisturbata.

Shabbatai, che si era procurato una pertica di legno abbastanza robusta da essere usata come arma, si introdusse per primo nel passaggio segreto.

Seguiva Barliario, con il proprio *spectrum* alle spalle: con uno sforzo sovrumano il ragazzo cercava di dirigere il suo corpo immateriale e quello fisico insieme e sembrava stesse funzionando. Ci voleva, però, un'attività di pensiero intensissima: era come chiedere alla mano sinistra di compiere un'azione – scrivere, per esempio – mentre la destra ne stava facendo un'altra completamente diversa – come arrotolare un panno.

Ligea li guidava attraverso i budelli di pietra grezza, talvolta così stretti da togliere il respiro. Gli unici rumori che si sentivano erano lo squittio di qualche ratto o il gocciolare d'acqua sulla roccia.

Affrontavano con grande cautela quell'oscurità, a malapena rischiarata dalla fiammella di qualche candela di sego appesa ai muri. L'odore di muffa si faceva più penetrante man mano che scendevano nei sotterranei.

Svoltarono in un passaggio che si apriva in un atrio. Sul fondo si vedeva una doppia scalinata in pietra: da un lato portava in basso, dall'altro saliva.

«Dobbiamo scendere» annunciò Ligea.

I gradini li portarono a una stretta galleria. Una volta lì, avvertirono dei passi davanti a loro, dietro l'angolo del muro. Stava arrivando qualcuno, forse delle guardie!

Non avevano scampo: quello spazio angusto non offriva nascondigli e non avrebbero fatto in tempo a tornare indietro.

Prima che potessero escogitare un piano, Mercuriade prese l'iniziativa in maniera sorprendente.

Superando i compagni, si gettò in avanti e si parò dinanzi alle due sentinelle.

Gli uomini in uniforme si guardarono, esterrefatti.

«E tu chi sei?» chiese uno dei due, dal volto butterato e le orecchie a sventola, sguainando una spada.

«Un bel bocconcino di pan di segale» commentò l'altro, più anziano, inumidendosi con desiderio le labbra nascoste dalla folta barba.

Mercuriade sorrise. I due, attirati dalla bellezza della fanciulla, si avvicinarono, allentando l'attenzione.

«Venite, mie prodi guerrieri, la vostra Mercuriade vi aspetta.»

«Se sei un'apparizione del demonio, ti prego non sparire» disse ancora il barbuto, mentre entrambi si avvicinavano. Ipnotizzati da quella visione, erano ormai a pochi passi da lei.

E fu allora che Shabbatai balzò fuori, la pertica in mano.

Mercuriade si abbassò con prontezza, mentre le due guardie furono colte di sorpresa. E la rapidità del ragazzo fece il resto.

Colpì il butterato in pieno volto, strappandogli un urlo di dolore e un paio di denti, poi usò la pertica per parare l'affondo di spada del secondo uomo. Rapidissimo, lo colpì allo stomaco. Il soldato si piegò in due, senza fiato. In quella posizione indifesa fu facile per lui assestargli un preciso colpo alla nuca.

La guardia stramazzò a terra, svenuta.

Il ragazzo raccolse la *scramasax* del soldato e la puntò alla gola dell'altro, che sputava sangue dalla bocca.

«Ora, se non vuoi ritrovarti con un sorriso supplementare aperto in gola, sarai così gentile da portarci dalla tempestaria.»

8

UN PASSO DOPO L'ALTRO

Ildegarda sedeva sulla paglia, con la schiena dritta e gli occhi chiusi. La botola di ferro sopra di lei, da cui i ragazzi la intravedevano, era l'unica apertura della sua prigione, un posto orrendo, un buco dove ci si poteva dimenticare di essere umani.

La guardia, sempre sotto la minaccia della spada, indicò loro una scala a pioli che si poteva utilizzare per scendere all'interno della prigione sotterranea.

Shabbatai si fece consegnare le chiavi e le porse a Trotula perché aprisse la grata.

Barliario intervenne: «Vado io». Aveva ritrovato la parola, segno che aveva recuperato anche il suo corpo. «Scenderò per primo, se non vi dispiace. Ho bisogno di un po' di tempo da solo con lei.»

Gli altri accolsero la sua richiesta in silenzio, a parte Shabbatai: «Vai, amico mio, restiamo qui noi a coprirti le spalle. Ma fa' che duri poco, ho il sospetto che qui dentro non siamo graditi».

Barliario annuì, quindi sollevò la grata e con l'aiuto di Mercuriade fece scivolare la lunga scala dentro la prigione.

In quel momento, la ragazza dalla pelle scura avvertì una vibrazione fortissima e un formicolio intenso alla base del collo.

"Il destino si sta compiendo" si scoprì a pensare.

Si sentì afferrata da un'onda che la rese improvvisamente senza peso: una sensazione piacevole, mai provata prima.

"Ci sarà un tempo in cui saremo di nuovo insieme" le aveva detto la donna nei sogni. "*Diro.*"

Diro, la vecchia terra. Terravecchia.

«Vi prego, lasciatemi andare» implorò a quel punto la guardia, scuotendo Mercuriade dai suoi pensieri. «Quella donna è in combutta col Maligno.»

Le sue parole echeggiarono tra le pareti in pietra. Shabbatai lo zittì, minacciando di colpirlo ancora se non avesse smesso subito.

Poi fece un cenno con la testa per rassicurare l'amico: poteva scendere, avrebbe tenuto lui sotto controllo tutto.

Barliario si calò nel ventre della prigione. Pregò per tutto il tempo della discesa affinché lo *spectrum* non si staccasse dal corpo.

Ma forse era troppo tempo che non si rivolgeva a Dio e le sue preghiere erano arrugginite. O, semplicemente, il Signore poco aveva a che fare con quelle stregonerie. Fatto sta che arrivato a metà della discesa improvvisamente avvertì una scossa nel corpo e un istante dopo si vide dal di fuori, a mezzo pollice di distanza dalla sua stessa schiena. Si sentiva schiacciato contro la scala e allo stesso tempo non avvertiva più la presa delle mani sul legno.

Sarebbe caduto di certo, se una voce provvidenziale non lo avesse aiutato.

«Con calma, giovane alchimista.» La voce della donna era acqua di sorgente. «Un passo dopo l'altro, chiudi gli occhi, ci sono qui io con te.»

Barliario allora fece calare le palpebre sugli occhi del suo corpo fisico, lasciando spalancati solo quelli del suo *spectrum*.

Si vide scendere.

Quando toccò terra si ritrovò di fronte a Ildegarda: era in piedi, incatenata al muro per una caviglia.

«Io ti vedo» disse la donna con un timbro chiaro, pulito, senza nessuna asperità.

Barliario capì. Intendeva che poteva vedere, e non solo percepire come era successo a Mercuriade, il suo doppio evanescente.

«Apri gli occhi, adesso.» Le parole gorgogliarono zampillando dalla bocca della tempestaria.

Barliario obbedì e la vista sdoppiata lentamente si ricongiunse.

Ildegarda aveva un corpo certamente provato dalla prigionia, ma non c'era traccia di debolezza nel suo sguardo. In lei tutto emanava splendore, fierezza e potenza nonostante la magrezza e la statura media. Nel viso dai tratti decisi e incorniciato da capelli color bronzo, portati corti come di solito facevano le donne sposate o coloro che avevano rinunciato alla vanità della vita mondana, si aprì un sorriso che fu come una carezza.

«Vieni, parliamo» disse Ildegarda.

Barliario non aspettava altro.

9

L'INCHIOSTRO CON CUI SI DIPINGONO LE STORIE

Ildegarda non parlò subito. Lei e Barliario sedettero a terra l'una accanto all'altro, e quando lei esordì parve che le sue parole venissero da distanze remotissime.

«Vedo in te quello che sarai. Leggo in te gli indizi delle antiche pratiche magiche» disse, tradendo un tono d'ammirazione.

Lo studiava con occhi in cui il grigio sfumava nel verde pallido. Sembrava che cambiassero continuamente tonalità, incapaci di trattenere un solo colore.

«Però ti stai incamminando su una superficie bollente, Barliario. Devi stare attento. Molto attento. Maneggiare l'*Extricatum* richiede tempo e la capacità di combattere contro il rischio di perdersi.»

«Tu conosci l'*Extricatum*?»

«Io conosco tante cose.» Ildegarda si sfilò la semplice collana che portava e ne tenne stretto in pugno il ciondolo. «Questa è la pietra *jais*. Alcuni la chiamano ambra nera.» Aprì le dita e Barliario restò incantato. Era una sfera nera, lucida, perfetta. Sulla superficie si intravedeva il disegno di una falena. La donna espulse con delicatezza la sfera dalla sua montatura d'argento. La fece rigirare tra pollice e indice, quindi la passò al ragazzo.

Quando Barliario la ebbe in mano avvertì una sensazione strana, come se le ali della falena avessero avuto un fremito.

«È la ricompensa per avermi liberata.»

«Ma tu sei ancora qui… prigioniera» ribatté Barliario, guardando la caviglia della donna segnata dalla catena.

«Non per molto.»

Senza volerlo, Barliario chiuse gli occhi. Avvertì di nuovo una leggera vibrazione della falena che ornava la sfera. Un istante dopo fu assalito da un tremito. Il respiro si fece affannoso, il cuore cominciò a battere disordinatamente e, infine, tutto si fermò.

Il tempo, i suoni, il battito.

Per un solo momento, per un'eternità.

Quando tornò a guardare, Ildegarda sorrideva. E lui si sentì pienamente se stesso.

«L'ambra nera è un potente magnete. Conservala in un posto sicuro.»

«Magnete?» Barliario non aveva mai sentito quella parola.

«Ti basti sapere che è capace di attrarre il tuo *spectrum* nel corpo. Lo tiene fermo e non lo fa fuggire. Prima di praticare l'*Extricatum* stringila forte nella mano. Quando vorrai tornare al tuo corpo, la pietra *jais* te lo permetterà.»

Barliario si sentì colmo di gratitudine. Voleva abbracciarla, voleva piangere, voleva ridere, ma il suo entusiasmo fu subito placato. Il volto di Ildegarda assunse un'aria severa.

«Ma ti avverto, Barliario: anche se hai la pietra, non giocare con forze che non padroneggi a sufficienza. Per compiere il viaggio astrale devi conoscere il punto da cui parti, ma soprattutto la tua destinazione. Tanti prima di te, con più esperienza e con più strada alle spalle, si sono perduti. E nessuna *jais* è stata capace di riportarli indietro.» Barliario ascoltava in silenzio. «Usa l'*Extricatum* solo in caso di vita o di morte. Hai tutto il tempo del mondo per la tua Opera.»

«Però potrà aiutarmi per trovare il fuoco del drago, no?»

«Perché lo stai cercando?»

Barliario non era sicuro di poter rivelare la verità. Arimane non gli aveva chiesto il silenzio riguardo alla missione, eppure il ragazzo temeva la sua ira.

«Con me puoi parlare» lo incitò Ildegarda.

«Me l'ha chiesto un uomo» rispose lui.

Lei unì le mani in grembo, quasi stesse pregando. «Il fuoco del drago è il simbolo del potere e della trasformazione, Barliario. È ciò che fa ribollire la materia inerte e la muta. È ciò che porta a essere ciò che non è.»

«Cosa vuoi dire?»

«Non puoi capire adesso» disse lei. «È come un disegno che ora non ti è possibile vedere completo» proseguì con un sussurro. «Ma ricorda questo: per conquistare il fuoco del drago devi diventare tu stesso il drago.»

Barliario restò in silenzio per un attimo. Le parole si posarono dentro di lui come pietre. E lui restò a soppesarle per quello che gli parve un tempo infinito.

«Quindi il *Draconis Chronicon* dice il vero? Sauil Reqis esiste davvero?»

«Sì, Barliario, il drago riposa in attesa di essere destato. Ma devo metterti di nuovo in guardia.» Ildegarda si accigliò. «Le storie non hanno bisogno di essere scritte per essere raccontate. E passando di generazione in generazione, mutano. L'inchiostro con cui si dipingono le storie sulle pagine è come il sangue di tante vene diverse e quando si mescola...» La sua frase restò a galleggiare tronca nell'aria.

«Cosa?»

Lei fece un profondo respiro. «Lo scoprirai presto, prode Barliario. Scoprirai che le vere cronache del drago solo tu potrai scriverle.»

10

IL TUO PROBLEMA
È LA SUPERBIA

Quando lo sguardo di Ildegarda incontrò quello di Mercuriade, si riconobbero subito.

Per la ragazza fu come tornare a casa. La tempestaria sentì scivolarle dalle spalle anni di solitudine. Sotto gli occhi increduli degli altri viaggiatori, si legarono in un abbraccio così stretto da sembrare il viluppo delle liane di un vitigno.

Ildegarda le sfiorò le labbra con le sue e disse: «Quando tutto sarà finito, tu verrai con me».

Fu solo Mercuriade a sentire quelle parole, perché né Trotula, né Barliario, né tantomeno Ligea si accorsero che aveva aperto bocca.

Shabbatai non era con loro, era rimasto di sopra a tenere a bada le guardie.

Poi la tempestaria si rivolse a tutti loro: «Tra poco sapranno che siete qui e il duca manderà i suoi uomini». Sui volti dei ragazzi comparvero le ombre della paura. «Ma non preoccupatevi, sarà lui stesso a farci uscire dal villaggio.»

Il timore lasciò immediatamente posto alla perplessità.

«Stai scherzando, vero?» chiese Trotula. Era rimasta turbata dallo strano legame che univa la "sua" Mercuriade a quella donna che pareva non appartenere al loro mondo.

«Non è tempo di scherzi, questo, giovane medichessa.» Trotula spalancò la bocca stupefatta: come faceva a sapere dei suoi studi? «Noi scateneremo una tempesta come non si è mai vista prima.»

Mercuriade sentì gonfiarsi il petto d'orgoglio. La tempestaria parlava a tutti, ma guardava solo lei. Ildegarda era davvero la donna che le era comparsa in sogno in centinaia di notti. Certo, nell'aspetto aveva qualcosa di diverso: i capelli più corti, di un rosso più scialbo. Ma era lei, non c'era alcun dubbio.

"Un giorno la conoscerò" aveva detto una volta a Trotula dopo averle raccontato l'ennesimo sogno. La medichessa non le aveva mai dato troppo peso, convinta che fossero solo fantasticherie. Ma ora che quel giorno sembrava arrivato, Trotula avvertiva un'angoscia capace di pietrificarle lo stomaco. Era un cupo presentimento: l'idea che dopo l'incontro tra Mercuriade e la tempestaria il rapporto tra le due ragazze potesse allentarsi.

Ildegarda proseguì: «Dovete seguire le mie istruzioni. Io non posso farlo da sola, da qui dentro. È per questo che il duca mi ha rinchiuso qui: per tenermi lontana dagli spazi aperti e annullare il mio potere».

«Perché tenerti rinchiusa e non ucciderti, allora?» disse Trotula con una punta di acidità.

«Quando uccidi chi porta le tempeste, la sciagura entra nella tua vita. Per sempre.» A rispondere, sorprendentemente, non era stata Ildegarda, ma Mercuriade. I suoi compagni la guardarono con stupore, mentre la donna sorrise compiaciuta.

«Quando avete finito con le chiacchiere, se volete darvi una mossa ve ne sarei grato» intervenne Shabbatai da sopra. «Il tizio qui non la smette di lagnarsi e di implorarmi. E se si sveglia il suo compare...»

«Ha ragione, sbrighiamoci» disse Ildegarda. «Dobbiamo fabbricare subito un amuleto di vento.»

«Un amuleto di vento?» ripeté Barliario.

«E se provassimo a liberarti dalle catene e basta?» replicò Trotula.

«Se ne sei capace, accomodati. E se riuscissimo a evadere, dovremmo comunque attraversare il villaggio fino alle porte, pregando che non siano presidiate.» Ildegarda aveva parlato senza distogliere lo sguardo dalla giovane medichessa. Poi aggiunse: «Il tuo problema è la superbia, Trotula. Non ammetti altra autorità che non sia la Ragione. Ma c'è dell'altro, credimi».

Trotula avvampò d'imbarazzo. Spesso glielo diceva anche la madre: "Figlia mia, ci sono ragioni che la Ragione non può afferrare. Non vivere tutta la vita nella tua testa. Guarda anche con occhi diversi".

«Allora mi aiuterai, giovane medichessa? Tutti qui abbiamo bisogno di te, e tu degli altri. Devi solo imparare a fidarti.»

Mercuriade alzò un braccio e lo posò con delicatezza sulle spalle dell'amica. Il suo volto si aprì in un sorriso accogliente.

Trotula si sentì protetta dalla sua luce.

«Cosa dobbiamo fare?» chiese la medichessa.

11

PER SETTE VOLTE CATTURO L'ARIA

Il cielo non prometteva altro che sole. Non proprio il clima ideale per una bella bufera.

Barliario, Trotula e Mercuriade imboccarono l'impervia mulattiera che portava all'insediamento sottostante. Ligea e Shabbatai erano rimasti con la tempestaria, quindi toccava a loro tre eseguire le sue richieste.

Avevano trovato con facilità una corda e una ciotola: era bastato bussare alla porta di Gemma, che era stata felice di aiutarli. In poche ore sembrava rinata: i genitori l'avevano accolta con gioia e il suo bambino dormiva beato, libero dalla fasciatura che lo aveva straziato per troppo tempo.

Il secondo passo era catturare i venti. Impresa decisamente più complicata.

Innanzitutto dovevano accertarsi che un po' di vento ci fosse, e quindi stabilirne la direzione.

Barliario s'inumidì un dito portandoselo alla bocca e poi lo puntò al cielo.

«Niente. Il vento è troppo fievole.»

«O il metodo poco efficace» rispose Mercuriade, che stava ruotando la testa con estrema lentezza.

«Che sta facendo?» sussurrò Barliario all'orecchio di Trotula.

«Ha avuto una buona idea» rispose lei, orgogliosa dell'amica. «La pelle del volto è molto più sensibile a una brezza leggera rispetto ad altre parti del corpo.» Barliario si guardò l'inutile dito insalivato. «Quando troverà la direzione in cui spira il vento, lo sentirà sulla faccia.»

E così fu.

Mercuriade indicò un punto lontano, dove s'intravedeva la striscia di mare che bagnava Salerno.

«Sicura che viene da lì?» domandò Barliario. Lei allargò le narici per riempirsi di quell'aria fresca e annuì.

«Interessante...» commentò il ragazzo.

«Cosa?» chiese Trotula.

«Spira da sudovest... è libeccio. Vento che annuncia tempesta.»

«E tempesta sarà» annunciò Mercuriade. La ragazza nera si sedette a terra, estrasse la corda e si mise in attesa, a occhi chiusi.

Barliario e Trotula rimasero dietro di lei, in piedi, scambiandosi un'occhiata di apprensione.

«Tu davvero credi che si possa intrappolare il vento in quella corda?»

Barliario notò che Trotula aveva assunto un tono inedito. Come se avesse perso quel "so tutto io" che prima trapelava da ogni sua frase.

«L'unica cosa di cui sono certo è che quella donna ha un potere straordinario.»

«Cosa ti ha detto quando siete rimasti soli? Ti ha aiutato davvero?»

«Mi ha dato questa.» Le mostrò la pietra nera. «E mi ha detto che è come un... un manghete che attrae il mio *spectrum* nel corpo.»

«Un magnete, intendi.»

«Sì! Esatto, proprio così. Ne hai già sentito parlare?»

«Certo... cioè, non ne ho proprio sentito parlare, ne ho letto. Sono delle pietre che attirano il ferro.»

«Davvero?» Barliario, stupito, si rigirò l'ambra nera tra le dita.

«Ne ha scritto Plinio il Vecchio nella sua *Storia naturale*: racconta la leggenda del pastore Magnes sul monte Ida, quando il suo bastone di ferro e i chiodi nelle sue scarpe vennero attratti dai sassi che stava calpestando.»

«Ma c'è qualcosa di cui non ha scritto, questo Plinio?»

«Di tempeste create con una corda e di nodi per intrappolare i venti!»

Risposta sarcastica, alla Trotula.

«Sento il vento...»

La voce di Mercuriade mise fine alla conversazione tra i due ragazzi. Le sue dita brune cominciarono a lavorare sulla corda.

Mercuriade ripeteva a fior di labbra le parole di Ildegarda: «"Quando soffia una leggera brezza, fai tre nodi vicino all'inizio della corda, uno sopra l'altro, e recita"». Chiuse gli occhi e soffiò le parole: «"Per tre volte catturo l'aria e la lego nello spago: vento, vento, vento, ti lego e ti chiamo"».

Barliario avvertì una specie di risucchio nell'aria. A Trotula parve più uno strappo, come quando la sarta tirava via un pezzo di stoffa da un rotolo.

A qualche pollice di distanza dal nodo precedente, più o meno al centro della corda, Mercuriade avviluppò la corda per cinque volte e sussurrò all'aria che andava improvvisamente rinfrescando: «"Per cinque volte catturo l'aria e la lego nello spago: vento, vento, vento, ti lego e ti chiamo"».

Barliario e Trotula percepirono di nuovo la medesima sensazione: uno schiocco netto, potente, simile a un tuono non del tutto esploso. La medichessa istintivamente si avvicinò al ragazzo.

Il vento si era fatto impetuoso, adesso.

E fu nelle raffiche di libeccio che Barliario riconobbe un suono lontano.

Uno scalpitare di zoccoli: cavalli che si stavano avvicinando.

Dal punto soprelevato in cui si trovavano, se si fosse affacciato, il ragazzo avrebbe visto che quei cavalli si trovavano sul sentiero largo che conduceva alla porta principale di Terravecchia.

Ma non voleva perdersi lo spettacolo dell'ultimo nodo.

Mercuriade stava infatti operando sette legature vicino alla fine della corda, recitando a occhi chiusi la formula finale: «"Per sette volte catturo l'aria e la lego nello spago: vento, vento, vento, ti lego e ti chiamo"».

Quindi si mise in piedi. Alzò al cielo con tutte e due le mani l'amuleto che aveva fabbricato. Sembrava una corona pronta a essere indossata da un sovrano pazzo.

Esclamò con voce potente: «*Consummatum est*».

Uno schianto tonante lacerò l'aria.

E subito dopo ci fu il silenzio delle cose morte.

12

I BOSCHI SONO PIENI DI OCCHI

Solo allora Barliario si accorse con orrore che lungo il sentiero, in lontananza, stavano arrivando a cavallo due degli uomini di Ermanno.

«Come hanno fatto a trovarci?» chiese Trotula alle sue spalle.

«Non lo so» rispose Barliario. «Ma i boschi sono pieni di occhi. E di bocche che parlano se ben pagate.»

Mercuriade teneva l'amuleto stretto nella mano. Annunciò: «Ora dobbiamo trovare uno specchio d'acqua abbastanza grande da liberare il vento».

Trotula si voltò verso l'amica e scorse nelle sue pupille nere uno scintillio sconosciuto. Era sempre lei, eppure così diversa.

«Ho un'idea» disse Barliario. «Seguitemi.»

Mentre i tre ragazzi s'inoltravano tra i viottoli del villaggio, nelle segrete del castello la situazione stava precipitando.

Il soldato colpito da Shabbatai si era ridestato con un gran mal di testa. Non aveva accanto a sé la sua *scramasax* e ci mise un po' a capire dove si trovasse e cosa fosse successo.

Quando si rimise in piedi, però, i ricordi tornarono a poco a poco. Era finito nella trappola di quella incantevole – e maledetta – ragazza nera e del suo amichetto dalle mani veloci. Di sicuro erano stati richiamati dalla strega delle tempeste. Ma lui adesso non aveva certo il coraggio di andare da solo nelle prigioni, e disarmato, per giunta.

Doveva avvertire il duca.

Barliario aveva condotto le due ragazze all'esterno di una casa in pietra, accanto alla quale si trovava una cisterna lievemente incavata, profonda non più di quindici piedi, colma di acqua piovana.

«Sono o non sono un genio?» disse pieno di sé il ragazzo.

«Diciamo che per una volta ti sei reso utile» replicò divertita Trotula.

Mercuriade, incurante delle loro schermaglie, si concentrò sulla fase successiva. La più importante. Bisognava agire in fretta.

La ragazza immerse la punta del dito nell'acqua. Era fredda e un brivido le corse lungo il braccio. A quel punto tracciò cinque cerchi in senso orario mentre con l'altra mano teneva sospeso l'amuleto al di sopra della superficie trasparente e lo faceva oscillare.

«Sciolgo la legatura a sette nodi per liberare i venti» comunicò agli amici. Annuirono entrambi, con un gran peso sul petto. Doveva funzionare, altrimenti per Ildegarda non ci sarebbe stato scampo.

Mercuriade sciolse il nodo più grosso.

Nel cielo si udì un brontolio simile a quello di un animale feroce.

13

SONO TUTTI QUI

L'aria divenne pesante. Sulla superficie della cisterna si raccolsero piccole nuvole color del piombo, che vorticavano con guizzi di luce improvvisa. Sotto gli occhi increduli dei tre ragazzi le nubi si gonfiarono istante dopo istante, levandosi oltre i tetti delle case e poi sempre più su. Un uomo uscì dall'abitazione accanto alla cisterna e dopo aver visto ciò che stava accadendo si fece il segno della croce e rientrò subito.

Caddero le prime gocce di pioggia. Il cielo, fino a un istante prima azzurro, appariva divorato da ammassi grigioscuro di cumulonembi.

Dopo un momento di silenzio, un boato come mai si era sentito prima esplose sopra il villaggio e sulle aree intorno. Non era stato preceduto dalla saetta e questo lo rese ancora più sorprendente e terribile.

La terra cominciò a fremere sotto lo sferzare della tempesta. Un lampo, guizzando improvviso, centrò in pieno un albero di fico, squarciandolo in due e infiammandone il tronco e i rami.

«Dio santo! Che cosa abbiamo fatto?» esclamò Barliario.

Trotula cercava nella sua mente uno straccio di risposta razionale a quel *prodigium*. Trovò solo cenere.

«Torniamo al castello!» urlò Mercuriade per farsi sentire al di sopra dell'inferno che si era scatenato.

Fuggirono dalla cisterna, zuppi di pioggia.

Intorno a loro le poche persone in giro scappavano verso ripari di fortuna o infilandosi nelle proprie case. Tutt'altro che luoghi sicuri: alcune abitazioni di legno furono abbattute dalla furia della tempesta, i tetti di paglia scoperchiati con la facilità con cui un uomo si toglie il cappello. Ildegarda non aveva esagerato minacciando di evocare un flagello mai visto prima.

Ora che avevano spalancato i cancelli del cielo, bisognava sperare che la seconda parte del piano funzionasse.

Il trio riuscì a raggiungere, non senza difficoltà, il varco per le segrete. Quando spuntarono nella prigione sotterranea, li accolse un nuovo boato. La potenza di fulmini e tuoni arrivava fin là sotto.

«Che fine ha fatto Shab?» chiese Barliario non vedendolo dove lo avevano lasciato.

Trotula corse verso la botola a grata della oubliette.

«Sono tutti qui» gridò.

In quel momento, dal fondo delle gallerie buie un veloce rumore di passi annunciò l'arrivo di qualcuno.

14

COME TOPI

«Ci sei riuscita, Mercuriade» disse Ildegarda. La donna le stringeva le spalle. «Contavo su di te.» Poi disse agli altri: «Ora dobbiamo solo attendere».

Erano tutti in fondo alla prigione, anche la guardia dal volto butterato, che Shabbatai teneva sotto controllo con la lunga spada a doppia lama.

Dopo esser scesi là dentro, Barliario aveva tolto la scala così che nessuno potesse raggiungerli se non saltando dalla botola.

Giusto in tempo, perché dopo poco lo spazio sopra di loro si riempì di armigeri longobardi.

«Sono qui sotto!» gridò uno di loro.

Seguì un tintinnare di spade sguainate.

Fu Ildegarda a prendere la parola. La sua voce cristallina sapeva anche fiammeggiare.

«Ascoltatemi bene. Su Terravecchia infuria una tempesta che non si placherà finché io non deciderò di porvi fine.»

«Ora basta con le tue stregonerie, maledetta!» gli rispose un soldato da sopra. «Vi uccideremo tutti!»

«Però... gentili questi tuoi amici» commentò a bassa voce Shabbatai al suo ostaggio, che per tutta risposta digrignò i denti e lo guardò con faccia truce.

«Oh certo, potreste farlo, non lo metto in dubbio. Ma il mio sangue non farà spegnere l'ira del cielo.» La calma con cui Ildegarda rispose mostrava la sua forza. «Altri uomini in altre terre hanno sfidato la sorte dandomi la caccia e provando a uccidermi. E ora non sono più sola, tra l'altro.» Guardò verso Mercuriade, ferma nella sua fierezza composta.

Trotula capì in quel momento, con chiarezza, che la sua amica era molto più di quello che aveva sempre sospettato.

Capì che Mercuriade apparteneva a un altro mondo e, seppure in cuor suo lo avesse sempre saputo, la potenza di quella rivelazione le mandò quasi in frantumi l'anima.

I soldati ammutolirono.

Ildegarda ne approfittò per continuare.

«Andate dal vostro buon duca e ditegli che io e i miei amici dobbiamo essere liberati subito. Appena saremo al sicuro fuori dalle mura, richiamerò la furia degli elementi e potrete tornare alle vostre misere vite.»

«E chi ci dice che manterrai la tua promessa?» Era una voce diversa che aveva risposto. Il suo tono era autorevole, fermo, senza la concitazione espressa poco prima dai soldati.

Era il duca in persona.

«Oh, quale onore: siete sceso fin qua sotto» disse Ildegarda. «Deve essere davvero brutto quello che c'è fuori perché voi abbiate deciso di sporcare le vostre regali calzature per venirci a salutare, duca.»

«Risparmiami le tue facezie, Ildegarda da Tolosa. E rispondi alla mia domanda.»

«Mio caro duca, non avete modo di mettere alla prova la mia promessa se non assecondando la nostra richiesta.»

«Marcirete qui dentro, allora.»

«E il vostro misero villaggio soccomberà sotto una tempesta senza fine. La storia dovrà riscriverne il nome: non più Terravecchia, ma Terrasommersa!»

Il duca non rispose, si sentì solo il fruscio del mantello mentre si allontanava e solo dopo arrivò il suo ordine in lontananza: «Non fateli uscire da lì sotto, voglio vederli morire come topi».

15

È LA SCELTA GIUSTA

Non morirono come topi, né come esseri umani.

Il duca dovette scendere a patti con Ildegarda.

In poche ore il villaggio era stremato dalla bufera. Terravecchia si trovava sotto rovesci d'acqua così potenti e abbondanti che la gente, terrorizzata, pensò si trattasse della fine del mondo.

«Placa la tempesta e vi lascerò andare. Hai la mia parola» disse il duca Autari, tornato nelle prigioni.

«Che facciamo?» chiese Barliario.

«Conosco bene il duca» sussurrò Ildegarda, per non farsi sentire da sopra. «Manterrà la sua promessa, ma il suo orgoglio barbaro, ferito, ribollirà e diverrà furia.»

«Non abbiamo altra scelta, però» intervenne Trotula.

«C'è sempre una scelta, cara Trotula.» Un sorriso bonario illuminò il volto senza tempo della tempestaria. «Ma è pur vero che ogni decisione che prendiamo porta delle conseguenze. E il mio cuore è gonfio di pena per la povera gente di questo villaggio.» Pendevano tutti dalle sue labbra. «Prima dei Vespri Terravecchia sarà spazzata via.»

Trotula si sentì soffocare. Donne, bambini, anziani... sarebbe stato un massacro. Ripensò con tenerezza a Gemma e al suo bambino.

«Accettiamo!» gridò la medichessa in un impeto, cercando di liberarsi dalla stretta che sentiva opprimerle il petto.

«È la scelta giusta» confermò Mercuriade. E guardò in direzione della tempestaria. La donna annuì.

«Fateci uscire di qui, duca. Appena fuori dal castello farò in modo che il cielo si sgombri dalla sua maledizione.»

Shabbatai abbassò la spada e il soldato tenuto a bada fino a quel momento gli indirizzò un ghigno di disprezzo.

«Eri più affascinante come ostaggio» gli disse Shabbatai. L'altro stava per reagire, ma il ragazzo rialzò la lama. «Non ti conviene. Ho ancora il coltello dalla parte del manico.»

La guardia sputò in terra e risalì lungo la scala che era stata riposizionata per collegare il sotto e il sopra. Dopo che un soldato ebbe lanciato le chiavi per liberare Ildegarda dalle catene, uno alla volta risalirono dalla oubliette.

Ildegarda era davanti a tutti, dietro di lei Barliario, Trotula, Mercuriade, Ligea e Shabbatai, che fu l'ultimo a lasciare la prigione.

«Una banda di donne e ragazzini» notò il duca. «Mai visto un gruppo peggio assortito di questo.»

Intorno al Signore di Terravecchia, barba lunga e scura a coprire un viso dalla carnagione pallida, era stretto il suo manipolo di soldati, ad armi sguainate.

«Vorrei dire che è un piacere rivedervi, duca, ma non amo mentire» lo schernì Ildegarda.

Barliario sentì una profonda ammirazione per quella donna così fiera.

«Il dispiacere è tutto mio. Ci sarà modo di fartela pagare molto cara… ma per ora» il duca fece un cenno ai suoi soldati «nessuno vi torcerà un capello.»

16

CALIGO LEVIGAS

Il temporale era cessato grazie a una semplice frase di Ildegarda, accompagnata dal gesto ampio delle sue mani rivolte al cielo. Aveva lasciato un vento basso e teso, che tagliava le stradine intorno al castello, arruffava i ciuffi d'erba tra le pietre e sferzava i volti dei passanti.

Le nuvole nere non si erano ancora dissipate e sembravano chiudere la città in una morsa d'ombra.

«Io ho mantenuto fede alla mia promessa. Ora tocca a voi. Lasciateci andare.» disse Ildegarda che fronteggiava il duca e i soldati, con le loro *scramasax* sfoderate. Erano davanti all'entrata del castello che sormontava tutto il villaggio.

Li tenevano in pugno. Ad Autari sarebbe bastato dare un semplice ordine per condannarli a morte certa.

Il duca si guardò attorno, osservando la devastazione portata dal nubifragio.

«Proprio un bel lavoro! E non capisco come hai potuto farlo dalla cella in cui ti ho rinchiuso.»

«Sottovalutate i poteri dei tempestari.» Per un attimo lo sguardo di Ildegarda guizzò su Mercuriade. Il duca lo notò, ma gli sfuggì un gesto della donna, che con le dita dietro la schiena stava lasciando scivolare della polverina bianca in una pozzanghera.

«Capisco...» Si lisciò la punta della barba. «Però ti sbagli. Ho in gran conto il vostro scellerato potere. Ed è proprio per questo che non posso permettervi di lasciare la città.»

A fior di labbra, Ildegarda pronunciò due parole: «*Caligo levigas*».

Mercuriade, a un passo da lei, le ripeté in un soffio.

Caligo levigas.

Shabbatai sguainò i due pugnali che portava alla cintura e si frappose tra le guardie e il gruppo.

«Meglio per voi se ci fate passare» disse facendo roteare le sue lame.

Gli uomini del duca risero a vedere quel ragazzo che presumeva di poterli contrastare da solo, loro che avevano tra le mani ben altro armamentario.

«Il tuo coraggio è nobile, ma stupido» incalzò il duca.

Anche Trotula provò a giocarsi le sue carte: «Attento alle parole che usate, duca. Sono Trotula, figlia del Signore de Ruggiero di Salerno».

«Guarda un po', una nobildonna. Pensa che ti avevo scambiato per un maschio, così conciata» ironizzò il Signore di Terravecchia. «E cosa ci fa una siffatta dama con tali canaglie e streghe della peggior specie?»

«Meglio canaglia che cane al guinzaglio del principe!» esclamò Barliario.

Intanto intorno a loro, impalpabile, saliva una foschia sempre più compatta.

Il duca indossò un'espressione di falso stupore: «Che commovente quadretto d'amicizia. Sono davvero impressionato dal vostro sodalizio e dallo sprezzo del pericolo che dimostrate».

Ligea tremava dalla paura, altro che sprezzo del pericolo. Mercuriade la strinse e le disse in un orecchio: «Stai pronta a scappare, tra poco diventeremo invisibili».

Ligea la fissò sbalordita. La ragazza nera annuì e disse ancora: «Tu dammi la mano».

«Lasciaci andare» disse Ildegarda. «Non lo ripeterò un'altra volta.»

Un sorrisetto maligno guizzò sulle labbra del duca. Alzò la mano per impartire un ordine, ma l'arco del suo movimento svanì in un mare di nebbia.

In brevissimo la caligine, evocata dalla polvere della tempestaria, aveva avvolto ogni cosa intorno a loro.

I soldati furono presi dal panico.

Non si vedeva a un palmo dal naso.

Le campane della chiesa di Sant'Egidio intonarono il rintocco della ora Nona. Un suono lugubre. Pauroso.

Il duca si riprese dallo stupore e gridò: «Non fateli scappare!».

Ma come si potevano fermare dei fantasmi?

Gli armigeri si muovevano goffi, procedendo a tentoni e agitando le mani come per diradare del fumo.

«Non ci sono, duca! Sono spariti!» urlò uno di loro.

17

IL RESPIRO DELLE NUVOLE

«Ci siamo quasi» annunciò Ildegarda.

Li guidava con passo sicuro, come se quella zona non avesse segreti per lei, nonostante l'assenza di sentieri o di percorsi segnati. Erano diretti al valico del Mai, la catena di monti che cuciva insieme la zona cosiddetta dei Picentini e quella dell'Irpinia, dove erano diretti.

Il giorno si era fatto scuro, si andava verso l'ora dei Vespri. Gli alberi disposti ai due lati si chiudevano in cima formando una galleria naturale sopra le loro teste. Dovevano trovare rifugio prima del calar delle tenebre.

Accanto alla tempestaria camminava Mercuriade, parlando fitto fitto, dietro di loro Ligea che teneva per mano Shabbatai. Poi Trotula e Barliario.

«Che avranno da parlare tutto il tempo?» disse Trotula, più a se stessa che agli altri.

«Parlano la stessa lingua, ne avranno di cose da dirsi» rispose Barliario.

La medichessa sapeva a cosa si riferiva il ragazzo: aveva visto cosa era stata capace di fare Mercuriade con l'amuleto di vento, la sicurezza con cui aveva messo in pratica le istruzioni della donna. Ma le si stringeva il cuore al pensiero che il legame tra lei e la sua amica si stava irrimediabilmente allentando.

E un nuovo legame si stava intrecciando con un'altra persona.

Mentre proseguivano il cammino, ognuno di loro si rintanò nei propri pensieri.

Barliario andò con la mente al padre che lottava tra la vita e la morte.

Stringeva tra le dita la pietra di ambra nera, combattuto tra la voglia di provare di nuovo quella sensazione potente, straniante, indescrivibile provocata dall'*Extricatum* e la paura di trovarsi fuori dal proprio corpo senza la sicurezza di farvi ritorno: sarebbe davvero bastata la pietra *jais* a evitarlo?

Ligea cercava di sincronizzare il suo passo con quello di Shabbatai. Muoveva lenta le dita che teneva intrecciate a quelle del ragazzo. Si lasciava inebriare dei profumi del bosco, stando attenta a non incrociare il suo sguardo con quello di un Inquieto.

Quando erano usciti dal villaggio avvolti nella nebbia si era imbattuta nella visione di un gruppo di spiriti radunati attorno a un albero. Avevano un aspetto terrificante e lei si era stretta ancora di più al ragazzo della Judaica, che l'aveva tranquillizzata: «Ligea, non temerli. Per quanto male abbiano fatto in vita, adesso sono solo ombre. Resta accanto a me e se non vuoi vederli guardati la punta dei piedi. Ti condurrò io. Ce ne sono tanti?»

Ligea aveva annuito.

Shabbatai aveva sorriso per rassicurarla, ma sapeva che non era un buon segno. Tutti quegli Inquieti in giro volevano significare una sola cosa: tra quei boschi c'era stata tanta violenza.

Ildegarda di tanto in tanto si fermava e alzava il capo come a scrutare qualcosa tra gli alberi o arricciava il naso con un gesto che ricordava quello di un segugio.

«Che sta facendo?» chiese Barliario a Mercuriade al crocevia dove la tempestaria si era improvvisamente fermata.

«Sente il respiro delle nuvole» rispose lei.

«A me pare più odore di merda di cinghiale» intervenne Shabbatai, scoppiando in una fragorosa risata. Barliario gli diede una spinta: «Smettila! Vuoi che ti senta?».

La tempestaria, che fino a quel momento aveva dato loro le spalle, si voltò e guardò il gruppo.

«Non riusciremo ad arrivare a Curti, l'ultimo borgo degno di questo nome prima del valico. Dobbiamo accamparci prima.»

«E dove?»

«Ci sono dei ripari lungo il sentiero. Tane. Rifugi naturali che esistono da migliaia di anni.»

Barliario ricordava cosa gli aveva detto il pescatore a Salerno: "Tenetevi alla larga da quei rifugi sulla strada. Accadono cose terribili là dentro. Solo i pazzi possono passarvi la notte".

«Caverne? Sono posti pericolosi» disse Barliario.

«Non abbiamo alternative» replicò Ildegarda.

18

RECITA L'ANTIFONA

Il riparo che trovarono non era una grotta, niente di simile al luogo dove Vulferio incatenava le sue vittime e dove la piccola Ligea aveva trascorso mesi in sua balia.

Era uno spazio incassato nella roccia, con un tetto di pietra inclinato e circondato da grossi massi, da muri di rovi e qualche tronco d'albero spezzato.

Non era un riparo naturale.

Sul fondo notarono i resti di vecchi falò.

«Altri viandanti hanno scelto questo luogo per mettersi al sicuro dagli artigli della notte» commentò Ildegarda. «Isoliamo l'entrata e accendiamo un piccolo fuoco all'interno.»

I due ragazzi si diedero da fare per raccogliere quanta più legna possibile per schermare l'imboccatura. I rami più piccoli sarebbero serviti ad avviare il falò intorno al quale riscaldarsi.

«Io non voglio entrare lì dentro» disse Ligea. Era rimasta sulla soglia. Aveva gli occhi sbarrati e fissava il fondo buio del rifugio.

Mercuriade capì. «Chi c'è lì?» le chiese.

Ligea la guardò. Anche Trotula le si avvicinò. Circondata dal calore delle sue compagne di viaggio, la ragazzina poté confessare: «C'è stata tanta paura. E violenza».

La risposta inquietò le due ragazze. Ildegarda chiuse gli occhi e fece un respiro profondo. Sapeva che Ligea non stava mentendo.

«C'è un Inquieto rannicchiato contro la roccia in fondo» disse infine la piccola negromante.

«Chi è?» chiese Trotula. «Riesci a capirlo?»

«Adesso mi credi?» Ligea era meravigliata.

Trotula sorrise. A dire il vero non era ancora del tutto convinta, ma il suo castello di certezze ormai aveva cominciato a traballare.

«È un uomo...» cominciò a descrivere Ligea «vestito con una tunica nera. Gli occhi infossati, ha la bocca spalancata e le labbra ritirate come se la pelle fosse essiccata.»

«È morto mentre gridava» commentò solenne Ildegarda.

Trotula e Mercuriade si scambiarono uno sguardo di preoccupazione.

«Forse è meglio andarcene da qui» disse la medichessa. Non era una ragazza paurosa, ma la descrizione dell'Inquieto l'aveva inorridita.

«Chiedigli se siamo al sicuro qui» disse la tempestaria a Ligea.

«Non voglio.» La ragazzina tremava.

Ildegarda si piegò verso di lei e le sussurrò qualcosa all'orecchio. Ligea apparve improvvisamente più risoluta, contrasse le mascelle e si mosse verso il fondo.

Arrivata davanti allo spirito che solo lei poteva vedere, gli fece la domanda. Trascorsero pochi momenti e tornò dalle altre.

«Dice che non dobbiamo far spegnere il fuoco. E che, anche se saremo al sicuro, domattina non saremo più gli stessi.»

«E cosa vorrebbe dire?» domandò Trotula, angosciata.

Mercuriade sentì un tuffo al cuore. Lei conosceva la risposta, ma non l'avrebbe rivelata.

L'Inquieto aveva detto la verità.

Ildegarda prese per mano la negromante. «Vieni con me.» La rassicurò con un sorriso e la condusse di nuovo davanti allo spirito del defunto.

Mercuriade e Trotula non potevano sentire cosa dicevano.

«Io non posso vederli, Ligea, ma so che hai ragione. Le loro anime vagano per la terra senza pace.» Ildegarda si fermò per scrutare negli occhi e nell'anima della ragazzina. «Tu puoi aiutarli.»

«Ma mi fanno paura.»

«Loro sono spaventati più di te, piccola mia.» Ligea era sul punto di scoppiare a piangere. «Recita l'antifona per l'ingresso nel regno dei morti.»

«L'antifona?»

«Una piccola preghiera. Le parole sono importanti, Ligea.» Ildegarda fece una pausa e continuò: «Le parole danno forma al mondo e possono tracciare strade. Possono scavare buche e innalzarti oltre le montagne. Gli Inquieti sono ombre rimaste fuori da una porta. Tu recita l'antifona al loro cospetto e darai loro la possibilità di bussare a quell'uscio».

Ligea ascoltava con attenzione.

«*Requiem æternam dona eis, Domine, et lux perpetua luceat eis*» recitò la tempestaria, lentamente. «E ora ripeti con me.»

Ligea vide l'Inquieto mettersi in piedi dalla posizione rannicchiata in cui si trovava.

Lo sentì gemere.

Ripeterono di nuovo la preghiera.

L'Inquieto rantolò. Il volto deformato dal grido si distese. Quindi il suo corpo pallido allungò una mano verso di loro, per toccarle. Ligea non avrebbe saputo dire se ci fosse minaccia in quel gesto, o solo una specie di dolore che ne attraversava la figura. In tutti i casi, alla fine l'Inquieto svanì.

E Ligea sentì nel petto una leggerezza nuova, come se un nodo stretto da tempo si fosse improvvisamente sciolto.

La sua maledizione la costringeva a vedere i morti, ma ora grazie a Ildegarda aveva capito che poteva usare il suo potere per donare loro la libertà.

19

SCONFIGGERAI LA MORTE E LE SUE OMBRE

La profezia dell'Inquieto si realizzò nel cuore della notte, verso l'ora delle Laudi.

Il fuoco languiva da un pezzo e solo braci dal rossore intermittente ne ricordavano il calore. Un graticcio di rami ben intrecciati schermava l'ingresso del rifugio dove avevano trovato tutti posto per riposare. Dopo essersi spartiti il cibo, le cui scorte si stavano drammaticamente esaurendo, la stanchezza li aveva vinti quasi subito.

Un leggero tocco sulla spalla svegliò la medichessa. Inizialmente pensò di averlo solo sognato, poi, dopo essersi stropicciata gli occhi, riuscì a distinguere la figura di Mercuriade in ginocchio accanto a lei.

«Vieni fuori con me, Trotula» le disse in un sussurro fievole. Provò a chiedere perché, ma la domanda rimase senza risposta.

Seguì Mercuriade oltre la soglia del riparo. Si guardò indietro e osservò i suoi amici con un moto di tenerezza. Ligea si era stretta contro il corpo di Shabbatai, che le aveva ceduto buona parte del suo mantello. Barliario invece riposava con la schiena poggiata contro la parete rocciosa. Ildegarda però non c'era.

Al chiarore argenteo della luna, Trotula riconobbe la figura della tempestaria, in attesa all'imbocco del sentiero.

«Mi dispiace... Non so come dirtelo» esordì Mercuriade.

«Cosa? Cosa devi dirmi?»

«Avevamo stabilito di andar via nel cuore della notte, senza difficili addii.» Un crepitio di emozioni faceva da sfondo alle parole di Mercuriade. «Ma non potevo lasciarti così, mentre dormivi.»

«Non capisco... dove stai andando?»

«Seguirò Ildegarda. Prenderemo la via delle nubi.»

«Cosa?!» La domanda le uscì strozzata dalle labbra.

«*Demena menigedi*» pronunciò Mercuriade. «È così che si dice nella mia lingua. Ho sempre saputo che prima o poi sarebbe accaduto. Tutto mi è diventato chiaro quando l'ho incontrata. Nulla succede per caso, Trotula. Ildegarda mi condurrà alla via delle nuvole. C'è un posto dove quelle come noi possono educare il proprio potere e vivere senza il timore di essere cacciate come streghe.»

«Non esiste un posto del genere.» Trotula aveva difficoltà a parlare, il groppo di lacrime le stringeva la gola. «Non devi farlo per forza, non devi crederle.»

«Non mi ha obbligato.»

«Ti prego, amica mia.» Trotula la strinse e Mercuriade ricambiò l'abbraccio. «Non mi lasciare.»

«Andare con lei è il mio destino. Anche a me si spezza il cuore, ma ci sono scelte difficili che vanno fatte nonostante tutto.»

Trotula era disperata. «Sono perduta senza di te.»

Mercuriade le carezzò la guancia. «È la cosa giusta, credimi.»

Trotula le afferrò un polso. «Come fai a saperlo? Stai dando ascolto a una donna che non conosci... a una strega!» Usò proprio quella parola con il preciso intento di ferire l'amica.

«Lo sai bene che non è una strega» rispose con calma Mercuriade. Poi osservò la stretta delle sue dita e sorrise. «Nessuno mi costringe... mia amica e sorella. Tu mi hai dato una vita degna di questo nome. Te ne sarò per sempre grata e sono certa che un giorno ci rincontreremo.» Fu Mercuriade a quel punto a circondare il polso di Trotula con l'altra mano. Erano allacciate a doppio filo. «Tu sarai una grande medichessa, su questo non c'è dubbio. La gente verrà da te per essere curata e tu insegnerai la tua arte ad altre donne e a tanti uomini. Sconfiggerai la morte e le sue ombre con la luce della tua scienza. Questo è il tuo destino, io posso vederlo.»

Trotula non riuscì più a contenere il pianto.

«Il mio destino è diverso, Trotula. Ci sono due tipi di vita: una a occhi chiusi e una a occhi aperti. Fino a ora non ho mai sollevato le palpebre, sognando la mia vita vera. Adesso devo liberare lo sguardo e vivere finalmente a occhi aperti» sospirò Mercuriade. «Devo trovare il mio *nenyi.*»

Nenyi, "io sono".

Trotula conosceva quella parola nella lingua di Mercuriade.

In quel momento le raggiunse la voce di Ildegarda: «Mercuriade, è tempo di andare. La luna ci sta indicando la strada».

Mercuriade annuì. Trotula la fissava, guardandola come se non l'avesse mai vista prima. Al chiaro di luna, con la sua pelle scura l'amica sembrava soltanto una leggera scheggiatura nel muro della notte.

«So che non mi lasceresti mai se non fosse per qualcosa che davvero è necessario per te.» Dire quelle parole le richiese un sacrificio enorme. «Ti auguro con tutto il cuore di trovare il tuo *nenyi.*»

"Non c'è amore della peggior specie di quello che annoda. Quando vuoi davvero bene a qualcuno, devi essere pronta a lasciarlo andare" le aveva detto una volta la mamma.

Piangevano entrambe.

E quando si strinsero in un abbraccio, le lacrime dell'una bagnarono la guancia dell'altra.

Prima di andar via, Mercuriade consegnò nelle mani di Trotula l'amuleto di vento, dove c'erano ancora due nodi non sciolti.

«Se sei in pericolo, usalo, hai visto come si fa.»

«Ma io non sono te.»

«Tu sei Trotula de Ruggiero, puoi qualsiasi cosa.»

IL BRIGANTE

1

NON SARETE PIÙ GLI STESSI

Trotula tornò nel riparo poco prima che le luci dell'aurora si facessero strada nel cielo.

"Forse è così che si sente Barliario quando si svuota dello *spectrum* durante l'*Extricatum*: un guscio senza più interno" pensò.

Osservò Shabbatai e Ligea che dormivano vicini, lei riposava con la testa sulle gambe del ragazzo.

Il giovane alchimista era a mezzo braccio di distanza. E solo quando i suoi occhi si abituarono un po' alle tenebre Trotula si accorse che non stava dormendo.

«Sono andate, non è vero?» chiese Barliario.

La domanda le fece più male di quello che si sarebbe aspettata; il solo fatto che Barliario lo chiedesse l'aveva reso ancora più vero.

«Te la senti di continuare?» chiese Barliario.

«Ho alternative?»

«Ildegarda te l'ha detto, no? Abbiamo sempre la possibilità di scegliere.»

Trotula restò per un attimo così, poi semplicemente si sedette accanto a lui e gli poggiò il capo sulla spalla. Barliario sentì una sensazione di calore spandersi nel petto. Avrebbe voluto carezzarle i capelli, così lisci e morbidi; sollevò la mano con lentezza esasperante.

«Dormiamo, ora.» Le parole di Trotula lo bloccarono subito. Si sentì colto sul fatto e avvampò di imbarazzo. Per fortuna era buio. «Domani ci aspetta il valico del Monte Mai.»

Barliario deglutì a vuotò e proseguì: «Mi dispiace per quello che stai passando».

Lei si voltò verso il ragazzo e sussurrò: «Credimi, sarebbe stato peggio se fossi rimasta a Salerno». Sorrisero entrambi, al sicuro nell'oscurità che velava i loro sentimenti.

Barliario non indagò oltre sulle parole di lei. Si diedero la buonanotte e tornarono a dormire.

Non durò a lungo.

Questa volta fu Shabbatai a dare la sveglia. Il giorno si era già levato. Era da poco passata l'ora Prima.

«Ehi! Mercuriade e Ildegarda sono già uscite!» disse trafelato.

Ligea si mise a sedere, stropicciandosi gli occhi e sbadigliando.

«Sono andate via» disse Trotula.

«Andate via?» squittì Ligea. «Come sono andate via? Dove?» Negli occhi nerissimi della bambina comparvero lampi di sorpresa.

Shabbatai si accigliò: «Già, dove?».

«Non lo so con esattezza.» La medichessa scelse di restare nel vago: «Mercuriade ha seguito la tempestaria. Tutto qui».

«"Domani mattina non sarete più gli stessi"» sussurrò Ligea. I ragazzi la guardarono, interrogativi. «L'Inquieto non ha mentito» spiegò la bambina.

Trotula annuì. Aveva capito cosa intendeva: senza Mercuriade non sarebbe stata più la stessa cosa. E nessuno più di lei lo sapeva.

«Che facciamo adesso?» chiese Shabbatai.

«Proseguiamo...» disse Barliario, ma si fermò subito.

Voci. Scalpiccio di zoccoli.

Avevano sentito tutti.

Barliario si portò un dito alla bocca per dire di fare silenzio. Si mosse piano verso l'imboccatura del rifugio. Il tempo si fermò, congelato dalla tensione. Ligea cercò riparo tra le braccia di Shabbatai, che sguainò uno dei suoi coltelli.

Quando Barliario uscì, Trotula avrebbe voluto seguirlo, ma lui aveva fatto segno di non muoversi, così si limitò a sussurrare tra le labbra: «Stai attento!».

Il giovane alchimista si tenne dietro i grossi alberi, ben nascosto.

Più a valle venivano due uomini. Il sentiero era troppo stretto e accidentato per percorrerlo al trotto o al galoppo, erano smontati e tenevano i cavalli per le briglie. Da dove si trovava lui era impossibile carpire esattamente tutto quello che si dicevano, ma colse pezzi di frasi.

E non gli piacquero.

2

QUALCOSA DA RACCONTARE

«Dobbiamo andar via subito» disse Barliario. «Ci sono due uomini con dei cavalli.»

«Chi sono?» chiese Shabbatai.

«I nostri amichetti da Salerno.»

«Testadiferro!» ringhiò il suo amico.

«Lui non c'era. Si sono divisi per cercarci meglio» commentò Barliario.

Ligea non sapeva di cosa stessero parlando, ma era chiaro che si trattasse di un pericolo.

Ammutolirono, per dare ai pensieri la possibilità di formulare un piano.

Trotula sentì la rabbia montarle dentro, mescolata al senso di colpa. Se si trovavano Ermanno alle calcagna era perché stava cercando lei.

«E se mi consegnassi?» La proposta di Trotula si conficcò nel silenzio e spiazzò tutti. «Così voi sareste liberi di proseguire.»

Solo fino a pochi giorni prima Barliario avrebbe accettato senza pensarci due volte. Adesso era cambiato tutto.

«Non dirlo nemmeno per scherzo» replicò immediatamente.

«E comunque stai sicura che continuerebbe a darci la caccia. Ha giurato che mi avrebbe ucciso» proseguì Shabbatai. «E quelli come lui, che non hanno niente di meglio da fare nella vita, si dedicano con passione a infliggere il male agli altri.»

«Non ti lasceremo, Trotula, ormai siamo una cosa sola» concluse Barliario.

Per Trotula sentire quelle parole fu come ricevere un abbraccio. Aveva perso Mercuriade, certo, ma aveva trovato altri amici di cui fidarsi profondamente.

«Prendiamo le bisacce e andiamo via subito.»

La medichessa e Ligea coprirono come meglio poterono le tracce del fuoco acceso la sera prima. Sotto la cenere, le braci come piccole gemme incandescenti continuavano a pulsare.

«Dobbiamo evitare i sentieri battuti» propose Barliario. «Così sarà più difficile che ci trovino.»

Uscirono da lì con grande prudenza e s'inoltrarono in una macchia disordinata di pruni. Le spine dei rovi disegnavano sbaffi di sangue sulla pelle.

S'inerpicarono verso l'alto. Non conoscevano la strada, ma per ora dovevano mettere più distanza possibile tra loro e gli inseguitori. Avrebbero pensato in un secondo momento a trovare la direzione verso il valico. Da quello che aveva detto Ildegarda la sera precedente, non doveva mancare molto.

Il punto di riferimento era una piccola chiesa costruita non lontano dalla vetta.

La chiamavano il santuario della Vergine di Carbonara.

La tempestaria aveva raccontato loro di una leggenda riguardo a quel luogo sacro. Un carbonaio – di qui il nome del santuario – aveva trovato un piccolo quadretto di legno con l'immagine della Madonna in un anfratto del Monte Mai.

L'aveva portato subito a valle per dedicarle una chiesa. Però il giorno dell'inizio dei lavori l'immagine era scomparsa, per essere rinvenuta più tardi nel punto in cui era stata originariamente trovata dall'uomo. Lo presero come un segno e fu lì che sorse il santuario.

Il cielo cominciava ad aprirsi e non avrebbe piovuto almeno per un po'. Eppure la luce faceva fatica a schiarire il mondo, come se la mattina avesse deciso di ritirarsi, tornando sui propri passi. Troppo fitta la vegetazione, troppo alti gli alberi perché il pallido sole potesse farsi strada.

Lungo il cammino Barliario raccontò per filo e per segno quello che aveva ascoltato dai cavalieri di Ermanno.

«È stato Vulferio a dirgli dove siamo diretti» disse, lasciando di stucco i suoi amici. «Parlavano di un eremita trovato in mezzo al bosco, che hanno fatto parlare a furia di botte. Lo hanno lasciato privo di sensi tra gli alberi.»

«Maledetti» imprecò Shabbatai sibilando tra i denti.

«Quindi sanno che andiamo a Volturara...» Una morsa d'angoscia si strinse intorno alla gola di Trotula.

«Dovremo evitare il borgo e le vie più comuni» commentò Barliario.

«Come stiamo già facendo da quando siamo partiti» osservò Shabbatai.

Quando giunsero a una radura attraversata da un torrente gonfio si fermarono per riposare e cercare qualcosa da mangiare. Il vento che soffiava con gentilezza aveva permesso al sole di mettersi al centro del cielo. Ora il suo occhio benevolo riscaldava l'aria.

Trotula diede la mano a Ligea e scelsero un punto riparato del torrente dove potersi liberare dei vestiti senza essere viste e lavarsi. Barliario disse loro di non allontanarsi troppo.

Avrebbero ripreso la marcia di lì a poco, ma intanto si godevano quel breve momento di isolamento dal resto del mondo.

Barliario e Shabbatai si erano seduti sulla riva.

«Mi racconti di nuovo la storia?» chiese il giovane ebreo

mentre faceva roteare il coltello in aria e lo riprendeva al volo per il manico.

«Quale storia?»

«Quella del *Draconis Chronicon.*»

«Te ne ho già parlato decine di...»

«Le buone storie sono diverse ogni volta che le racconti. E questa è davvero buona.» Shabbatai si fermò per un momento, raccolse un sasso ovale, lo soppesò e quindi lo lanciò sulla superficie del torrente per farlo rimbalzare. «Un giorno vorrei avere anche io qualcosa da raccontare» aggiunse poi.

«Perché, questo viaggio che stiamo vivendo non ti sembra già abbastanza?»

Shabbatai alzò le sopracciglia. «Forse sì, ma il meglio deve ancora venire.»

"O il peggio" pensò Barliario. E una nuvola nera di preoccupazione gli attraversò la mente.

«Allora, che aspetti? E non tralasciare nulla. Voglio tutti i particolari... ma non troppe descrizioni. Quelle mi annoiano» lo incalzò Shabbatai, che poi si stese con un filo d'erba tra le labbra.

Barliario cominciò a raccontare di Sauil Requis, il terribile drago da un occhio solo. Della distruzione che lasciava dietro di sé il popolo barbaro dei Visigoti, con la Bestia a fare ombra del loro esercito. Dell'entrata a Volturara e di come avessero nascosto il loro tesoro in una voragine accanto alle paludi, mettendo l'Eclisse di guardia.

Di come lo sfamassero ogni giorno con la carne dei giovani Irpini. E soprattutto dell'arrivo dell'eroe Cesio, venuto dal Nord, che salva la ragazza col diadema di drago, affrontando la Bestia e battendola con l'*Anbar*.

«Ti sei fatto un'idea di cosa sia quest'*Anbar*?» Shabbatai si volse verso l'amico, anche lui disteso sui ciottoli che digradavano verso le acque del torrente.

«No, nessuna idea...» Il tono di Barliario si fece serio e preoccupato. C'erano un sacco di cose che non sapeva. Nemmeno chi fosse davvero Arimane e perché volesse il fuoco. Non sapeva chi avesse scritto il *Draconis Chronicon* e perché.

Improvvisamente non aveva più voglia di starsene lì seduto, così balzò in piedi. «E se fosse tutto un enorme errore?»

«Ehi Barl, niente pessimismo. Ci sono già abbastanza nemici da affrontare, non metterci pure i dubbi. Sono i peggiori e finiscono per ucciderti.»

«Caspita, quanta saggezza. Da dove l'hai tirata fuori?»

Shabbatai si puntellò sul gomito e fece per rispondere, ma si bloccò. Fissava un punto dietro le spalle di Barliario, il quale si voltò subito. «Per tutte le scimitarre dei Saraceni!» esclamò. «Dove hanno preso tutta quella roba?»

Trotula e Ligea portavano tra le braccia una quantità enorme di cibo. Quando si approssimarono ai due amici lasciarono cadere frutti, piante e funghi.

«Funghi!» esclamò Shabbatai. «Vuoi avvelenarci, per caso?»

«Ne sarebbe capace, l'ha già fatto una volta» commentò Barliario.

Trotula si mise una mano sul fianco e mostrò la sua classica espressione superba. «I funghi buoni e commestibili saprei riconoscerli anche a occhi chiusi.»

Shabbatai diede di gomito a Barliario, come a dirgli "senti questa".

«Se vi rendete utili e accendete un fuoco vi mostro come si prepara una colazione che non dimenticherete» propose Trotula.

Dopo aver mangiato e bevuto l'acqua del torrente, si rimisero in marcia.

I due ragazzi conducevano il gruppo, Trotula seguiva con Ligea a qualche passo di distanza, chiacchierando.

«Le donne della mia città mettono una radice di vitalba nel miele e poi con questo preparato si ungono il viso. È così che assumiamo uno splendido colore rosato della pelle» disse Trotula passandosi le mani sul volto.

Era l'arte della cosmesi, le spiegò: l'arte di truccarsi e prendersi cura della propria persona.

«Apparire belle non è una frivolezza. Io voglio scrivere un libro che parli proprio di questo.»

«Un libro?»

«Sì, ho già in mente il titolo: *De ornatu mulierum*.»

Ligea lo ripeté a fil di labbra per assaporarne il suono. Le piaceva, anche se non conosceva il latino.

«Voglio scrivere per noi donne, per spiegare che dobbiamo aspirare alla bellezza non per vanità o per attrarre un uomo. Dobbiamo farlo per entrare in armonia con noi stesse e con la meraviglia della natura.» Trotula parlava con grande passione. «La bellezza è l'espressione di un corpo sano, che risuona con tutto ciò che ci circonda, capisci?»

Ligea annuì, ma non era sicura di aver capito cosa intendesse.

«Laggiù!» gridò in quel momento Barliario, strappandole alla loro conversazione.

Le due giovani affrettarono il passo per raggiungere i ragazzi.

«Il santuario» disse l'alchimista indicando un'altura. Sulla sommità si vedeva una piccola costruzione abbracciata da un corteo di alberi.

«E il valico del Monte Mai» concluse Shabbatai, e un guizzo di gioia serpeggiò in tutto il gruppo.

UNO STRUMENTO DEL MALIGNO

Stringo la pietra che mi ha dato Ildegarda. Sto per partire per un nuovo viaggio astrale, anche se la tempestaria mi ha detto di non farlo finché non sarò in grado di padroneggiare la tecnica. Finché non sarò sicuro di sapere dove mi condurrà il mio prodigio.

Però, se non rischio, non imparerò mai. Le regole servono a questo: a essere sfidate. Solo così ci facciamo adulti.

"O ci facciamo solo stupidi." Mi sembra di sentirla, la voce di mia madre. Lei che non parla quasi mai. Lei da sempre nascosta all'ombra di mio padre.

Mi trovo in una delle celle accanto al santuario dove ci hanno dato ospitalità.

Trotula ha di nuovo finto di essere un maschio avvolgendosi bene nel cappuccio e nel mantello. Ligea invece non ha abiti che possano camuffarla. Non so se i monaci hanno creduto alla nostra storia, ma non ci hanno fatto domande. Hanno detto che la curiosità è uno strumento del Maligno per piantare il dubbio nel cuore degli uomini.

"Non ha agito così il serpente nell'Eden per condurre Eva a interrogarsi sul comandamento di Dio sul frutto proibito? La curiosità è nemica della Fede", così ha concluso frate Eleuterio prima di mostrarci i nostri alloggi,

freddi e spogli come tutto il resto della costruzione. Buon per noi che la pensino così.

Certo Trotula era sul punto di scoppiare, di ribattere. Ho dovuto fermarla. Per lei che pratica la scienza, la curiosità è tutto.

Domani mattina ripartiremo verso il valico. I monaci ci hanno dato delle indicazioni per arrivarci. Non ho chiesto di Volturara: ho preferito non rivelare la nostra destinazione. Ho capito che meno si sa in giro di noi, più restiamo nascosti e al sicuro.

Gli altri dormono e io mi sto esercitando nell'Extricatum.

Voglio vedere davvero se l'ambra nera mi riporterà indietro con più facilità.

Faccio tutto per bene. Respiro, svuoto la mente. «Kharij aljasad.»

Spazzo via la paura dal mio cuore.

Poi arriva il gelo, la caduta nel precipizio, le vertigini, lo strappo dello Yebiri Kiri.

E finalmente sono fuori dal mio corpo.

Sento tutte le mie emozioni che mi abbandonano, come se me ne svuotassi attraverso un buco nel petto. Poi però succede qualcosa di terrificante. La paura resta, non fluisce insieme al resto.

Una mano mi schiaccia contro il mio involucro di carne. Una forza potente che non posso contrastare. Se il mio doppio spettrale avesse delle ossa le sentirei deformarsi e spezzarsi in mille schegge.

Poi lo sento. Lo vedo. Lo avverto.

Eppure non c'è.

Arimane.

Mi latra una frase nell'orecchio: «Perché ti ostini a percorrere una strada che non ti porterà da nessuna parte? Non riuscirai a raccogliere il fuoco».

La pietra nelle mie mani vibra come se fosse un insetto che vuole fuggire.

Un fremito irresistibile s'irradia nel mio spectrum. E nel mio corpo disteso e senza vita. Vedo con i miei occhi da spectrum la mano che si stringe intorno all'amuleto di Ildegarda. Subito il filo d'argento si riannoda e mi riporta indietro. Arimane sparisce. E sparisce tutto il resto.

3

IL VENTO IN UN SACCO

Trotula si fermava di continuo: per tutto il tempo non faceva altro che indagare il mondo che attraversavano.

Era assetata di conoscenza.

Era interessata a tutto.

Se la curiosità, come avevano affermato i monaci del santuario, fosse stata la strada maestra per giungere al demonio, allora la medichessa non poteva avere altra destinazione che l'inferno, per accomodarsi sul trono accanto a Satana.

Era dotata di una vista sorprendente. Dove Barliario vedeva soltanto foglie, rametti secchi, erba tutta uguale e sassi, lei notava piante dalle forme bizzarre e dagli usi miracolosi, insetti mimetizzati, lucertole guardinghe.

E sapeva dare un nome a tutto ciò che vedeva. L'erba delle mammelle, perché se ne ricavava un impiastro che aiutava durante l'allattamento; il piscialletto, ovvero il tarassaco, che aiutava a... "liberarsi". L'erba orecchie di lepre, chiamata così per la sua forma caratteristica, un toccasana per la tosse.

Insomma, la natura era un libro dal linguaggio misterioso di cui lei sapeva leggere ogni parola, quasi disponesse di un immenso vocabolario segreto.

«Posso farti una domanda? Però devi rispondermi con

sincerità assoluta.» Fu Barliario a rompere il silenzio tra lui e Trotula.

Lei lasciò che fosse il silenzio a dire "sì".

Shabbatai e Ligea camminavano un po' più avanti. Lui le stava mostrando come si effettua un lancio di coltelli, con rotazione e senza.

«Allora... vuoi dirmi il vero motivo per cui sei venuta con noi? E non rispondermi che è solo per le vipere irpine...» la incalzò Barliario. «Non ti crederei. E poi, di vipere ne abbiamo viste, ma non mi pare ti sia scapicollata a catturarle.»

«Le vipere irpine sono davvero le migliori per la *theriaca*» ribatté lei con tono un po' dimesso. Il suono dei loro passi che scricchiolavano sul pacciame era l'unico intorno a loro. «Ma la verità è che questa mi sembrava un'ottima occasione...» confessò Trotula. «Un'ultima occasione, a dire il vero.»

Barliario corrugò la fronte e le chiese: «Un'ultima occasione per cosa?».

«Per vedere il mondo oltre le mura.»

Barliario era perplesso. «Hai una vita agiata, studi quello che ti piace in una scuola rinomata in tutti i regni» disse. «Salerno è una bellissima città. E tu...»

Avrebbe voluto dirle che era anche una delle ragazze più belle e profumate che avesse mai incontrato, ma al solo pensiero di farle quella dichiarazione sentì le guance andare a fuoco per l'imbarazzo.

«E io?» lo incitò Trotula, alimentando il rossore del ragazzo.

«E tu... tu sarai una medichessa famosa in tutto il mondo, ecco. Non capisco cosa ci sia che non va nella tua vita, onestamente.»

Trotula fece rigirare tra le dita un fiore dai bellissimi petali viola e dal cuore giallo.

«Non puoi capire, perché non sei una donna.»

«E questo cosa vorrebbe dire?»

«Lascia stare.»

La conversazione avrebbe potuto anche concludersi lì, ma Barliario insistette. «Spiegami.» Addolcì la voce.

Trotula si fermò in mezzo al sentiero, mentre lui continuò per qualche passo, finché non si accorse che si era attardata. Si fermò anche lui e si guardarono per un tempo lunghissimo.

«Mio padre mi ha promessa in sposa a Ermanno» disse lei, tutto d'un fiato.

Quella notizia colpì Barliario con tale forza che quasi avvertì lo spostamento d'aria nello stomaco.

«Per questo ti sta cercando?»

Lei annuì. «Anche per questo. Io… non voglio sposarlo.»

Barliario tornò indietro. Lui lo aveva sospettato, ma adesso non c'erano più dubbi. Trotula era una ragazza in fuga.

Fuggiva da una vita che altri avevano scelto per lei.

Fuggiva da una città in cui da lei ci si aspettava un certo comportamento, da non trasgredire mai.

Perché era una donna, perché era una nobile, perché era una De Ruggiero.

Trotula aggiunse: «Ci sono mura ovunque intorno a me, questa è la verità».

«Ma tu le hai scavalcate» disse in un soffio Barliario. «Non si può chiudere il vento in un sacco per impedirgli di soffiare.»

Sorrise. E lo fece anche lei.

«Non sposarti con quell'idiota» aggiunse l'alchimista.

«Preferirei essere incenerita dal tuo drago, piuttosto.»

I loro sorrisi si fecero più profondi.

Solo per pochi istanti, però.

Shabbatai si parò davanti a loro, in allerta, e con un gesto intimò di fermarsi. Ligea si avvicinò impaurita.

Calò un silenzio pesante intorno al gruppo.

Avevano evitato la strada più in basso, larga e meglio segnata, su consiglio dei monaci. Eppure adesso non sembrava più la scelta migliore.

Anche Barliario avvertiva qualcosa. Trotula lasciò cadere il fiore di crocus che aveva in mano e gettò lo sguardo tra la fitta vegetazione tutta intorno. Fino a pochi momenti prima sembrava un abbraccio sicuro, ora si sentiva circondata.

«Qualcuno ci sta spiando» sussurrò il ragazzo della Judaica.

"O qualcosa" pensò Barliario.

4

IL LUPO CHE CI HA RESO CONIGLI

«Lupi!» gridò Ligea con il braccio teso verso un punto di fronte a sé.

Il sangue accelerò di colpo nelle vene dei quattro ragazzi.

«Che succede?» chiese Trotula.

«Succede che questo è il momento in cui scappiamo!» annunciò Shabbatai.

Un attimo dopo correvano a perdifiato. I rami sferzavano i loro volti, le gambe, le braccia mentre si addentravano nella boscaglia. Dietro di loro si sentivano passi lunghi e felpati.

Ansimi.

Un ringhiare profondo.

Avrebbero continuato a correre alla cieca, ma dovettero fermarsi. Ligea si piegò in due dalla fatica. Shabbatai tirò fuori uno dei suoi coltelli, un altro lo allungò a Barliario.

«Non so usarlo, Shab» disse lui, trafelato.

«Sì, ma loro non lo sanno» rispose l'amico, indicando un punto oscuro tra gli alberi. Là dove si nascondevano quei nemici invisibili in agguato.

«Sei sicura che fossero lupi?» chiese Trotula alla sua amica.

Ligea riuscì a rispondere solo scuotendo la testa. Il fiatone le rendeva impossibile parlare.

Shabbatai rimase in allerta, in posizione di guardia, con le gambe arcuate, il corpo teso, la lama che faceva da prolungamento alla sua mano.

«Non... lo...» Ligea recuperò un po' di fiato e continuò: «C'era un'ombra... un manto... Una pelliccia. Forse».

«Voi vedete qualcosa?» chiese Barliario agli altri. Stringeva il coltello, così tanto che le nocche delle dita intorno al manico erano sbiancate.

Un cespuglio di fronte a loro ebbe una scossa violenta. Un crepitio di rami spezzati. Trattennero il fiato.

Fu nel bel mezzo di quell'apnea carica di tensione che dalla vegetazione venne fuori l'animale.

«Un cervo!» esclamò Ligea.

«No, è un daino» precisò Trotula. La medichessa conosceva la differenza: la forma a palmo di mano dei palchi e la stazza molto più piccola rispetto a quella di un cervo.

L'animale si fermò davanti a loro. Placido, maestoso, splendido.

La paura si mutò in stupore. Barliario e Shabbatai allentarono la presa sul coltello.

«Per tutte le *shamshir** dei Persiani, era questo il lupo che ci ha reso conigli?!»

La tensione si sciolse in ilarità.

Il daino masticava e li guardava come se assistesse a uno spettacolo ridicolo. Brucò da un ciuffo d'erba in mezzo al sentiero. Il sole si rifletteva sul manto rossiccio cosparso di pomelli bianchi.

«Quanto vorrei accarezzarlo» disse Ligea, e fece qualche passo avanti.

«Ferma, lo farai fuggire» l'avvertì Trotula. Lei però proseguì. L'animale alzò la testa sospettoso e guardò la giovane negromante.

* Scimitarra.

Una cornacchia andò ad appollaiarsi su un ramo e gracchiò.

Dopo, a ripensarci, Barliario avrebbe interpretato quel verso acuto come una specie di segnale.

Perché di lì a un attimo si scatenò il pandemonio.

Una sagoma vagamente bestiale saltò fuori dagli alberi. Il daino fuggì a balzi altissimi. Ligea strillò di paura, ma il suo grido fu soffocato dall'assalto di quell'essere spuntato all'improvviso.

Sembrava un orso su due zampe.

Ma non era un orso.

Era un uomo che ne indossava la pelliccia, con tanto di cappuccio fatto con la testa dell'animale.

Shabbatai corse verso la bambina per aiutarla, ma fu gettato a terra da un altro uomo che era sbucato dalle ombre del bosco. Indossava una specie di mantello fatto con pezzi di pelle ricoperti di setole corte e sottili: un manto di cinghiale. Gli atterrò sulla schiena con violenza, strappandogli l'aria dai polmoni. Un attimo dopo, un braccio duro come pietra, dalla presa salda, lo strinse alla gola, togliendogli la poca aria che gli rimaneva.

«Ferma, ragazzo» gli sussurrò una voce all'orecchio, così bassa e arrochita che sembrava provenisse da una caverna.

Poi Shabbatai perse i sensi.

5

METTI GIÙ QUEL COLTELLO

«Corri Trotula, scappa!» gridò Barliario, prima di essere atterrato da un'altra bizzarra figura, che indossava un copricapo con grosse corna e una maschera di cuoio a coprirgli metà del volto.

Mani forti come il ferro lo afferrarono. Una gli bloccò i polsi sopra la testa. Barliario provò a scalciare e difendersi, ma fu tutto inutile.

Trotula intanto aveva ascoltato il suo amico e stava scappando, ma si voltava continuamente indietro. La pena per i suoi amici le frenava la corsa, doveva provare a mettersi in salvo se voleva avere una speranza di essere d'aiuto.

Il cappuccio si era abbassato e i suoi folti capelli dorati ondeggiavano nel vento come una criniera di cavallo. Poi qualcuno le comparve di fronte all'improvviso.

Un uomo, grosso, imponente, vestito con un mantello di pelliccia bruna, una testa di lupo a mo' di copricapo. In lui tutto era scuro. Perfino i pochi denti rimasti in bocca erano radici storte e nere.

La ragazza si bloccò di colpo, mentre il cuore martellava sempre più velocemente.

Un orso, un cervo, un cinghiale: un'altra bizzarria di quel mondo.

«Ti assaggerei volentieri» disse l'uomo, passandosi la lingua sulle labbra coperte da una barba corvina.

Mentre quell'essere ripugnante già allungava le mani per agguantarla, Trotula fece uno scatto e gli sferrò un calcio al basso ventre. L'uomo si piegò in due con un urlo soffocato. La medichessa, però, non ebbe scampo, perché un altro di quei predatori spuntò alle sue spalle e l'afferrò, cingendola con le braccia muscolose. La trascinò contro un albero, colpendola al viso e buttandola a terra, stordita.

Intanto Barliario, approfittando di una breve distrazione del suo aggressore, lo addentò sull'orecchio con un morso violento. Quello gridò e liberò la presa quanto bastava perché l'alchimista lo colpisse prima con un pugno alla tempia e quindi, strisciando all'indietro, con un calcio assestato in pieno volto.

Si rimise in piedi, raccolse il pugnale e si avventò contro l'assalitore di Ligea, che intanto era stata legata da una corda molto solida.

Barliario non avrebbe mai avuto il coraggio di affondare la lama nel corpo di un uomo, perciò gli tenne il coltello puntato contro, cercando di non tremare. Notò la lunga cicatrice che gli sfigurava il volto. Con quella pelliccia d'orso indosso, l'uomo faceva davvero una paura da sciogliere le viscere.

«Metti giù quel coltello» ringhiò, incurante della lama puntata. «E forse ti perdonerò per aver colpito Cervo.»

Barliario frugò nella sua mente per cercare qualcosa di minaccioso da dire, ma non trovò nulla.

Lo sfregiato fece dei passi verso di lui. «Ti batti bene per essere una femminuccia.»

«Lasciateci andare. Non abbiamo denaro.»

L'uomo rise in maniera indecente. «Voi no, ma chi ci ha assoldato ne ha un mucchio. Getta a terra il coltello. Ora.»

Barliario si rese conto che non aveva scampo. O gli tirava un fendente o si arrendeva. Si voltò per un attimo indietro e vide Shabbatai e Trotula entrambi legati, in balia degli altri banditi vestiti da bestie.

Ligea, anche lei stretta da corde spesse, era al suolo che piangeva.

L'uomo cinghiale disse al suo complice: «Non ucciderlo, Walia li vuole vivi».

«Dipende da quanto è stupido questo moccioso» fece l'altro.

Barliario gettò a terra il pugnale. Stavolta era davvero finita.

6

ORDALIA DEL SACCO

Stavano attraversando un canalone di pietra nuda. Dall'alto cominciò a piovere roccia sfarinata e piccoli sassi. Una decina di uomini, ognuno con indosso la pelle di un animale diverso, era emersa dagli anfratti e da dietro gli spuntoni, quasi che li avesse generati la terra stessa.

La strana processione seguiva il percorso della fenditura nella montagna che prendeva il nome di Orrido del Serino, come i ragazzi appresero sentendo parlare Cinghiale e Lupo.

Barliario e i suoi compagni avevano le mani legate da una corda di crine che gli bloccava i polsi dietro la schiena. A nessuno dei prigionieri era data la possibilità di parlare. Quando Shabbatai, riavutosi dallo svenimento, aveva provato a dire qualcosa era stato colpito dritto in faccia dal suo carceriere personale, Cinghiale. Forte e rozzo come la bestia di cui aveva preso il mantello.

A un certo punto la spaccatura terminò, sfociando in una macchia d'alberi che Trotula riconobbe essere per lo più di lecci e roverelle.

Dopo un cammino breve, ma parecchio difficoltoso, raggiunsero una radura coperta di erica e punteggiata qua e là di folti ciuffi d'erba.

«Benvenuti all'accampamento della Compagnia della

Forca» disse un uomo che venne loro incontro. Portava appesa al collo una macabra "sciarpa" fatta con pellicce di roditori. Il suo volto era appuntito e maligno. Nel suo tono non c'era un briciolo di cordialità, solo velenosa ironia.

Con un gesto teatrale mostrò ai prigionieri ciò che sorgeva intorno a lui. Una specie di piccolo villaggio, anche se le poche capanne di legno e paglia restituivano una tale impressione di fragilità che non poteva essere altro che un insediamento temporaneo.

C'erano carcasse di animali ovunque: caprioli, maiali selvatici, ma anche volpi e bestiole più piccole, appesi a travi di legno e pronti per essere macellati e mangiati. A un traliccio di rami erano messe a essiccare pelli di lupo e di orso. Tutt'intorno, resti di falò delimitati da circoli di pietre.

«Barbari» sbottò Trotula alla vista di tutte quelle nefandezze.

«Stai attenta a quello che dici» sussurrò Barliario. «Non mi sembrano proprio amichevoli.»

Ligea era incapace di trattenere le lacrime.

L'unico a starsene in silenzio, stranamente, era Shabbatai. Forse era ancora stordito dai colpi ricevuti. O più semplicemente si sentiva mortificato e ferito nell'orgoglio: un combattente come lui reso innocuo in pochi istanti da un tizio vestito da cinghiale. Che vergogna!

Furono trascinati davanti a quella che sembrava la capanna principale dell'accampamento.

«Walia!» gridò l'uomo dall'aspetto di un roditore, con occhi a fessura e baffetti ispidi sotto al naso.

La voce riecheggiò nella radura.

Dopo una breve attesa, la porta si aprì con un cigolio che suonava come un gemito di dolore.

Sulla soglia comparve un uomo gigantesco, la cui presenza parve rendere l'aria improvvisamente opaca, il cielo oscurato.

Capelli lunghi e scuri venati di grigio, naso simile al becco di un'aquila, lineamenti molto marcati, mento squadrato che faceva pensare a una lastra di marmo tagliata di netto. I suoi abiti erano un catalogo di sfumature del nero, compreso un cappello a tesa larga calcato sulla testa.

Pareva nientemeno che il signore delle tenebre.

Il peggio, però, erano i suoi occhi. Due pozze d'inchiostro, fredde come un cielo notturno a cui abbiano strappato le stelle e la luna. Un abisso dalle profondità inarrivabili.

«Parlate solo quando il grande Walia dei Balti vi interrogherà» annunciò l'uomo che sembrava un roditore. «Una sola parola non richiesta e vi stacchiamo la lingua di netto, parola di Ratto.»

Ligea pianse più forte – era solo una bambina, in fondo – e quello era l'unico suono che si udiva, insieme al soffio del vento gelido che trascinava folti branchi di nuvole.

Gli uomini che si erano radunati intorno non fiatavano, in attesa di ascoltare il loro capo.

«Mandate due messaggeri ad avvisare il nobile salernitano che abbiamo la sua donna» tuonò Walia dei Balti.

«Non sono la donna di nessuno.» Le parole di Trotula risuonarono nette, affilate. E improvvise.

Ratto strinse gli occhi incredulo. Il gruppo degli uomini emise un "oooh" di sorpresa.

Walia strinse i pugni, facendo crepitare il cuoio rigido dei suoi guanti.

«Ti avevo avvisata!» sibilò Ratto. Estrasse un pugnale dalla lama lunghissima, si avvicinò minaccioso a Trotula e alzò il braccio per afferrarla, ma non ci riuscì.

«Azzardati a toccarla e sei morto!» disse qualcuno alla sua destra.

L'uomo che somigliava a un roditore si voltò.

Barliario lo fissava con uno sguardo inflessibile.

«Tu? Piccolo essere schifoso... te ne pentir...» Ratto ormai gli era vicino, ma intervenne Walia.

«Basta così» disse il capo, e il sottoposto si bloccò all'istante.

Walia si mosse con il passo dei giganti, fermandosi davanti a Barliario. Lo scrutò con attenzione.

«Hai fegato, ragazzo. Ma non ti salverà.»

Era la prima volta che qualcuno gli riconosceva del coraggio.

"E forse sarà anche l'ultima" pensò il ragazzo.

«Hai messo gli occhi sulla ragazza, eh?» Non c'era nessuna nota di simpatia in quella domanda. Qualcuno degli uomini intorno si lasciò andare a un risolino di scherno.

Barliario non rispose.

«Io sono Walia. L'ultimo dei Balti. I sovrani visigoti che si presero queste terre.»

Trotula mormorò: «L'avevo detto che erano barbari». Per sua fortuna l'attenzione di tutti era concentrata su Barliario, così non fu ascoltata.

«E loro sono la Compagnia della Forca. Sono come i miei figli, scampati alla morte… e pronti a tutto.»

«Criminali, quindi.» Ora fu Shabbatai a commentare. Sul suo volto era ricomparsa la sua consueta espressione beffarda. Walia voltò lentamente il capo. Inspirò profondamente, creando uno strappo nell'aria.

«Bene, qui abbiamo un altro giovane torello focoso. Tu sei suo amico, vero?» La voce di Walia era un impasto di fango e roccia.

«È come un fratello, darei la vita per lui» rispose subito Shabbatai, per nulla intimorito.

Walia indirizzò un'espressione falsamente impressionata ai suoi uomini, che scoppiarono in una fragorosa risata.

Poi l'energumeno alzò un braccio e calò di nuovo il silenzio.

«Visto che siete come fratelli e avete un sacro fuoco che vi arde dentro, credo che sia giusto darvi un'opportunità. Io apprezzo chi ha fegato, a differenza di Ratto. Sono sicuro che lui preferirebbe una punizione più immediata e scontata.» Guardò l'uomo dalla sciarpa di pelle di roditori, che annuì. «Ma io sono clemente.» Un risolino serpeggiò nella banda. «E ho deciso di concedere ai miei uomini un po' di sano divertimento.»

Gli sguardi cupidi della Compagnia della Forca saettarono in direzione delle due ragazze. Walia lo notò e si affrettò a precisare: «Ci pagano per restituire la donzella dai capelli d'oro sana e salva. Ma visto che nessuno ci paga per riportargli voi due ragazzi, direi che possiamo fare di voi quello che vogliamo».

Barliario e Shabbatai si guardarono preoccupati.

«Ordalia del sacco!» ruggì Walia dei Balti.

Gli uomini-animale, eccitati, alzarono le braccia al cielo gridando all'unisono: «Sacco! Sacco! Sacco!».

7

RISPARMIATE IL VOSTRO FURORE

L'ordalia del sacco era una pratica antichissima. I Visigoti utilizzavano questa prova per determinare la colpevolezza o l'innocenza di un uomo appellandosi al giudizio divino.

Si chiudeva in un grosso sacco di juta il giudicato con un gallo, un cane, un serpente e una capra. Gli si legava una mano dietro la spalla e l'altra veniva armata da una spada corta. Infine si immergeva il sacco nelle acque di un fiume. Se la persona riusciva a liberarsi prima di essere uccisa dalle bestie o di annegare, voleva dire che gli dei avevano stabilito la sua innocenza.

Altrimenti la sentenza avrebbe coinciso con l'esecuzione della condanna.

La variante che avevano previsto per Shabbatai e Barliario era ancora più crudele: i due sarebbero stati chiusi insieme nel sacco, per combattere all'ultimo sangue.

«Solo uno sopravvive» proclamò Istrice, un uomo dalla corporatura tarchiata, pochi capelli e un mantello fatto di una gran quantità di aculei dell'animale di cui portava il nome.

«Uno, uno, uno!» gridarono in coro tutti gli altri.

«E se ci rifiutassimo di combattere?» chiese Barliario.

«Potete, certo» rispose Istrice con un inchino. «Siete liberi di scegliere... la forca» e indicò un primitivo strumento composto da due pali verticali e un terzo orizzontale da cui pendeva il capestro.

«È la nostra specialità» aggiunse Ratto, lisciandosi i baffetti sottili che gli spuntavano sotto al naso.

Walia se ne stava seduto sul trono di legno che aveva fatto portare fuori dalla sua capanna per godersi lo spettacolo.

Tutti gli altri si disposero in cerchio. Lupo portò un grosso sacco, il più grande che i ragazzi avessero mai visto.

Trotula aveva la disperazione dipinta sul volto. Ligea era stata imbavagliata, perché Walia non poteva più soffrire quello che lui definiva "piagnistei".

La medichessa fece un ultimo tentativo: «Oh possente Walia, ti prego, risparmia i miei amici. Se è il denaro che ti interessa, lo avrai. Sono di famiglia nobile, come sai, mio padre pagherebbe ancora di più per aver salvi anche loro».

L'uomo la squadrò da sotto la larga tesa del cappello. Quindi fece un cenno a Ratto, che si avvicinò alla ragazza.

Prima che lei se ne rendesse conto fu raggiunta da uno schiaffo così violento che la guancia le andò istantaneamente a fuoco. Cadde in ginocchio, le mani sul volto.

Barliario ruggì di rabbia. Shabbatai fece per balzare in direzione della sua amica, ma i loro carcerieri ne fiaccarono la protesta a suon di pugni.

In breve furono a terra, malmenati.

«Risparmiate il vostro furore per il combattimento» tuonò Walia, poi spostò lo sguardo su Trotula ancora in ginocchio: «E tu ragazzina, non provare mai più a usare questi trucchetti con me».

La parola "trucchetti" fece balenare un'idea nella mente di Barliario.

Prima di entrare nel sacco riuscì a incrociare lo sguardo di Trotula. Non erano distanti, così la ragazza riuscì a leggere la parola mimata dalle labbra di Barliario.

Extricatum.

Subito dopo i due ragazzi furono trascinati nel sacco, in cui furono gettati i due pugnali di Shabbatai.

«Non preoccupatevi, belle fanciulle» disse ancora Istrice rivolgendosi a Trotula e Ligea. «Non saranno tutti soli nel sacco.» Fece schioccare le dita e un uomo con una stola di volpe tirò fuori da un altro sacco più piccolo due serpenti vivi.

Trotula le riconobbe subito: erano le velenosissime vipere irpine.

Volpe, mediante un lungo ramo, fece scivolare nel sacco le due serpi. Quindi richiusero tutto con una corda.

Poi Walia sbraitò: «Che l'ordalia abbia inizio».

8

UN PESSIMO SENSO DELL'UMORISMO

Dentro al sacco una cosa abbondava, il buio, e un'altra mancava del tutto: lo spazio.

Barliario gridò quando sentì qualcosa strisciargli contro la caviglia.

«Non ti agitare» gli disse Shabbatai «e stai attento a quel pugnale. Meno ti muovi e meglio è.»

Non era facile restare calmi in quella situazione. Le due vipere dal morso letale scivolavano su di loro, nell'oscurità.

«Dobbiamo liberarci delle serpi, Shab... sennò non posso...» disse Barliario, che gli aveva rapidamente accennato al piano.

«Lo so, lo so... ma tu stai fermo» sussurrò l'amico. Era tutto concentrazione, nessuna concessione alla sua consueta ironia.

Un attimo dopo esclamò: «Presa!». Non finì nemmeno di dirlo che aveva già conficcato la lama nel corpo sgusciante della bestia. «E una è andata» disse.

«Riesci a capire dov'è l'altra?» chiese Barliario. Stavano immobili, per non rischiare di irritare il serpente che scivolava sui loro corpi.

«Barl... è qui. Mi sta strisciando sul petto» disse Shabbatai.

«Non muovere un muscolo.»

«Anche se volessi... i miei muscoli fingono di non conoscermi più.»

La paura lo paralizzava.

«Ci provo io.»

Barliario sentiva il sudore scorrergli sulla fronte. Le mani cominciarono a tremare leggermente quando riuscì a scorgere il piccolo serpente addosso all'amico. Gli occhi si stavano abituando alla penombra umida del sacco. Si trattava di capire dove si trovasse la testa, per stare lontano dai suoi denti avvelenati.

«Non per metterti fretta... ma sento la sua lingua che mi sta sfiorando il collo» disse Shabbatai in un soffio.

«Ci sono. Voglio solo essere sicuro che...»

Barliario non completò la frase.

Fece scattare il braccio con rapidità.

La afferrò subito dietro la testa. Era l'unico punto possibile se non voleva essere morso. Il ragazzo sentì il corpo viscido dell'animale contorcersi sotto le sue dita e provò una sensazione di disgusto che non avrebbe mai dimenticato. Ammesso che fosse uscito vivo da lì dentro.

Shabbatai fu rapidissimo e con un colpo magistrale e preciso tranciò di netto la testa del serpente.

Ora potevano finalmente respirare.

Sentivano le voci della Compagnia della Forca gridare intorno a loro. Erano eccitati all'idea del duello fratricida.

«Shab, tu dirai che mi hai ucciso strangolandomi» bisbigliò Barliario.

«Non funzionerà...»

«Hai un piano migliore?»

«Barl, hai visto cosa ti è successo l'ultima volta che hai fatto il tuo giochetto con lo *spectrum*, vero?»

«Uno: non è un giochetto. Due: sento di riuscire a controllarmi. E poi ho questa.» Aprì la mano e la spinse verso l'amico per fargli intravedere la *jais*.

«Una pietra? Che vuoi farci con quella? Pensi di uccidere una dozzina di barbari vestiti da animali feroci con un sassolino nero?»

«Non dire assurdità. Questa mi servirà a ritornare indietro. Me l'ha data Ildegarda.»

«E tu l'hai già provata, ovviamente» ironizzò l'amico.

«Sì... più o meno.»

«Ecco. Forse soffriremo di meno se ci uccidiamo a vicenda e la finiamo qui.»

«Non scherzare, Shab.»

«Non scherzo mai con la morte. Mio nonno dice sempre che la Signora con la falce ha un pessimo senso dell'umorismo.»

Barliario cambiò discorso.

«Quando sarò completamente uscito dal mio corpo, tu dirai che mi hai ucciso.»

«Ammesso che tu ci riesca. E che mi credano. Poi che facciamo? Ti seppelliamo e ce ne andiamo tutti via felici e contenti? E tu ci raggiungerai più tardi, uscendo dalla terra come un morto vivente? O parlerai con Ligea come un Inquieto spiegandole dove si trova il drago, che poi ucciderà noi?»

Breve pausa dopo lo sproloquio nervoso.

«Hai finito?» chiese Barliario.

«No, ma puoi parlare.»

«Bene, allora mettiamoci al lavoro.»

QUANDO SMETTI DI FARTI QUESTA DOMANDA

Questa volta nulla mi tratterrà dal restare nel mio corpo. Non è perché stringo nel pugno la jais della tempestaria.

Non è nemmeno perché si tratta di una questione di vita o di morte.

Sto imparando.

"Il maestro apre la porta, ma tu devi entrare da solo." Così mi disse Arimane, e forse ho capito cosa intendeva.

Il delicato filo d'argento che unisce me e il mio spectrum si tende.

Ancora uno sforzo, poi si strappa.

Vedo i miei stessi occhi guizzare sotto le palpebre chiuse, poi placarsi.

Il mio corpo fisico muore e io fluttuo senza peso.

Questa volta non mi faccio trattenere da nulla. Nemmeno dalle mani invisibili di Arimane.

"Padre, quando si capisce che l'Extricatum sta riuscendo?"

"Quando smetti di farti questa domanda."

Rivedo il momento in cui è avvenuto questo scambio di parole tra me e mio padre.

Smetto con le domande. Mi spoglio dell'incertezza. Le braccia di marmo che vorrebbero ricacciarmi dentro il mio involucro disteso perdono forza.

Afferro le briglie che controllano il mio spectrum, le tengo strette.

Mi volto verso Shabbatai. Sta scuotendo il mio corpo, quello rimasto disteso. Provo a dirgli che adesso deve urlare a tutti che ha vinto. Che io sono morto. Come sempre, dalla bocca mi esce solo un vento freddo. Shab lo avverte, perché si passa una mano sul collo. Chiede qualcosa, ma devo concentrarmi per trovare la sua domanda.

«Sei qui, Barliario? Sei qui intorno?»

Non posso rispondergli, non ho ancora capito come trasformare la brezza in voce. Ci sarà tempo anche per questo.

Esco dal sacco.

Li vedo. Sono tutti intorno che sbraitano, bevono, ridono in attesa del sangue.

Vedo Ligea, rannicchiata, così impaurita che è inutile tenerla legata, perché il terrore le ha disciolto le ossa. E Trotula, che osserva i movimenti nel sacco sempre meno convulsi.

Povera Trotula, questo viaggio ha sconvolto tutte le sue certezze. Eppure continua a lottare per tenersele strette.

So che lei ha capito cosa fare. Siamo nelle sue mani.

Mi libro sempre di più nell'aria che non ha odore, non ha colore, non ha calore. Somiglia al mio animo in questo momento, svuotato di emozioni.

Anche la paura l'ho lasciata in quel sacco, dentro al mio corpo.

9

CIBO PER I VERMI

«Aprite questo sacco! Mio fratello è morto!» Le grida di Shabbatai squarciarono la tela.

Walia comandò di aprire il sacco.

La scena che si presentò davanti agli occhi della Compagnia della Forca ridusse tutti al silenzio. Shabbatai strisciò fuori con le guance rigate di pianto. «HO UCCISO MIO FRATELLO» ripeteva.

«Barliario!» gridò Trotula.

Nessuna risposta.

Cervo e Lupo tirarono fuori il corpo senza vita del perdente.

Shabbatai recitava perfettamente la sua disperazione: le tante emozioni dell'ordalia lo avevano scosso davvero. E vedere il suo amico trascinato via come un fantoccio gli strinse sinceramente il cuore.

Continuava a strepitare che l'aveva ucciso con le sue mani, che lo aveva strangolato, che Barliario si era rifiutato di combattere.

Le parole uscivano rotte, deformate dal pianto.

Trotula cadde in ginocchio con le mani sul volto. Ma sapeva bene cosa doveva fare adesso. Sperava solo che funzionasse.

Walia dei Balti si alzò dal suo trono. «Controllate che sia morto davvero» ordinò.

Fu Istrice ad accertarsene, prima scuotendo senza grazia la testa del ragazzo da un lato all'altro, poi alzandogli un braccio, che ricadde moscio lungo il fianco, e infine assestandogli una pedata al costato senza ricevere reazione.

A reagire fu invece Shabbatai, che vedendo il trattamento riservato al corpo dell'amico fece per gettarsi contro il bandito.

Lupo lo fermò, trattenendolo per un braccio e torcendoglielo dietro la schiena. «Un altro passo e te lo spezzo.»

Shabbatai grugnì di dolore e di rabbia.

Walia dei Balti fece qualche passo avanti e proclamò con tono imperioso: «I nostri dei hanno scelto».

I suoi uomini accolsero il giudizio con urla di approvazione, pugni levati al cielo, ululati e versi selvaggi.

«Che ne facciamo del ragazzo, Walia?» chiese infine Ratto.

«Buttatelo nel dirupo» rispose lui accompagnando le parole con un gesto della mano che esprimeva il suo sdegno.

«Nooo!!!» propruppe la medichessa. Walia si accigliò. Prima che potesse dare un altro ordine, Trotula avanzò e disse con voce ferma e a testa alta: «Voi non sapete chi è Barliario, figlio di Rainardo».

Uno dal gruppo esclamò: «È un ragazzo morto!».

«Cibo per i vermi» aggiunse un altro.

La torma bestiale schiamazzava e ingiuriava.

Trotula restò impassibile. Solo quando Walia alzò un braccio tornò la quiete.

«Al tramonto del sole dietro quelle montagne, lui tornerà in vita» continuò Trotula, approfittando della calma che si era creata. Stava improvvisando e pregò che quel piano potesse funzionare.

«Che stai dicendo?» ruggì l'uomo vestito di nero.

«Avete tentato di uccidere un potente alchimista.»

Dal mormorio che attraversò i presenti, Trotula comprese che quella parola doveva essere a loro sconosciuta. «Un mago che trasforma la materia inerte per renderla preziosa.» La ragazza badò a usare parole altisonanti, per impressionarli. «Lui non è un uomo d'armi, lui non combatte con il ferro delle lame. Barliario, però, possiede il dono delle arti oscure.»

«Trafiggiamolo con le spade e vediamo come si rialza, il mago» propose ridacchiando Ratto. E gli altri si unirono in coro esultando per l'ottima idea.

Il loro capo, però, sembrava pensarla diversamente.

Trotula se ne accorse e lo incalzò: «Potente Walia, ascoltami: non fate ricadere su voi e i vostri uomini la maledizione dell'alchimista. Se profanate il suo corpo non avrete pace. Posso assicurarvelo».

Shabbatai indirizzò uno sguardo di sottecchi a Walia. Su quel volto scolpito nella roccia e nel buio intuì un piccolo segno di indecisione.

Ratto si accostò a Walia e disse: «Per me è ora di sbarazzarci di quel cadavere inutile, uccidere l'altro ragazzo e dare il via alle feste con queste belle donzelle».

Non terminò nemmeno la frase che si ritrovò sollevato da terra. Walia lo aveva preso per il collo in una morsa strettissima.

«Sono IO che dico cosa fare. Sono IO qui che prendo le decisioni. Ti è chiaro, lurido topo di fogna?»

Ratto si era fatto blu per la mancanza d'aria, scalciava a vuoto e provava a liberarsi dalla presa. Tutto inutile.

«Chiaro?!» gli urlò in faccia Walia.

A Ratto non restò altro da fare che raccogliere le poche energie rimaste per annuire. Solo allora il suo capo lo lasciò cadere a terra. Il viscido attendente, a corto di fiato, respirò a profonde sorsate.

Trotula deglutì a vuoto. Se la furia di Walia si fosse indirizzata a lei, niente e nessuno avrebbe potuto salvarla.

IL DOLORE È UN MAESTRO

Sono a due passi da tutto questo e sono lontanissimo.

Vedo la disperazione del mio amico e la forza d'animo di Trotula. Vedo Ligea che è un uccellino smarrito, divorata dal terrore.

Sento la cattiveria che pervade la Compagnia della Forca.

Avverto i pensieri in tumulto di Walia. Ne riconosco i segni: le labbra strette, le dita chiuse a pugno fino a farsi sbiancare le nocche.

È combattuto: i suoi uomini aspettano che lui prenda una decisione. È quello che deve fare un capo. Gli basta tentennare un attimo perché questi bruti non lo riconoscano più come guida.

Nel mio stato non provo emozioni, ma percepisco amplificate quelle degli altri.

Walia si muove verso quello che crede essere il mio cadavere steso a terra. Il corpo che ho abbandonato, nella cui mano è stretta la pietra jais. Incredibilmente, la mia mano di spectrum può sentire le vibrazioni delle sue ali di falena.

Mi accosto a Walia per udire quello che dice.

«Se mi stai mentendo, ragazza, non solo infliggerò la morte a tutti voi, ma lo farò in modo tale che vi pentire-

te di essere nati. Nessuno può prendersi gioco di Walia dei Balti. È chiaro?»

Mi faccio più vicino a Trotula. Vorrei abbracciarla e farle sentire che ci sono.

«Non ti inganno, potente Walia. Aiutatemi a disporre il corpo in un luogo riparato e vedrete con i vostri occhi il miracolo che fu di Lazzaro di Betania.»

«Non credo al vostro Dio» ribatte con sprezzo l'uomo.

«Ma crederete ai vostri occhi quando Barliario, figlio di Rainardo, si rimetterà in piedi sulle sue gambe.»

Shabbatai viene legato un'altra volta e spinto con forza verso Ligea. Il predone vestito da lupo gli dà un calcio dietro le ginocchia, facendolo cadere a terra accanto alla bambina. Lei ha inzuppato di lacrime il bavaglio che porta stretto intorno alla bocca.

«Ti ostini a maneggiare uno strumento che non ti appartiene.»

Non ho bisogno di voltarmi verso la voce densa e roca alle mie spalle.

So a chi appartiene.

Arimane.

«Sto imparando» rispondo, privo della paura che avrei se fossi nel mio corpo fisico.

«Ti illudi.» Le sue parole sono un colpo di rasoio.

La voce adesso è più vicina. Tutto si è fatto opaco. Non distinguo più i volti, le persone: sono diventate sagome indistinte.

«Siete voi a fare tutto questo?»

«È il tuo Extricatum, non il mio.»

Sono tenebre dalle fauci spalancate.

Mi giro a fatica.

È davanti a me. Vedo solo lui, la sua sagoma incappucciata. Tutto il resto si dissolve: l'accampamento, i miei amici e i miei nemici, i suoni intorno a noi. I colori. Ogni cosa svanita nella massa nera generata dalla presenza di Arimane.

«Perché siete qui?» gli chiedo.

«Guarda cosa stai facendo ai tuoi amici. Li hai condotti in un'avventura che non finirà bene per nessuno. Nel Draconis Chronicon si dice: "Il dolore è un maestro silenzioso".»

Resto muto, in attesa che mi riveli il senso di quelle parole.

«È vero, stai imparando... ma credi a me: questo maestro ha ancora tanto da insegnarti. E adesso è troppo tardi per tirarti indietro.»

Poi le tenebre cominciano a diradarsi, lasciando intravedere di nuovo il mondo circostante.

«Non ho paura di voi, Arimane.» Ma non è del tutto vero.

«Non devi temere me, ma te stesso.»

Si allontana senza voltarsi e io ho la netta sensazione che questo non sia solo il mio Extricatum

È anche il suo.

10

USSKARJAN

Né Walia dei Balti, né la Compagnia della Forca avrebbero mai dimenticato ciò che avvenne al tramonto.

Da poco la radura si era incendiata della luce rossa del sole morente. Le montagne si stagliavano sempre più nette come denti appuntiti, in lontananza.

Presto l'ombra della sera si sarebbe impadronita di tutto.

Il grande fuoco ardeva al centro dell'insediamento avvampando, tra piogge di scintille e fiamme altissime, l'aria carica di attesa.

Le canaglie di Walia si erano zittite. Della sbruffonaggine di poco prima non era rimasto nulla. Erano a disagio, assiepati intorno alle fiamme, sorvegliati dallo sguardo severo del loro capo. Pur non avendo nessuna fiducia nel miracolo, la loro natura superstiziosa li teneva in allarme.

Dall'altra parte del falò sedevano, legati, Shabbatai in preda all'angoscia e Ligea con il capo sulla sua spalla, gli occhi chiusi nonostante fosse sveglia.

«Non ci sono i tuoi fantasmi qui intorno, per darci una mano?» chiese il ragazzo.

Lei non rispose, se non con una lieve scrollata della testa. Era stata liberata dal bavaglio, tanto non aveva più la forza di piangere e lamentarsi.

Trotula invece aveva chiesto di vegliare su Barliario nel

capanno dove il suo corpo era stato disposto su un fetido giaciglio fatto di rami intrecciati, foglie vizze e paglia infestata di muffa.

Walia aveva acconsentito alla presenza della medichessa, ma volle che dentro ci fosse anche Istrice, una sorta di guaritore della compagnia.

«Il tuo amico è stecchito. Fattene una ragione» le disse quest'ultimo. Poi s'infilo un dito nel naso per rovistare nella lercia cavità.

Trotula trattenne il suo disgusto e rispose: «Lui ha imparato a ingannare la morte».

Istrice si guardò il dito sporco e se lo ripulì sulle brache di tela grezza.

«Non inganna un bel niente. Hai sentito la pelle fredda? E non hai visto che s'è fatto bianco come un cencio?» Fece seguire un rumore gutturale e sputò a terra.

"Per fortuna quest'imbecille non sa nulla di medicina, se avesse sentito il polso avrebbe notato il battito debole e avrebbe capito che si tratta di una falsa morte" pensò Trotula.

«Tu spera solo che Walia sia di buon umore quando uscirai da qui senza il tuo amichetto al seguito» disse Istrice, «sennò scoprirai che a volte la morte non è la cosa peggiore che può capitarci.»

A quelle parole la medichessa raggelò, e sperò davvero che Barliario ritornasse presto.

Lei non poteva saperlo, ma il suo *spectrum* era già lì. Ed era pronto a tornare nel fodero di carne da cui era uscito.

Trotula se ne accorse un momento dopo, quando notò un leggero movimento nelle dita dell'amico. La pietra nera che stringeva in mano aveva preso a vibrare.

La ragazza si alzò in piedi di scatto. Il guaritore della compagnia restò al suo posto, troppo occupato a pulirsi le orecchie con un dito.

«Che ti prende?» disse Istrice.

Trotula non rispose, e si limitò a indicare il giaciglio con un'alzata del mento. Istrice spostò lo sguardo in quella direzione. Inizialmente non vide nulla, ma quando notò le dita del ragazzo agitarsi si immobilizzò in una posa ridicola e disgustosa allo stesso tempo: la bocca spalancata, il dito mignolo infilato quasi per intero nel padiglione auricolare sinistro, gli occhi sgranati.

«Porca la miseria ladra...» imprecò con un mormorio una volta recuperato l'uso della mascella. «Non è possibile.»

Si alzò e indietreggiando uscì dalla capanna, senza mai distogliere lo sguardo da Barliario.

Trotula si precipitò dall'amico. Lo aiutò a mettersi seduto.

«Sei tornato, Barl.»

Lui la guardò con occhi che apparivano persi in chissà quali distanze. Pian piano però recuperò la normalità dello sguardo.

Solo allora annuì.

«Come stai?» chiese Trotula.

«Ho sete.»

La ragazza gli allungò un otre.

In quel momento Walia comparve sulla soglia. Dietro di lui s'intravedevano alcuni dei suoi uomini, che si ritirarono spaventati appena videro il morto redivivo. Il loro vociare era pieno di stupore e di terrore e di una parola che rimbalzava di bocca in bocca: *usskarjan*.

Walia mandò via i pochi che in preda alla curiosità ancora erano rimasti. Poi si rivolse a Trotula con un comando imperioso.

«Esci da qui. Voglio restare solo con l'*usskarjan*.»

Quella parola sapeva di sacro e di antico.

Trotula gli passò accanto e l'uomo le sembrò meno imponente.

Nella capanna restarono soli, Walia e Barliario.

Il ragazzo provò ad alzarsi. Anche se le gambe erano ancora deboli, riuscì a mettersi in piedi.

Walia non si mosse. La sua espressione non lasciava trapelare nulla. Era una roccia su cui il fuoco acceso proiettava luci rossastre e ombre scurissime. Niente di più.

Poi fece qualcosa di inatteso, che sorprese molto Barliario.

S'inchinò su un ginocchio.

E disse: «Perdonami *usskarjan*, non potevo sapere».

11

NON SI SCONFIGGE L'ECLISSE

"Il silenzio è un recinto intorno alla saggezza."

Barliario rammentò questo antico proverbio che gli aveva rivelato il padre, una sera di qualche anno prima.

Ricordava sempre con incredibile precisione le sue parole.

"Tieni a bada la lingua quando non sei sicuro di quello che dirai. È più sensato ascoltare. Ed è più sicuro." Questo voleva dire il proverbio.

Barliario lo stava mettendo in pratica di fronte al capo degli uomini-bestia.

Allora Walia continuò a parlare, restando in ginocchio. Senza guardarlo negli occhi.

«Chi torna dal mondo dei morti non è un semplice mago... nella lingua dei miei antenati visigoti lo chiamiamo *usskarjan*. Colui che si risveglia da qualcosa di brutto o...» ebbe una esitazione «da qualcosa di malvagio.»

"Qualcosa di brutto" ripeté nella sua mente il ragazzo. "Non è così lontano dalla verità."

«Alzati, Walia dei Balti» disse Barliario.

Il capo si mise in piedi e per la prima volta si tolse il cappello. Una grossa cicatrice apparve sulla sua fronte. Una ferita di guerra mal ricucita.

«Dove eravate diretti quando vi abbiamo catturato?» chiese Walia.

«Alle paludi intorno a Volturara.»

A quelle parole, l'uomo serrò le mascelle. «Perché? Sono luoghi inospitali e terribili.»

Barliario non sapeva se poteva fidarsi. Quella banda di criminali non aveva avuto nessuna pietà nel far del male a tutti loro. Aveva un vantaggio adesso e non voleva sprecarlo, consegnandogli una verità che avrebbe rivelato la loro missione. Passò al contrattacco con un'altra domanda.

«I vostri uomini hanno avvisato il nobile di Salerno che siamo qui?»

«Ermanno, figlio di Helmichis. Sì, lo hanno avvisato. Due messaggeri sono partiti per raggiungerlo.»

«Tra quanto saranno qui?»

«Prima che il sole raggiunga lo zenith di sicuro. I nostri cavalli sono veloci ma i suoi ancora di più.» Fece una breve pausa. «Ma posso assicurarti che non sarete più miei prigionieri. Sarebbe un insulto agli dei tenere un *usskarjan* in catene.»

Barliario osò: «Ti chiedo di più, Walia».

L'uomo restò in attesa.

«Potete scortarci fino alla nostra meta? Nessuno come voi, immagino, conosce queste strade e i pericoli che si annidano ovunque, non tanto per me...» Come era piacevole apparire forte! «Ma penso ai miei compagni di viaggio.»

Walia annuì e rimise il cappello sulla folta zazzera nera. Fissò i suoi occhi d'abisso in quelli di Barliario.

«Vi scorteremo fino alla soglia delle paludi.» Si calcò di nuovo il cappello sulla testa. «Siete alla ricerca del leggendario tesoro del drago?»

La domanda spiazzò Barliario.

Scosse la testa.

«No. È una questione di vita o di morte.»

L'uomo cambiò espressione.

Barliario avrebbe giurato che fosse impallidito.

«Con Sauil Reqis è sempre questione di vita o di morte» disse Walia.

«Tu conosci la Bestia?» chiese il ragazzo.

L'altro fece un cenno di assenso. «Molto più di qualsiasi uomo in queste terre.»

Barliario aveva mille domande in testa, ma non riuscì a tirarle fuori.

«Quali sono le vostre intenzioni?» chiese invece Walia.

«Sconfiggerlo e raccoglierne il fuoco.»

Confessare la sua missione a voce alta diede a Barliario una vertigine. Si sentì vacillare, non sapeva bene il motivo.

Walia sbottò con qualcosa simile a una risata triste. «Non si sconfigge l'Eclisse.»

«Cesio l'ha fatto.»

«Cesio?» Walia si accigliò.

«L'eroe che liberò Volturara dal drago, come è scritto nel *Draconis Chronicon.*»

Per un momento calò il silenzio. L'uomo e il ragazzo si fronteggiavano. Poi il capo visigoto socchiuse gli occhi. «Mettere per iscritto una storia la deturpa, quando non la uccide completamente» disse. «Il *Draconis* è una menzogna.»

12

CON TE ANCHE ALL'INFERNO

Carne, finalmente.

Il gusto della cacciagione arrostita sul fuoco aveva un sapore capace di sciogliere la fatica e far dimenticare – quasi – tutte le peripezie vissute fino a quel momento.

Shabbatai non finiva un cosciotto di lepre che subito passava a un altro pezzo, un boccone dietro l'altro, con una voracità degna di un predatore affamato.

«Mangi in maniera disgustosa, te l'hanno mai detto?» gli disse Trotula.

Shabbatai rispose mentre masticava. «Sì, certo...» Parole mescolate al cibo e piccoli meteoriti di carne che sputava parlando: «... Ma io non mi curo di queste maldicenze».

Ligea e Barliario risero a quel teatrino. Il buon umore però non era condiviso dagli uomini della Compagnia della Forca, che si erano trincerati in un cupo silenzio.

Walia attese che i ragazzi si fossero rimpinzati per bene.

«Pronto?» si rivolse a Barliario. «Voglio mostrarti qualcosa che cambierà il senso del tuo viaggio.»

Barliario si prese qualche istante per digerire quelle parole. I suoi amici lo guardarono, anche loro in attesa.

«Io non vado da nessuna parte senza di loro» annunciò l'*usskarjan*.

«Come vuoi» disse piano Walia.

Quindi fece un cenno a Ratto perché portassero una torcia di fuoco per ognuno dei ragazzi. L'uomo obbedì, visibilmente contrariato. Per un attimo fece cadere lo sguardo su Barliario, ma lo distolse subito.

«Viaggiare di notte non è pericoloso?» chiese Trotula.

«Lo è» replicò Walia.

Ligea esitava. Non voleva lasciare l'accampamento. Alla fine si convinse, quando Shabbatai la prese per mano e la rassicurò: «Sei con me, potrebbe mai accaderti qualcosa di male?».

Lei strinse gli occhi e replicò: «Se dico di sì ti offendi?».

Lui fece finta di essere colpito al cuore. Ligea sorrise. Shabbatai aveva ottenuto l'effetto desiderato.

«Allora, compagnia, chi viene con noi?» chiese con voce tonante Walia ai suoi uomini.

Non uno rispose.

Non temevano il tragitto o i pericoli della notte. A terrorizzarli era la presenza del Risvegliato. Avrebbero affrontato mille lance acuminate piuttosto che camminare accanto a chi si era preso gioco della morte.

Erano uomini superstiziosi.

«Branco di vigliacchi» sibilò tra i denti il loro capo, poi diresse lo sguardo su Cinghiale. «Nemmeno tu?»

Era il più forte e anche il più brutto a vedersi. Un autentico barbaro tutto muscoli e lerciume.

«Se me lo comandi vengo con te anche all'inferno, potente Walia» rispose lui. «Ma certo non danzo di gioia all'idea.» E lanciò uno sguardo fugace a Barliario.

«Nessuno ti ha chiesto di farci vedere come balli. Prendi la torcia e vieni con noi.» Poi il capo si rivolse alla compagnia. «Voialtri... avanzi di fogna, attendete qui e badate bene a non far spegnere il fuoco. Tenete lontane le bestie selvagge. Mi scoccerebbe molto raccogliere le vostre viscere in giro per l'accampamento.»

I ragazzi rabbrividirono a quelle parole, anche se Shabbatai trovò che l'immagine avesse un certo fascino.

«Ci sono i lupi nel posto dove andiamo?» chiese Ligea con un filo di voce.

«Sono dappertutto» rispose aspro Cinghiale.

Istintivamente la ragazzina si strinse a Shabbatai.

La carovana dei sei prese un sentiero che si incuneava nel bosco come una spina nel fianco di un corpo scuro. Procedevano lenti, compatti, senza dire una parola.

Walia guidava la spedizione, Cinghiale era in coda a proteggere le loro spalle. Intorno, di tanto in tanto, un ululato squarciava il velo della notte e raggelava il sangue.

Dopo un tempo che parve infinito sbucarono dinanzi a una bassa costruzione dal tetto spiovente, in parte diroccata, quasi del tutto nascosta da un groviglio di vegetazione selvaggia. La zona era deserta.

«Che cos'è questo posto? Una specie di tempio?» chiese Barliario. Tutti quanti puntarono le torce incandescenti verso l'edificio.

Il vento teso e freddo faceva piegare le fiamme. E sibilava quasi fosse una creatura vivente che lancia un avvertimento.

«Venite» disse Walia. Larghe pietre tagliate di piatto spuntavano dal terreno, coperte da fitti strati di muschio. Erano resti della costruzione, di sicuro.

«Questa è un'antichissima tomba» disse il capo della compagnia.

«E ti pareva: visita al camposanto di notte. Cosa ti aspettavi da un tizio così?» sussurrò Shabbatai a Barliario.

Cinghiale restò in disparte, indietreggiando invece di avanzare.

«Perché ci hai portato proprio su una tomba? Cosa c'entra con il *Draconis*?» chiese Barliario.

«Qui è sepolta la verità.» Walia inspirò con solennità. «Qui giace chi prevalse sul drago.»

13

OGNI PARETE RACCONTA

Nel breve e stretto corridoio si respirava un'aria ferma, impregnata di muffa, di umidità, di cose dimenticate.

Arrivarono a una soglia. Walia si fermò per un attimo prima di varcarla. I ragazzi, con Barliario in testa, lo seguirono.

Con grande stupore si ritrovarono tra pareti completamente affrescate. Il tempo aveva infierito sui colori e intaccato i disegni scrostati, ma ancora si intuivano la bellezza e la ricchezza originali.

«Ogni parete racconta uno dei quattro elementi primordiali» osservò Trotula, colma di ammirazione.

Le indicò a una a una con il dito: acqua, terra, aria e... infine, sul muro più distante, contro al quale si stagliava la figura imponente di Walia con la torcia in mano, un incendio e in mezzo un grande drago.

«Fuoco...»

E di fronte alla Bestia, in piedi: «Una donna?!» esclamò Barliario.

Walia annuì. «Avvicinatevi.»

Mentre passo dopo passo Barliario si accostava alla parete, nella cui parte bassa notò una nicchia profonda, gli tornarono in mente le parole di Arimane.

"Terra, aria, acqua e fuoco: gli elementi primordiali racchiusi nell'anima del drago sono troppo potenti per essere conosciuti e vinti dall'uomo. Possedere anche solo una di queste forze che vivono in Sauil Reqis può servire a mutare la materia. A fermare lo scorrere del tempo."

«Questa è la tomba di Alcesi, colei che domò il drago» disse Walia puntando il dito verso la figura della donna: capelli biondi e lunghi, vestita di una lunga tunica bianca. Un'espressione serena e concentrata. E soprattutto, Barliario notò un diadema che le cingeva il capo. Un diadema a forma di drago.

"La ragazza salvata da Cesio?" si chiese, confuso.

Il fuoco intorno a lei sembrava non spaventarla.

E non la spaventava Sauil Reqis.

«Il *Draconis Chronicon* è stato scritto da gente che ha travisato la vera storia. Il drago non fu portato dalla mia gente. Era già nelle paludi di Volturara, da tempo immemore.»

Barliario rimase senza parole. Quella rivelazione di Walia metteva in discussione la storia raccontata da Arimane. E forse, tutto il resto...

«Fu la nostra sacerdotessa e protettrice, Alcesi, a fermare la Bestia. Solo dopo, chi ha tramandato la storia ne ha tramutato il nome in Cesio e deformato gli eventi.»

«Più comodo pensare che fosse stato un maschio» commentò Trotula.

«In effetti, una donna che sconfigge una Bestia del genere...?!» Con questa affermazione Shabbatai si beccò una gomitata nelle costole dalla medichessa. «Ahio!» sbottò.

«Ben ti sta» aggiunse Ligea con un sorriso.

Barliario intimò ai suoi amici di smetterla.

Walia proseguì. Indicò un'incisione posta sopra la profonda nicchia, simile alla stretta imboccatura di un camino, dove una volta erano conservati i resti della sacerdotessa.

«Cosa sono queste linee?» chiese incuriosito Barliario.

«*Azgabairra*, alfabeto gotico. Giusto?» commentò Trotula.

Walia la guardò ammirato. «E tu come fai a saperlo?»

«La ragazza passa tutto il suo tempo a studiare» intervenne di nuovo Shabbatai. «In particolare un vecchio di nome Plinio.»

Trotula lo incenerì con lo sguardo.

«È la lingua dei miei antenati» rispose Walia. Poi cominciò a tradurre la sequenza di forme e di linee che formavano l'iscrizione: «Questa è la dimora di Alcesi, che domò l'Eclisse con il sortilegio del chiodo e la spense con il dono dell'*Anbar*».

Le sue parole sollevarono mormorii di sorpresa e di perplessità. Trotula aveva seguito con occhi scintillanti di curiosità e ripeteva sull'orlo delle labbra le parole che Walia estraeva dai segni gotici.

«L'*Anbar*» disse alla fine Barliario. «Anche il *Draconis* ne parla...»

Barliario avvertì un brivido, forse stava per ottenere la chiave del mistero consegnatogli da quel demonio di Arimane.

Walia scosse piano la testa. «*Anbar* è l'Altro, ma il vero senso ormai è andato perduto. Una cosa è certa...» Lasciò la frase in sospeso per un attimo. «Alcesi era una *usskarjan*, una risvegliata... proprio come te.»

Guardò Barliario.

«Sei un pezzo grosso, fratello» mormorò Shabbatai.

Barliario annuì, per niente divertito. Era confuso. Cercava di elaborare velocemente tutte quelle informazioni. Alcesi praticava l'*Extricatum*? E cosa c'entrava questo con il cosiddetto "dono dell'*Anbar*"?

«Un momento... cos'ha in mano?» chiese Trotula avvicinandosi al dipinto quasi a sfiorare con il naso la figura della sacerdotessa. Anche Ligea si accostò per osservare il dettaglio: nella mano della donna dipinta si poteva vedere una specie di foglio o una pergamena. Troppo rozzo il tratto per capire con esattezza cosa fosse.

«Quello è il *ganagljan*. Nella lingua dei goti è appunto il sortilegio del chiodo.»

In quel momento si sentì un rumore di passi.

«Chi va là?» chiese Walia sguainando la spada.

Dopo qualche istante, sulla soglia comparve Cinghiale. Aveva un'espressione strana, assente.

«Cinghiale. Che succede? Pensavo non volessi entrare.»

L'uomo emise un rantolo. Alzò un braccio. Strabuzzò gli occhi.

«Tradim...» cominciò a dire, ma il fiato non gli bastò per completare la parola.

Rovinò in terra con un tonfo terribile.

Trotula si precipitò a prestargli soccorso. Ligea lanciò un grido.

«Per tutte le daghe degli Ottomani» disse Shabbatai, esterrefatto.

Cinghiale aveva una freccia nella schiena.

Era stato ucciso.

14

OGNUNO HA IL SUO DESTINO

Successe tutto in pochi caotici istanti.

Walia disse ai ragazzi di non muoversi di lì. Dopo l'iniziale sgomento, reagì con furia.

Shabbatai non riuscì a eseguire l'ordine. Lui al richiamo della battaglia proprio non riusciva a resistere.

Barliario chiese a Trotula di occuparsi di Ligea e si precipitò a raggiungere i due combattenti.

Fuori dalla tomba c'era la Compagnia della Forca.

Alcuni di loro avevano già incoccato le frecce ed erano pronti a tirare. Walia se ne accorse giusto in tempo. Una pioggia di punte acuminate lo investì in pieno e se non fosse stato svelto – e incredibilmente agile, nonostante la sua mole – a rientrare nella tomba, non ci sarebbe stato scampo per lui.

«Maledetti traditori!» gridò con una rabbia che gli deformava il volto. «Sei tu, Ratto schifoso, non è vero? Sei tu che me li hai rivoltati contro.»

«Non mi è stato difficile» sibilò l'altro. «Hai superato ogni limite portando quella creatura alla tomba della sacerdotessa. Dovevamo eliminare il Risvegliato e i suoi amici quando potevamo. Ma rimedieremo.»

«Tu dovresti chiamarti serpe, non Ratto» tuonò Walia.

«Ti farò pentire, vi farò pentire tutti quanti di questo oltraggio al vostro signore.»

«Non sei più il nostro signore! È arrivata la tua ora, o potente Walia dei Balti.» Nel tono con cui aveva pronunciato il suo nome c'era scherno e disprezzo. «E pure quella dei tuoi nuovi amici.»

I due ragazzi erano dietro l'uomo. Avevano sentito chiaramente il sibilo delle frecce che si erano conficcate nel terreno o che avevano scalfito le pietre intorno a loro.

Quella non era una battaglia che potevano combattere. Né tantomeno vincere.

Walia si mise su un ginocchio per arrivare a guardare Barliario negli occhi. «Ascoltami bene, *usskarjan*... la nicchia della sacerdotessa... non è un letto funerario. Non solo. È un passaggio segreto che vi porterà dall'altra parte della tomba. Neanche i miei uomini...» si corresse «neanche quei farabutti là fuori lo conoscono. Costeggiate per un paio di giorni di cammino il Rio Secco, è un corso d'acqua che troverete all'uscita: vi condurrà nella piana del dragone. Sarete così arrivati alle paludi.» Breve pausa: «Sempre che risvegliare Sauil Reqis è ciò che desideri davvero».

«Più di ogni altra cosa al mondo» rispose risoluto Barliario.

«E sia, ma ricorda, giovane Risvegliato: ciò che desideriamo non sempre è la cosa giusta per noi.»

Barliario restò senza parole.

«Ora va'.»

«Walia, tu non vieni con noi?» disse Barliario.

«Porterò con me all'inferno quanti più uomini mi sarà possibile. I Balti non perdonano un tradimento. Mai.»

«È una follia, scappa con noi» replicò il ragazzo.

Shabbatai poggiò una mano sulla spalla dell'amico: «Lascia stare Barl, Walia sa quello che fa».

Il discendente dei re visigoti non avrebbe mai scelto la via della fuga.

Walia annuì e disse: «Ognuno ha il suo destino, *usskarjan*. Io accetto il mio, tu vai incontro al tuo a testa alta». Poi fece roteare la sua spada, che catturò la luce delle torce, scintillando.

E dicendo questo si lanciò fuori nella notte con il suo feroce grido di battaglia.

Fu l'ultima volta che videro vivo Walia dei Balti.

15

LE PORTE NON MI HANNO MAI TENUTO FUORI

«Entrate là dentro» gridò Barliario indicando la nicchia nella parete.

«Che sta succedendo?» chiese Trotula.

«Non c'è tempo, ora. Dentro la nicchia, forza!» ribadì lui.

Shabbatai afferrò la mano di Ligea e l'aiutò a entrare nella scura cavità dove era ritratta Alcesi che doma il drago.

«Non voglio... ho paura» protestò Ligea.

«Ci siamo noi qui con te, non preoccuparti. Non possiamo restare... dobbiamo andare subito.»

Ligea aveva paura di tante cose, ma soprattutto del buio e degli antri oscuri. I mesi di prigionia nella caverna di Vulferio avevano segnato la piccola negromante.

«Ti prometto che non ti accadrà nulla di brutto» le sussurrò Shabbatai, dolce. «Vado io per primo. Tu seguimi.»

Ligea fece come gli aveva detto il suo angelo custode.

«E Walia?» chiese Trotula a Barliario prima di incunearsi a sua volta.

Lui scrollò la testa.

Lei capì.

Erano tutti e quattro dentro lo stretto cunicolo, avanzavano carponi il più velocemente possibile.

«C'è una porta qui» disse Shabbatai.

«Chiusa?» chiese Trotula.

«Sì. Non si apre.»

«Che succede?» La domanda arrivò dal fondo. Era Barliario che chiudeva la fila. Già da un po' sentiva rumori alle sue spalle: schiamazzi, voci gelide e rauche, trame-stio di passi. Gli uomini della compagnia erano penetrati nella tomba.

«Il passaggio è chiuso» disse Shabbatai.

«E ora cosa facciamo?» Nella voce di Trotula vibrava una punta di angoscia.

«Le porte non mi hanno mai tenuto fuori...» replicò con fare da sbruffone Shabbatai «Ci penso io.»

«Svelto, Shab» lo incitò Trotula.

Il ragazzo si stese sulla schiena e caricò le gambe per sferrare un calcio a piedi uniti.

La botta fu potente e il legno saltò via.

Il rumore però non sfuggì ai gaglioffi nella stanza.

«Sono da questa parte! Nella nicchia!» gridò uno di loro.

«Io non ci entro, lì dentro» disse un altro.

«Io neppure» fece eco una voce che forse era di Istrice. «Non profano la tomba della sacerdotessa.»

Bisognava approfittare della loro incertezza e delle loro credenze. E poi i ragazzi avevano un vantaggio: l'incavatura forse era troppo angusta per quegli uomini così grossi.

I quattro fuggitivi ripresero a scivolare dentro il condotto, in un buio assoluto che non lasciava trapelare nemmeno una forma.

Dopo un po' Barliario si voltò all'indietro: ebbe l'impressione di non essere più solo.

«Che c'è?» chiese Trotula accorgendosi dell'incertezza dell'amico.

«Un momento. Uno di loro deve essere entrato.» Tese l'orecchio. Non era sicuro di quello che sentiva, meglio essere prudenti. «Veloci! Fuori di qui! C'è qualcuno» strillò Barliario. L'avvertimento ebbe su Ligea l'effetto opposto. La paura, ancora una volta, la paralizzò. Non si muoveva, nonostante le preghiere di Trotula.

«Ligea, muoviti!» gridò Barliario.

Si pentì subito di averla trattata a quel modo, ma funzionò. Ligea prese un profondo respiro e si diede una mossa.

Dietro di loro il predatore non parlava, ma i suoi ansiti arrivavano minacciosi.

«Il pavimento si sta inclinando» avvertì Shabbatai a un certo punto.

La pendenza in effetti si faceva sempre più pronunciata man mano che avanzavano.

Ora scivolavano tutti e quattro sul piano inclinato.

Barliario sperò che l'uscita fosse vicina. L'inseguitore stava arrivando.

Il suono delle mani e dei piedi preannunciava il suo imminente arrivo. Una nuova sorpresa li stava aspettando.

Il condotto si stava stringendo a imbuto.

«Credo che ci siamo quas...» La frase di Shabbatai non si concluse perché in quel momento il piano si trasformò in un vero e proprio scivolo. Prima lui e a seguire tutti gli altri piombarono verso il basso.

L'improvvisa caduta strappò loro urla terrorizzate.

Cadendo uno sopra l'altro si ritrovarono schiacciati contro un intrico di rami. Shabbatai imprecò nella lingua dei suoi avi.

«Presto, muoviamoci» gridò Barliario. Né lui né gli altri potevano vedere chi fosse alle loro spalle, ma il ragazzo era sicuro che da un momento all'altro il loro cacciatore sarebbe precipitato su di loro.

Shabbatai estrasse uno dei suoi pugnali. Cominciò a tagliare, strappare, lacerare, spezzare, ramo dopo ramo, con frenesia crescente.

Ligea gli dava una mano.

Barliario era attento allo scivolo da cui erano caduti. Si aspettava l'uomo già armato di spada e dal ghigno efferato.

Forse Lupo o Cervo. No, troppo grossi, non sarebbero mai passati da quel budello. Chissà, magari Ratto in persona.

Comunque tutto taceva, adesso.

«Sei sicuro che ci fosse qualcuno?» chiese Trotula. Avrebbe dovuto già spuntare alla fine del piano inclinato.

Barliario disse di sì, ma non era certo di quello che aveva sentito.

«Forza, ci siamo quasi» annunciò trionfante Shabbatai. A lui e alla negromante si unirono anche Trotula e Barliario, per strappar via gli ultimi rami che ostacolavano il passaggio.

Il varco si aprì. La timida luce della notte si fece largo. Fu come riprendere a respirare.

Sgattaiolarono fuori.

Erano salvi.

Almeno per il momento.

IL CAVALIERE

1

MAI SENTITO PARLARE DELL'ALBERO WAK-WAK?

«Oh no, la mia pietra!» disse Barliario mentre si tastava le tasche delle brache. «Non c'è più. L'ho persa.» La sua voce si riempì di angoscia.

«Che stai dicendo?» chiese Trotula. Ligea e Shabbatai si avvicinarono.

«La *jais* che mi ha dato la tempestaria. Deve essermi caduta nel cunicolo.» Barliario continuava a palparsi dappertutto in cerca del prezioso amuleto. Si mise a quattro zampe per cercare a terra. Ripeteva ossessivamente: «Come farò a tornare dall'*Extricatum* senza la pietra?».

Gli altri si misero a perlustrare il terreno insieme a lui. Era un'impresa disperata, tra i rami, i ciottoli, e per di più nel buio della notte.

«Devo tornare indietro» concluse alla fine il ragazzo.

«Barliario, ragiona. È impossibile. Non la troverai mai» disse Trotula.

«E poi dobbiamo muoverci subito. Non possiamo restare qui» aggiunse Shabbatai.

«Voi non capite. Sono perduto, senza la pietra.» Barliario era disperato.

Trotula lo afferrò per le spalle e lo costrinse a farsi guardare negli occhi. «Se non ce ne andiamo in fretta saremo tutti perduti. Lo capisci?» Alzò una mano verso l'uscita del budello che avevano attraversato. «Ormai sanno dove siamo. Non possiamo perdere un istante.»

«Mi addolora ammetterlo, ma Trotula ha ragione, amico mio. La pietra è perduta, non doveva succedere, ma è successo. Vuol dire che ne farai a meno.» Dopo un attimo di silenzio, aggiunse: «E farai a meno anche dell'*Extricatum*».

Senza l'*Extricatum* la missione, già difficile, diventava disperata; Barliario si sentiva svuotato, incapace di muoversi e di agire.

«Vi prego, non restiamo qui.» La debole implorazione di Ligea li scosse.

«Andiamo, Barl. Dobbiamo seguire il torrente, come ha detto Walia» intervenne Shabbatai.

L'uomo non aveva mentito: il ponte e il corso d'acqua c'erano davvero.

Barliario esalò un lungo respiro. «Allontaniamoci da qui e cerchiamo un riparo» disse infine.

«Ecco come parla un capo» approvò Shabbatai.

Trotula rivolse a Barliario un sorriso simile a una carezza impalpabile.

Cominciarono a costeggiare il torrente.

Camminare nella notte era un'esperienza durissima. Non avevano torce, non avevano più le loro bisacce, non avevano idea di cosa si muovesse intorno a loro.

A peggiorare la situazione, gli ululati di lupi lontani. I canti notturni di uccelli ombra. Rumore di rami secchi, di foglie smosse, di passi invisibili.

La natura, di notte, indossava la sua maschera più inquietante.

Erano tutti stremati. Barliario rimuginava continuamente sulla propria inettitudine, che gli aveva fatto smarrire l'oggetto più importante.

All'improvviso Trotula si fermò: «Ho un'idea».

Gli altri si bloccarono, per ascoltarla.

«Qui non ci sono ripari adeguati ed è troppo pericoloso continuare a camminare così... al buio.»

«Ci stai proponendo di volare?» scherzò Shabbatai.

«La smetti una buona volta di dire sciocchezze?» lo rimbeccò Trotula.

«Impossibile, Trotula. Credimi. Sono anni che lo imploro» intervenne Barliario.

«Fatela parlare, per favore.» Nella voce di Ligea c'era l'esasperazione di chi sta crollando.

«Alberi» annunciò Trotula. «Arrampichiamoci su un albero dai rami robusti e riposiamo lì.»

«Ecco, lo sapevo, devi avere preso una botta tremenda quando siamo scivolati giù...» scherzò ancora Shabbatai.

«No, aspetta» disse Barliario. «Ha ragione. Lì sopra saremo al sicuro.»

«Certo, a meno di non finire su un Wak-wak» disse il ragazzo della Judaica. Tre paia d'occhi sgranati si fissarono su di lui a interrogarlo. Shabbatai arretrò di un passo e disse: «Non ditemi che non avete mai sentito parlare dell'albero Wak-wak».

«Io mai, e ti assicuro che alla Scuola Medica la botanica è la materia principe.»

«L'ho sempre detto che studiare è del tutto inutile» replicò Shabbatai, che appariva davvero sorpreso. «È un albero che genera esseri umani mostruosi. Come frutti, che quando sono maturi si staccano e cadono a terra gridando "wak-wak".»

Trotula lo fissò con lo sguardo che si riserva a un mentecatto. Poi prese la mano di Ligea e lo oltrepassò, senza degnarlo di uno sguardo. Barliario si limitò a scuotere la testa desolato e passandogli accanto mormorò: «Wak-wak... ma dai, Shab...».

«Che c'è?! Non ci credete?»

2

LA DOMANDA GIUSTA

Ligea fu svegliata dalla pioggia, lieve e insistente.

Picchiettava sulle foglie con un martellare leggero. Quel suono le ricordò le mattine in cui era ancora una bambina a Montemarano e dalla sua finestra osservava il giardino in autunno.

Era una musica familiare, che per qualche momento le fece dimenticare che stava dormendo su un albero, chissà quanto lontana da casa, con tre ragazzi sconosciuti che erano diventati la sua famiglia.

Scoprì di avere addosso un mantello che non era il suo. Guardò alla sua destra e sul ramo accanto scorse Shabbatai, a occhi chiusi. Era stato lui a coprirla durante la notte. Quel gesto le strappò un sorriso carico di gratitudine.

Poi avvertì un richiamo.

Lo riconobbe subito, e quella certezza fece dissolvere gli ultimi sprazzi di sonno. La pelle d'oca sulle braccia, un forte cerchio alla testa e quel suono, simile al brulichio di migliaia di vermi tra le foglie, le davano la certezza che c'era un Inquieto nelle vicinanze. Poi udì un colpo secco, come di una pietra che cozza contro un'altra.

Non volle svegliare i suoi amici. Doveva imparare a farsi forza anche da sola.

Cominciò a scendere dall'albero. In breve, le sue mani

divennero appiccicose di resina. Quando atterrò con un piccolo balzo, sentì sotto i piedi nudi le punture degli aghi vegetali, umidi e freddi di pioggia.

Ma un freddo molto più profondo le penetrò nelle ossa solo quando scoprì chi fosse l'Inquieto che l'aveva richiamata.

Sulla riva del torrente c'era Walia dei Balti.

Sembrava invecchiato di colpo. Era morto solo qualche ora prima eppure, come spesso le capitava di notare, le visioni portavano su di loro un segno del tempo più marcato.

Secondo l'esperienza di Ligea, gli Inquieti si manifestavano come e quando volevano, ma ultimamente cominciava a sospettare che fosse lei stessa, una parte profonda di sé, ad attirarli. Come quando nella grotta di Vulferio le era apparsa la madre di Trotula, proprio nel momento in cui aveva bisogno di una prova per essere creduta dalla medichessa.

La bambina si avvicinò allo spirito di Walia.

I tratti del suo volto erano ancora chiari e nitidi, come se fosse ancora vivo. Non le capitava spesso che un Inquieto apparisse così "reale". Forse era dovuto al breve tempo passato dalla sua morte. Ma l'aspetto vivido contrastava con i cambiamenti avvenuti nell'uomo: lo sguardo, già di per sé agghiacciante, era adesso spiritato e angoscioso. Gli occhi nerissimi erano profondamente infossati nella faccia pallida e su tutto spiccava un segno rosso, intensissimo. Doveva essere la ferita mortale che aveva ricevuto.

Ligea ebbe la tentazione di scappar via e indietreggiò di qualche passo. Poi si fece coraggio e si fermò. La bocca di Walia si muoveva e si chiudeva lentamente, senza emettere suono, simile a quella di un pesce che fuor d'acqua non riesce più a respirare. La ragazza percepì in lui un dolore immenso.

Doveva restare. Per tutto il viaggio Barliario, Trotula, Shabbatai e, fin che c'era stata Mercuriade, si erano presi cura di lei, con amore e senza mai farle pesare le sue debolezze. Era arrivato il momento di ricambiare.

Strinse i pugni e si fece forza.

Si avvicinò di nuovo a Walia. Lui la guardava, ma non era sicura che la vedesse davvero. Nell'abisso che gli Inquieti avevano negli occhi era difficile dire se sopravvivesse il senso della vista.

Di sicuro incrociare lo sguardo con uno spirito era un'esperienza raccapricciante. Ogni volta sentiva dita gelide che le si muovevano sul collo, facendole rizzare i peli della nuca.

"Non mi farò fermare" disse tra sé e sé.

Però avrebbe voluto Barliario accanto a lei in quel momento, per sapere cosa chiedere con esattezza. Aveva una sola domanda a disposizione ed era terribilmente indecisa. Non poteva sprecare quell'occasione.

Cosa chiedere all'anima inquieta di Walia?

Dove avrebbero trovato il drago?

O come proseguire verso Volturara?

O forse della pietra nera di Barliario.

Mentre immaginava la faccia sorridente del giovane alchimista che la ringraziava per la sua preziosa *jais*, si sentì chiamare.

«Ligea...»

Si voltò.

A qualche passo da lei c'era Trotula.

Ligea si gettò tra le braccia della sua amica.

«Che fai qui tutta sola?» le chiese la medichessa restituendole l'abbraccio.

«Non sono sola» disse lei, senza scostarsi dal corpo caldo di Trotula.

La medichessa capì subito.

«È Walia» aggiunse Ligea.

Questo Trotula non se l'aspettava. Rimase paralizzata, senza sapere come reagire.

«Potrebbe aiutarci... se gli facciamo la domanda giusta» disse ancora la negromante.

"La domanda giusta" pensò Trotula.

Tra le tante, tantissime cose che Plinio il Vecchio le aveva insegnato leggendo la sua *Naturalis historia*, una emergeva su tutte: la chiave della conoscenza non sta nelle risposte che gli uomini possono trovare, ma nel formulare le giuste domande.

«Ligea ascoltami, so cosa puoi chiedergli.» L'altra la stava fissando, in attesa. «Domandagli dove possiamo trovare la pergamena che Alcesi stringeva nelle mani mentre affrontava il drago. Ricordi? Nel dipinto sulla parete» disse Trotula.

Ligea rifletté un momento. «Sei sicura? Pensi possa essere utile?»

«Credo sia qualcosa di necessario per fronteggiare il drago...» Trotula si fermò per un attimo. «Ammesso che ci sia davvero un drago.»

«Dubiti ancora della sua esistenza?»

Trotula fece un respiro profondo e rispose: «Ormai non so più a cosa credere e a cosa no. L'unica certezza è che voglio aiutare Barliario a salvare suo padre, se è ancora vivo. So cosa significa perdere un genitore.»

Ligea annuì con tristezza. Quindi si avvicinò di nuovo all'anima in pena.

«Ho da farti una domanda, spirito di Walia» esordì. «Dove possiamo trovare il sortilegio del chiodo di Alcesi?»

La voce di Walia era sottile e carica di sofferenza. «Sul piccolo lago dove il drago si disseta, c'è una pineta infestata dalle larve che bruciano. Cercate l'albero che porta il segno del dono. Ai suoi piedi è nascosto il sortilegio del chiodo.»

Gli Inquieti lo facevano quasi sempre: mascheravano la risposta dietro un linguaggio misterioso.

Ligea si voltò verso Trotula, tenutasi a distanza, e le

lanciò uno sguardo implorante, scuotendo il capo per dirle che non riusciva a capire.

La medichessa le si avvicinò.

Ligea rifece la domanda e lo spirito replicò la stessa misteriosa risposta.

«Sul piccolo lago dove il drago si disseta, c'è una pineta infestata dalle larve che bruciano. Cercate l'albero che porta il segno del dono. Ai suoi piedi è nascosto il sortilegio del chiodo.»

Trotula assorbì l'enigma nei suoi pensieri.

«Andiamo, adesso» disse infine.

Ligea non vedeva l'ora di allontanarsi da lì. Prese la mano di Trotula e insieme s'incamminarono verso l'albero.

Ma dopo pochi passi la bambina si fermò di botto. «Aspetta un attimo» disse.

Trotula non fece in tempo a chiedere perché, che la bambina stava già correndo verso la riva, nel punto in cui aveva parlato con Walia. Non poté sentire la sua voce recitare la preghiera che le aveva insegnato Ildegarda: «*Requiem æternam dona eis, Domine, et lux perpetua luceat eis*».

L'antifona da recitare agli Inquieti per aiutarli a trovare la strada verso la pace. Ligea non avrebbe potuto giurarlo, ma per un attimo fu sicura di aver visto lo spirito di Walia sorridere.

3

NON È SOLO ACQUA

Per due giorni costeggiarono il Rio Secco che solcava la terra irpina, fermandosi di tanto in tanto per correggere la direzione. Era simile a un serpente d'acqua che ostinatamente si fa largo tra rocce, vegetazione selvatica, salite e discese.

I quattro ragazzi procedevano con cautela, stando attenti a non percorrere sentieri troppo battuti, sempre in allerta.

Mangiavano ciò che raccoglievano durante il cammino grazie alla conoscenza di Trotula.

Certo seguitare a mangiare bacche, castagne e altri frutti non era esattamente il tipo di pasto che placava con soddisfazione i borbottii dello stomaco, ma almeno teneva a bada i morsi più acuti della fame.

Per fortuna, in un paio d'occasioni, l'arte del lancio dei coltelli di Shabbatai si rese molto utile per cacciare un paio di piccole prede, finite direttamente sul fuoco ad arrostire.

La notte successiva avevano dormito ancora tra i rami di una roverella, così da tenersi alla larga dalle fauci dei lupi o di altre creature della notte. Il vento aveva ripulito il cielo e il loro percorso fu benedetto dall'assenza di pioggia. Almeno si risparmiavano la scocciatura di avere gli abiti inzuppati.

La stanchezza del viaggio, iniziato ormai da quasi una settimana, era alleviata dal fatto che adesso avevano una meta più precisa: trovare un piccolo lago circondato da una pineta.

Mentre erano in marcia ognuno di loro ripeteva a voce alta, a turno, le tre frasi pronunciate dall'Inquieto, per non dimenticarle. "La memoria si addestra con la ripetizione" aveva detto Barliario, appropriandosi di un insegnamento del padre. E ripetendolo, tentavano di sciogliere i nodi dell'enigma.

«Una pineta infestata dalle larve che bruciano... Possibile che il tuo Plinio non ne parli?» Shabbatai punzecchiò Trotula. Lei si limitò a indirizzargli uno dei suoi sguardi assassini, ma la verità era che in quel caso le sue letture non la aiutavano.

"Larve che bruciano. Mai sentito niente del genere. E poi, bruciavano davvero? O era solo un modo di dire?"

Barliario propose saggiamente di scomporre il rompicapo in pezzi più piccoli, e di affrontare un'indicazione alla volta.

"Sul piccolo lago dove il drago si disseta, c'è una pineta infestata da larve che bruciano. Cercate l'albero che porta il segno del dono. Ai suoi piedi è nascosto il sortilegio del chiodo."

Per ora dovevano trovare il piccolo lago circondato da una pineta, poi avrebbero pensato al resto.

La notte sarebbe arrivata tra non molto. Il crepuscolo era al culmine, presto avrebbe dilagato in cielo un buio sempre più compatto. Il suono caratteristico dei primi grilli, una specie di stonato cigolio, ne annunciava l'arrivo imminente.

Il torrente che stavano seguendo si era inoltrato in una macchia fitta e i quattro ragazzi furono costretti ad avanzare a fatica tra grovigli di arbusti e cespugli armati di rovi.

Barliario e Shabbatai si affannavano per liberare la strada dai rami e permettere a Trotula e Ligea di superare gli artigli di quella vegetazione che pareva non volere altro che impedire loro di proseguire.

La tunica della medichessa si era sbrindellata in più punti, Ligea quasi non sentiva più i graffi sulla pelle e il terreno umido, scivoloso, freddo sotto la pelle spessa dei suoi piedi nudi. La fatica si era consolidata in sfinimento.

«Ma tu sai dove stiamo andando, vero Barl?» chiese la medichessa.

«Vi do forse l'impressione di non saperlo?» rispose il ragazzo.

Per un attimo gli era balenata l'idea di dire che no, non sapeva se davvero fosse la via giusta, considerando che il torrente da un po' di tempo non era più visibile, quasi si fosse inabissato improvvisamente.

Poi aveva deciso che era preferibile mostrarsi sicuro. Non sarebbe servito a nulla gettare addosso agli altri quell'amara verità. Essere una guida spesso significa saper dire le giuste bugie, o almeno così pensava.

«Dobbiamo fermarci» disse Shabbatai, poi indicò Ligea: «È stremata, ha bisogno di riposare».

La piccola scosse la testa, come a dire di non preoccuparsi per lei.

«Un momento» intervenne Barliario. «Lo sentite? Il torrente...»

Ammutolirono tutti, le orecchie puntate per captare ogni suono.

Niente.

«Davvero non sentite?» ribadì Barliario.

«Saranno i tuoi pensieri che fanno acqua da tutte le parti» scherzò Shabbatai.

«No... aspettate» disse Trotula. «Sento qualcosa anch'io.»

Ma non era il sommesso gorgoglio del corso fluviale, era un rumore diverso.

«Non è solo acqua» commentò Ligea. «È una specie di...»

«Risata» suggerì Trotula, sorpresa.

4

SEMBRANO INNOCUI

«Per tutte le *xiphos** dei guerrieri greci. Che diamine sono quelli?» esclamò Shabbatai.

Lui e i suoi compagni di viaggio stavano osservando, da dietro un intrico di rami, delle piccole creature che parevano uscite da un sogno.

Erano in tre e piroettavano su una pozza d'acqua con un volo simile a quello delle libellule. Piccoli esseri coperti di squame azzurrognole, dotati di corte ali membranose che parevano pinne.

«Non ci credo... Quelli sembrano proprio mefiti dell'acqua» disse Barliario con un filo di voce. «Non pensavo esistessero davvero.»

Ligea era incantata, Trotula pietrificata.

«Che vuoi dire? Che conosci quei cosi?» chiese Shabbatai.

«Erano raffigurati in un grosso volume di mio padre» disse l'amico. «Lo sfogliavo sempre con lui quando ero piccolo. Era pieno di mostri e animali stranissimi. Si intitolava qualcosa come *Liber*...»

* Spada con la lama a doppio taglio.

«*Liber monstrorum de diversis generibus*» completò Trotula. «È un bestiario di animali fantastici.»

«Ti pareva che non lo conoscessi» disse Shabbatai, tra lo spazientito e l'ammirato. «E che tipo di animali sarebbero?»

«Del tipo che non... esistono» rispose lei sovrappensiero, concentrata sulle creaturine alate. Quell'avventura ormai le sembrava avere un solo scopo: mettere in ridicolo tutte le conoscenze e le certezze che aveva accumulato in una vita di studio.

«Se questi *comesichiamano...*» osservò Shabbatai «sono qui, il torrente non può essere lontano. Giusto?» Muoveva lo sguardo alternativamente tra la medichessa e l'amico, in cerca di una risposta.

«Può essere, ma se è vero quello che diceva il libro, potrebbe esserci di meglio. Questi mefiti stabiliscono le loro dimore accanto a grossi specchi d'acqua» spiegò Barliario, e passando in rassegna i suoi amici concluse: «I laghi, per esempio».

I mefiti, intanto, sembravano divertirsi. Danzavano nell'aria, si lanciavano in picchiata dopo essere rimasti a librarsi in alto, sputavano tra di loro guizzi d'acqua che sgorgavano dalle loro stesse bocche. E ridevano con risate acute e sguaiate.

«Sembrano innocui...» disse Ligea.

«Lo sono. Specialmente quelli d'acqua» rivelò Barliario. «Sono più curiosi e dispettosi che cattivi. Certo, se fossero quelli della melma o della polvere sarebbe diverso.»

«Vuoi dire che esistono anche altri... tipi... di questi cosi?» Shabbatai li indicò alzando un po' troppo la voce, tanto che una delle creature restò sospesa in aria e voltò i suoi grossi occhi bulbosi verso il nascondiglio da cui i ragazzi le spiavano.

Barliario zittì i suoi amici. Il mefito sospeso in aria divenne un bersaglio facile per i suoi compagni di gioco e fu raggiunto da una bolla d'acqua che s'infranse contro il suo corpo.

Quindi svolazzarono via tutti e tre, prima di inoltrarsi lentamente nel sottobosco.

«Andiamo, non perdiamoli di vista!» disse Barliario.

Shabbatai si voltò di scatto. Un rumore lo aveva fatto trasalire. Che fosse un lupo?

«Che hai, Shab?» chiese Ligea.

«Non lo so. Mi pare di aver sentito...»

«C'è qualcosa?» domandò ancora la bambina.

Shabbatai drizzò le orecchie e fece cautamente qualche passo verso la bocca scura della vegetazione da cui aveva sentito levarsi il rumore.

«Allora, venite?» Barliario strinse tra i denti quella frase, per non attirare l'attenzione dei tre mefiti.

Shabbatai scosse la testa e disse a Ligea con un sorriso affettuoso: «Mi sono sbagliato. Non c'è nessuno», poi all'amico: «Arriviamo».

Il ragazzo guerriero, però, non si era sbagliato.

5

PROGETTI PER DOMANI

Ormai era calato il buio, così, quando i tre mefiti presero il volo, i ragazzi li persero di vista.

Ma non importava: di fronte a loro c'era un grande specchio d'acqua, che nella notte sembrava un gigantesco cratere lucente.

«Credi sia questo il lago che cerchiamo?» chiese Trotula a Barliario.

«Potrebbe essere, ma non lo scopriremo adesso» rispose lui. «Domani mattina cercheremo le larve che bruciano e sapremo se è questo il posto che ha indicato lo spirito di Walia.»

«Svegliarci per cercare larve» disse Shabbatai. «Questo sì che è un piano da eroi!»

«Il problema è che non vedo alberi su cui appollaiarci, nei dintorni» osservò Trotula. Gli alberi intorno a loro erano molto alti, ma i rami non si prestavano ad accoglierli per il sonno. «E se ci riparassimo lì?» La ragazza indicò un punto dove un grande albero caduto aveva formato una sorta di capanna naturale.

«Non è il massimo, ma meglio di niente» concesse Barliario.

«Accendiamo un fuoco» propose Trotula. «Le bestie lo temono.»

«Chi ci insegue no, però» intervenne Shabbatai. «Se Capatosta e i simpatici forcaioli sono sulle nostre tracce, non aspettano altro che un bel segnale di luce.»

Barliario e Trotula lo guardarono preoccupati.

«Tu credi che...» fece il ragazzo, ma la domanda fu interrotta da Ligea: «Basta parlare, vi prego!», e così dicendo raggiunse l'albero abbattuto.

«Aspetta, vengo con te» disse Trotula.

«Sei tu il capo, che facciamo?» chiese Shabbatai.

"Il capo?" pensò Barliario. "Bella fregatura."

«Capisco la tua preoccupazione, Shab, ma se non accendiamo il fuoco rischiamo grosso davvero» disse Barliario.

Decisero di fare dei turni di guardia. Barliario e Trotula vegliarono a lungo accanto al fuoco, mentre Shabbatai e Ligea dormivano stretti, tanto da sembrare un unico corpo con due teste.

Il lago era una specie di abisso, remoto e pauroso.

«Non ti dà l'impressione che ci sia nascosto qualcosa sul fondo, pronto a balzarci addosso?» disse Barliario, tenendo gli occhi fissi sul grande specchio d'acqua.

«Come dice Plinio...» Trotula si fermò subito, sicura della reazione dell'amico a quel nome. «...E non guardarmi così» gli puntò scherzosamente il dito contro.

Barliario alzò le mani in segno di resa.

Trotula abbassò l'indice e continuò: «È difficile capire se la natura, per l'uomo, sia una tenera madre o una spietata matrigna».

«Forse la conosciamo troppo poco per rispondere» commentò Barliario.

Fino a qualche giorno prima Trotula avrebbe obbiettato con spirito combattivo contro questa idea, ma adesso, dopo aver visto un eremita diventare lupo, una donna scatenare una tempesta, una ragazza interrogare i morti e creature fantastiche volteggiare davanti ai suoi occhi – per non parlare della capacità di Barliario di abbandonare il proprio corpo –, come avrebbe potuto pensarla diversamente?

«Secondo te mio padre è ancora vivo?» Il ragazzo lo chiese così a bruciapelo che per un attimo Trotula non fu sicura lo stesse dicendo a lei.

«Spero di sì.»

Lui emise uno sbuffo con il naso.

Trotula allungò un braccio e gli toccò con dolcezza la spalla. «Faremo tutto il possibile per salvarlo, Barl. E se davvero questo Arimane può guarirlo, gli porteremo ciò che chiede.»

Barliario annuì, poco convinto.

«Ma senza la pietra di Ildegarda... senza poter praticare l'*Extricatum* sarà tutto più difficile. È come se avessimo perso l'unica arma che poteva darci un vantaggio.»

«Tu mi hai detto più volte che tuo padre sa praticare l'*Extricatum*, e non ha mai fatto cenno alla *jais*, no?»

Barliario ci pensò un attimo. «Non gliel'ho mai visto fare con i miei occhi. Però ne ha scritto tanto e ho sempre dato per scontato che lui fosse un maestro in questa pratica.» Prese un rametto dal terreno e lo lanciò nel fuoco. Le fiamme si animarono per un momento, disegnando sui volti dei due ragazzi una danza di ombre e luci rossastre. «Ma in effetti no, non ha mai accennato alla pietra nera come magnete per tornare al corpo.»

«Vedi...? Forse non ne hai bisogno.»

«Io non sono mio padre, però.»

«Ed è un bene. Non c'è niente di peggio che pretendere di essere qualcun altro, anche se è qualcuno che amiamo e ammiriamo.»

«Il grande Rainardo...» disse lui con enfasi, come se stesse annunciando al mondo l'entrata in scena di un eroe. «Sarò sempre troppo poco per lui.» Barliario sapeva bene che tutto ciò che faceva era mosso dal desiderio di meritarsi la stima di quel genitore che tanto ammirava. «E tuo padre? Immagino ti stia cercando dappertutto» chiese a quel punto.

«Temo che abbia altro a cui pensare. Da quando è morta mia madre si è distaccato dal mondo. Pensa solo alle sue terre. Ai suoi giardini. Trascorre intere giornate a parlare con le piante.» Gli occhi di Trotula si velarono di malinconia e la bocca si increspò in un sorriso amaro. «Credo che le azalee di cui si prende cura conoscano i suoi pensieri meglio di me.»

«Non ci credo, non può essere che se ne stia tranquillo tra i suoi giardini, mentre tu sei chissà dove fuori dalle mura.»

«Ha sguinzagliato Ermanno, e gli basta. Non mi capacito del motivo per cui mio padre nutre tutta questa fiducia e stima per quel viscido sbruffone.»

«Forse sei tu che non riesci a intuirne il fascino» ironizzò Barliario.

Strappò una risatina a Trotula, che gli assestò una spinta. «Sì, il fascino di una pustola suppurata» commentò divertita.

Risero insieme, e quando l'eco dell'allegria si dissolse si trovarono in silenzio l'uno negli occhi dell'altra.

Barliario contemplò lo splendore di Trotula, e anche se i suoi capelli non diffondevano più il loro profumo di miele e spezie, aveva l'impressione di sentirlo ancora, quasi che il suo naso ne avesse conservato memoria. Provò una voglia irrefrenabile di accarezzarli.

Dal canto suo Trotula sentì il suo cuore fare delle goffe acrobazie a cui non riusciva a dare un nome. Si sforzò di nascondere l'imbarazzo.

«Ehi, voi due.»

L'incanto andò in frantumi. Entrambi trasalirono come se fossero stati strappati di forza dal mondo del sogno. «Che fate ancora svegli?» chiese Shabbatai mettendosi a sedere.

«Progetti per domani» si affrettò a rispondere Barliario, incespicando nelle parole.

«Certo, certo...» biascicò l'amico. «Io allora, se non vi dispiace, continuo il mio piano per svegliarmi il più tardi possibile.» Detto questo sbadigliò e si ridistese.

Passato quel momento magico, Trotula propose di andare a dormire. Barliario annuì. Si mise in piedi e allungò una mano a Trotula per aiutarla ad alzarsi.

Lei l'afferrò. Ci fu come una scossa che dalle dita si irradiò violenta ai cuori di entrambi. Ma ciascuno di loro finse di non aver sentito nulla.

Non era il tempo per un sentimento nuovo.

Quello era il tempo di combattere.

6

LE LARVE DEL DIAVOLO

«Venite a vedere.» Un richiamo, un bisbiglio.

Era Trotula, che provava a svegliare i suoi compagni di avventura, aggrovigliati ancora in un sonno agitato.

L'alba si era levata grigia, nebbiosa, densa, accompagnata dal respiro dei lupi e dei mefiti che circondavano il lago. Non era facile vederli alla luce del giorno, ma la loro presenza invisibile era nell'aria.

«Che succede?» chiese Barliario. Shabbatai afferrò i pugnali ancora prima di aprire gli occhi.

«Venite, vi dico.»

I ragazzi seguirono Trotula lungo la riva del lago. Lei tradiva un accenno di sorriso sulle labbra, come di chi conosce un segreto importante e freme dalla voglia di rivelarlo.

Arrivata a un certo punto si fermò, costringendo anche gli altri a farlo. E cominciò a raccontare.

«Quando è spuntata l'aurora io ero già sveglia. Non ho praticamente chiuso occhio.»

«Come me» osservò Shabbatai, ironico.

«Non ti chiedo di smettere di fare lo scemo perché sarebbe come ordinare a un pesce di non nuotare...» Alle parole di Trotula, Shabbatai si accigliò. «Come dicevo, non potevo chiudere occhio, così appena la luce l'ha permesso ho esplorato i dintorni. E ho trovato questi.» Indicò a palmo aperto qualcosa dietro di loro.

I ragazzi si voltarono di scatto.

«Alberi» commentò Shabbatai, ironico. «Interessante.»

«Non alberi qualsiasi, Shab. Gli alberi di Walia. Quelli di cui ha parlato a Ligea» disse lei.

«La pineta infestata di larve...» La frase di Barliario restò a mezza strada tra una domanda e un'affermazione. Fece un passo in direzione dei tronchi che svettavano verso il cielo oltre la breve riva del lago.

«E come fai a esserne sicura?» chiese Shabbatai.

Questa volta fu Ligea ad anticipare la medichessa.

«Per quelle?» Il piccolo indice della negromante puntava verso degli enormi ammassi biancastri, attaccati ai rami, fatti di filamenti dall'aspetto lanuginoso. La brezza leggera li faceva oscillare lievemente. Erano centinaia, forse migliaia. Erano dappertutto.

Shabbatai portò una mano alla fronte per proteggere la vista dai raggi del sole nascente alle spalle della pineta.

«Nidi?» disse.

«Sì, nidi di processionarie.» Trotula rispose con voce squillante, quel timbro che assumeva quando era orgogliosa di qualcosa che sapeva solo lei.

«Processionarie?» Era la prima volta che Barliario sentiva quella parola.

«È un tipo di farfalla. Si chiama così perché le sue larve, quando escono da quei bozzoli, in primavera, si muovono in fila una dietro l'altra, proprio come in una processione.»

«E dove vanno?» chiese Ligea. Pendeva dalle labbra della medichessa.

«In chiesa, dove vuoi che vadano.» Shabbatai lo disse con tale convinzione da sembrare serio. La negromante lo guardò confusa, mentre Trotula lo fissò vagamente irritata.

«Non ascoltarlo, Ligea, ti prego» disse Barliario. «Anche se si tratta di vita o di morte, tu ignoralo sempre.»

Ligea abbozzò un sorriso. Shabbatai reagì con una smorfia di scherno.

«Scendono dai pini per infilarsi nel terreno e diventare crisalidi. E poi, quando sono pronte, volano via.»

«Affascinante, ma che c'entra con l'enigma di Walia?» chiese Barliario.

«Il mio maestro le chiamava le larve del diavolo.» Trotula raggiunse il tronco di uno dei pini, sotto i nidi silenziosi in cui si formava la vita di una moltitudine di insetti alati. «Il corpo di quei bruchi è ricoperto di peli urticanti. Se sfiorano la pelle questa comincia a bruciare, il prurito è insopportabile. E sono ancora più pericolosi quando soffia il vento.» Trotula tornò a fissare i ragazzi, che l'ascoltavano rapiti. «Quelle specie di setole infiammanti volano via dal corpo e se ti finiscono negli occhi o in faccia... credetemi... il dolore è davvero insopportabile.» Istintivamente Barliario, Ligea e Shabbatai fecero un passo indietro verso l'orlo bagnato del lago. «Questa è la pineta che stavamo cercando» concluse la medichessa, come se avesse appena dimostrato un teorema.

Barliario contemplò lo specchio placido del lago: quello era il luogo in cui si abbeverava il drago. Poteva quasi avvertire il gigantesco serpente alato aprire le fauci spaventose e raccogliere l'acqua con la lingua.

Rabbrividì.

«Ci sono un'infinità di alberi, però. Quale sarà quello giusto?» disse Ligea. «Walia ha detto che dobbiamo cercare il segno del dono.»

Ammutolirono tutti. Quello era un rompicapo bello e buono.

«Ti prego, dicci che hai risolto pure questo» disse infine Shabbatai.

Trotula, a cui era rivolta la frase, piegò la bocca e scosse la testa.

«Ahia» commentò lui.

«Setacciamo albero per albero» propose Barliario. «Dobbiamo cercare qualcosa... un segno... Non abbiamo scelta.»

«Ma potrebbe essere qualsiasi cosa» disse sconsolata Ligea. «Ci potremmo mettere una vita.»

«E io ho pure fame» aggiunse Shabbatai. Tutti gli occhi si appuntarono su di lui. «Perché, che ho detto?»

In effetti i loro stomaci erano d'accordo con il ragazzo della Judaica.

La colazione fu a base di fichi. Per loro fortuna alberi di "settembrini", come li chiamò Trotula, erano sparsi un po' ovunque e i loro frutti maturi e corposi li saziarono a dovere.

La caccia al *ganagljan* poteva cominciare.

7

DIVISI MA SENZA MAI PERDERSI

Divisi ma senza mai perdersi d'occhio l'un l'altro.

Barliario aveva suggerito di procedere così con le ricerche. Trotula aveva aggiunto di usare cautela nell'avvicinarsi ai tronchi e ai rami: i nidi erano pieni di larve e anche in quella condizione erano pericolose.

Andarono avanti per tutta la mattina e s'interruppero solo quando Shabbatai si lamentò di nuovo per la fame. Era passata l'ora Sesta da un po' e si avvicinava la Nona.

Si radunarono presso la riva del lago. Stanchi, delusi, sporchi di terra.

«Basta fichi e mirtilli... con tutto il rispetto, Trotula...» Shabbatai fece un inchino verso la medichessa. «Ora ci pensa il vostro amico a procurarvi un po' di cibo decente. A meno che qualche morto di Ligea non ci dica dove guardare, temo che ci vorrà mooolto tempo prima che salti fuori qualsiasi cosa stiamo cercando.»

Ligea alzò gli occhi al cielo.

«Che hai intenzione di fare?» chiese Barliario.

«Di andare a caccia.»

«Non vorrai andare da solo nella pineta?» disse Trotula.

«Vuoi accompagnarmi, mammina?» ribatté lui subito con un sorriso tronfio.

«È meglio restare tutti uniti, Shab» disse Barliario.

«Non ne posso più di andarmene in giro tra questi mille alberi a guardare rami e cortecce. Sono un guerriero, io. E mi prudono le mani.» Sfoderò i suoi due pugnali. «Ho bisogno di azione e di un drago da affrontare.»

«Devo farti un riassunto di quello che ci è successo fino a ora?» rispose Barliario, indicando le ragazze: erano sfatte, i vestiti laceri, i capelli scarmigliati. «E per quanto riguarda il drago… credo proprio che avremo bisogno di qualcosa di più che un paio di lame per affrontarlo.» Barliario gli posò una mano sulla spalla: «Arimane lo ha detto chiaramente e nel *Draconis* c'è scritto: "Non con la spada e lo scudo si prevale sulla Bestia, ma con l'*Anbar*". Qualsiasi cosa sia.»

Shabbatai lo guardò negli occhi. Un sorriso beffardo comparve sulle sue labbra. «Ecco appunto, non lo sappiamo e abbiamo pure stabilito che il *Draconis* dice un mucchio di frottole, no?»

E detto questo, scattò. Senza nemmeno prendere la mira, lanciò in rapida successione i suoi due coltelli.

Fu così veloce che Barliario nemmeno si accorse del gesto.

La mossa improvvisa strappò un urletto a Ligea.

Le due lame si conficcarono nel tronco di un pino, a meno di un pollice l'una dall'altra.

I rami più bassi e leggeri ebbero un lieve tremito. Trotula guardò ai nidi di processionaria con apprensione. Non si erano mossi per fortuna, ma scosse la testa per il disappunto.

«Come sai, amico mio, quando le mani prudono devo liberarmi del fastidio» disse Shabbatai e si mosse per andare a raccogliere i due coltelli.

«Ma che gli prende?» chiese Trotula a bassa voce.

«Shab è così. Diciamo che la pazienza non è il suo forte.»

Il ragazzo della Judaica si fermò all'albero per estrarre le lame dal corpo legnoso. Poi si voltò verso i suoi amici. «Ehi... venite a vedere!» Guardò verso Ligea. «Sembra la prima lettera del tuo nome, scritta al contrario.»

Barliario fu colto da un'improvvisa illuminazione.

Lui e Trotula si scambiarono un'occhiata d'intesa e corsero verso Shabbatai.

«Ehi, aspettate!» disse Ligea. E corse a raggiungerli.

«Vi mancavo già così tanto?» disse Shabbatai una volta che gli amici gli furono vicino.

Nessuno lo degnò di una risposta. Barliario e Trotula stavano esaminando il tronco. Il simbolo era lì, nascosto nella corteccia, ma ben visibile. Una specie di cicatrice rossastra.

Γ

Una L capovolta, in effetti.

«Non ci posso credere» disse la medichessa quasi gridando. «Ci siamo, ragazzi. Ci siamo!» Alzò lo sguardo e rivolse a Barliario un sorriso pieno.

«In che senso ci siamo?» chiese lui.

«Non farci preoccupare, Trotula, non è che la fame ti ha fatto impazzire?»

«Questa è una lettera gotica.» Trotula scandì ognuna delle cinque parole come per scolpirle nell'aria. «È la lettera *giba*.»

Silenzio.

Era come se la medichessa volesse godersi ogni singolo istante di quella scoperta. Consegnare ai suoi amici un pezzo alla volta di un disegno che si sarebbe rivelato grandioso, alla fine.

«Ti prego, Trotula... va' avanti» implorò Ligea, incapace di reggere quella tensione.

Trotula annuì. «*Giba* non è solo una lettera.» Pausa. «È anche una parola della lingua dei goti. E significa...»

«"Dono".» Quando Barliario completò la frase fu come

se una gemma preziosa si fosse incastrata con un *clac* preciso e pulito dentro il castone del gioiello.

«Dono.» ripeté in un sussurro caldo Trotula.

«L'albero che porta il segno del dono!» esclamò felice Ligea.

Shabbatai spalancò lentamente la bocca, ammirato. Finalmente anche lui era arrivato alla soluzione. «Ed è tutto merito mio e del mio prurito alle mani!» esultò non appena si fu ripreso dallo stupore.

Ligea, a sorpresa, si mise a saltellare, esultante, radiosa come non lo era mai stata.

Gli altri la videro e risero, unendosi a quella strana euforia.

Barliario senza preavviso strinse Trotula in un abbraccio. Lei ne fu sorpresa, ma gli restituì la stretta. Anche loro in quel momento divennero un incastro perfetto.

«Sei un genio, medichessa» le disse Barliario.

Lei avvampò di imbarazzo. E ancora una volta fu Shabbatai a gettare acqua sul fuoco.

«Lei un genio? Scusa, chi ha tirato i coltelli?»

Ligea alzò gli occhi al cielo.

«Va bene, siete due geni, può andare così?! Ma ora dobbiamo scoprire quale dono si nasconde qui per noi.»

Shabbatai passò un coltello all'amico, s'inginocchiò alla base del tronco e cominciò a scavare, servendosi della punta della lama. Barliario lo seguì all'istante.

Le due ragazze aiutarono a loro volta con le mani nude. Il terreno viscido del sottobosco era facile da penetrare.

Poi la lama di Barliario incontrò qualcosa di solido.

«Guardate!» esclamò. «C'è qualcosa, qui!»

«Fai piano» disse Trotula.

Alla foga con cui avevano scavato fino a quel momento si sostituì la cautela. Barliario posò il pugnale e continuò con le dita. Pian piano emerse ciò che era sepolto.

Una lamina metallica, contorta, sottile.

8

DI NUOVO TUTTI INSIEME

Oltre le acque del lago s'intravedeva, in lontananza, un grumo di edifici scuri arrampicati sul fianco della collina.

Era il borgo di Volturara: il gastaldato che rispondeva al principe Gisulfo. Come tutte quelle terre faceva capo a Salerno, la città di Barliario, Trotula e Shabbatai.

«Che cos'è? Lo hai capito?» chiese Shabbatai a Trotula che, a riva, stava lavando via la terra incrostata sulla lamina appena scovata.

La ragazza la rigirò tra le mani. Sulla superficie si leggevano delle lettere, incise come fossero graffi.

«È latino, ho una mezza idea ma non sono sicura» rispose lei sovrappensiero. «Non riesco a leggerne le parole. Sembrano lettere mescolate alla rinfusa.»

Prima che potesse farsi un'idea più precisa, dalle loro spalle giunse il rumore chiarissimo di un passo leggero.

«Cosa è stato?» disse Barliario guardando verso il fitto della pineta. Erano tutti e quattro immobilizzati, all'erta e col cuore in gola.

Fu allora che scorsero una figura, solo in parte nascosta dai rami, sul limitare della vegetazione.

Shabbatai tornò a sguainare i coltelli. Ligea si nascose dietro di lui e Trotula infilò istintivamente la lamina sotto il mantello che copriva la tunica.

Dalla penombra degli alberi emerse un uomo vestito da soldato.

Poi un altro e un altro ancora. Armati di spade e di pugnali, dal volto corrucciato, silenti come cani minacciosi.

Accanto a loro Barliario riconobbe uno dei criminali della Compagnia della Forca. Aveva due pellicce di volpe intorno al collo, le teste unite grazie all'incastro dei denti.

«Che succede?» chiese Ligea.

La risposta alla domanda non tardò ad arrivare.

Trotula sgranò gli occhi, certa che si trattasse di un'allucinazione.

Elmo in testa, andatura rigida, sguardo gelido. Dietro la schiena portava legato un balestrino.

«Ermanno» disse Trotula spalancando bocca e occhi. «Che ci fai qui?»

«Eccoci, finalmente di nuovo tutti insieme.» Testadiferro batté le mani guantate una sola volta. La sua voce untuosa colava nell'aria appiccicandosi addosso. Ligea ne fu raggelata.

«Se devo essere sincero, non sentivamo la tua mancanza» intervenne Shabbatai.

«Così mi offendi. Io vi ho rincorso per giorni, ebreo.» Fece un passo avanti, sicuro degli uomini schierati alle sue spalle, spade in mano.

«Alla fine ho deciso di attendere a Volturara. Il nostro amico forcaiolo ha fatto un ottimo lavoro nel pedinarvi.» Con un lieve cenno della mano indicò Volpe. «Così mi sono risparmiato anche il fastidio. E i rovi.»

«Ti prego Ermanno, lasciaci in pace» disse Trotula.

Il giovane assunse una espressione fintamente lacrimevole e si voltò verso i suoi uomini facendo il verso alla ragazza: «Ti prego Ermanno, lasciaci in pace!».

Rise, e i suoi gaglioffi risero con lui. E quando si fermò, loro fecero lo stesso.

Ermanno scosse la testa e disse: «Mi sa che non posso accontentarti, amore mio».

Ligea guardò Trotula esterrefatta. Perché l'aveva chiamata così?

Barliario invece aveva gli occhi puntati qualche spanna sopra le teste dei soldati. Sui rami infestati dai nidi di larve del diavolo.

«Che guardi, idiota?» Ermanno seguì la traiettoria del suo sguardo. «Ti piacerebbe penzolare da quei rami con un cappio al collo?» I suoi scagnozzi risero di nuovo. «Potrei accontentarti.»

«Perché non ce la vediamo solo io e te, *Capatosta*?» Shabbatai aveva lanciato la sfida. Ermanno contrasse la mascella, innervosito.

Barliario approfittò della distrazione del cavaliere per sussurrare a Trotula: «Passami l'amuleto di Mercuriade».

Lei lo guardò interrogativa, ma fece come aveva chiesto.

«L'ebreo dalla bocca larga ha dato di nuovo fiato alla sua fogna.» Con queste parole il giovane nobile salernitano afferrò la piccola balestra che portava sulla schiena e la caricò, puntandola sui quattro ragazzi.

Trotula fece un passo avanti. «Ti sposerò! Ma ti prego, Ermanno, lasciali andare.» Barliario si sentì afferrato da una stretta mortale al cuore. «So che sei generoso, ti prego, non c'entrano niente.»

Lui inclinò la testa per osservarla meglio, con occhi freddi color topazio in cui non brillava nemmeno una scintilla di compassione. Né di amore per lei. «Hai detto due cose giuste e una errata. È vero che mi sposerai ed è anche vero che questa feccia non c'entra niente con noi. Pezzenti e arroganti, per di più ebrei o figli di stregoni.» Tese la balestra ancora più su. «Però su una cosa ti sbagli di grosso: che io sia generoso.»

Trotula fece ancora qualche passo verso di lui. Barliario avrebbe voluto fermarla, ma lei alzò un braccio per comunicargli di non muoversi. «Ascolta, Ermanno… tu sai perché noi siamo qui?»

«Trotula, no!» gridò Barliario.

«Silenzio, o ti faccio un buco in mezzo alla fronte» gridò Ermanno e gli puntò contro il balestrino, per dare credibilità alla sua minaccia: «Parla».

La ragazza deglutì a vuoto. Una mano sul cuore, a proteggere il *ganagljan* nascosto nel vestito.

«Siamo diretti al nascondiglio del drago.»

Gli uomini di Testadiferro ebbero un sussulto. Si guardarono, spiazzati. Lo stesso Ermanno tradì lo stupore.

«È vero, si dice ci sia un drago da queste parti» intervenne Volpe facendo un passo avanti. «Lo chiamano l'Eclisse. Walia…» e sputò a terra con disprezzo «diceva che se ne sta nascosto a dormire dentro una specie di grossa voragine. Secondo lui nessuno deve osare avvicinarsi.»

«Perché?» domandò Ermanno senza guardarlo, gli occhi fissi sui suoi prigionieri.

«Perché è il protettore del grande tesoro dei suoi schifosi antenati. È una Bestia sacra.»

Ermanno si passò la lingua sulle labbra per inumidirsele. «Interessante… E dove si trova?»

Volpe fece spallucce: «Non lo so. Non ha mai voluto rivelarcelo. Non si fidava».

Shabbatai mormorò: «Che strano, eh?».

«E voi, mucchio di escrementi» disse Testadiferro guardando oltre Trotula. Lei si voltò e vide i suoi amici per quello che erano davvero. Tre ragazzi come lei, indifesi, in una situazione disperata. Provò una pena immensa per loro e per se stessa. «Voi lo sapete dov'è questa lucertola sputafuoco?» continuò Ermanno.

«Lo sappiamo» rispose di nuovo Trotula, mentendo. «Ti ci portiamo, a patto che tu non faccia del male a nessuno.»

Ermanno fece una finta faccia innocente. «Ma certo, amore mio.» Ogni volta che il giovane la chiamava così, lei sentiva contorcersi le budella. «Allora faremo una capatina da questo draghetto delle meraviglie. Non mi dispiacerebbe ritornare a casa da eroe, ricco e acclamato.» Poi abbassò lentamente l'arma, ma senza allentare la tensione sul grilletto. «Avvicinati» ordinò secco alla medichessa. E mentre lei, con passo incerto, obbediva, lui proseguì: «Ti riporterò sana e salva a casa, e dirò a tuo padre di averti strappato alle mani di questi due turpi criminali intenzionati a chiedere un riscatto».

Trotula s'irrigidì. «Mio padre non ti crederà mai. Quando saprà quello che hai fatto...»

Ermanno gridò: «Non saprà un bel niente, ragazzina!».

La rabbia del giovane fu così improvvisa e inaspettata che anche i suoi uomini ne furono colpiti. Poi sembrò calmarsi. E aggiunse ringhiando: «Non dirai nulla, dopo che ti avrò fatto mozzare la lingua dalla volpe». Con il pollice indicò l'uomo della compagnia dietro alle sue spalle.

Un ghigno cattivo comparve sotto i baffetti dell'uomo, che passò un dito lungo il filo della lama.

Trotula inorridì e fece un passo indietro. «Tu sei completamente pazzo.»

«Dici? Io invece credo che sia tutto così ragionevole. Perfetto, oserei dire.» Lui fece un passo verso di lei. «Un tesoro, un grande guerriero e una sposa nobile, bella... anche se a vederti adesso, così conciata, non si direbbe.»

Per la prima volta Trotula pensò a come dovesse apparire così sfatta e maleodorante, lei che aveva dedicato i suoi studi alla cura della persona.

Ermanno avanzò ancora e continuò: «Già... una sposa aristocratica, intelligente come nessun'altra a Salerno e soprattutto silenziosa.» Sulle sue labbra sottili si formò un sorriso sghembo. «Un sogno, praticamente.»

A Ligea sfuggì un gemito di paura. Implorò i due amici di fare qualcosa.

Shabbatai non se lo fece ripetere due volte, era pronto a scattare.

Barliario però lo bloccò. Nei suoi occhi c'era una risolutezza nuova.

Non gli era difficile immaginare cosa sarebbe successo di lì a poco. Erano condannati e nessuno li avrebbe salvati. Ma avevano una speranza: flebile, forse folle, eppure bisognava tentare.

Quella speranza si trovava nella sua tasca, la sentiva sotto le dita che aveva infilato all'interno, approfittando della disattenzione dei loro aguzzini.

«Che vuoi fare?» bisbigliò Shabbatai.

«Chiedere aiuto al diavolo» rispose Barliario.

9

FOSSE L'ULTIMA COSA CHE FACCIO

Avvenne come in certi sogni, in cui l'azione si dilata prima e poi improvvisamente accelera.

«Tu pensa a distrarre Testadiferro» sussurrò Barliario, all'amico.

Shabbatai lo guardò e disse soltanto: «Mi fido di te, fratello».

«Che avete da parlare, laggiù?» Ermanno strillò verso il gruppetto dei tre. «Basta chiacchiere!»

Trotula si volse verso i suoi amici. Sul suo volto c'era autentico spavento. Barliario non l'aveva mai vista così.

«Prendeteli» ordinò Ermanno ai suoi uomini.

Shabbatai fece un passo avanti con i due coltelli nelle mani.

Ermanno fu sorpreso di quella spavalderia. La medichessa interrogò con lo sguardo Shabbatai. Lui rispose con un occhiolino.

«Eccolo, il saltimbanco giudeo» sibilò Testadiferro. «Ti strapperò quel sorriso ebete dalla faccia una volte per tutte.»

«Naaa, mi dona troppo. Le ragazze ne vanno matte» ribatté l'altro. «Me lo tengo, se non ti spiace.»

Shabbatai sapeva bene come irritare Ermanno. E soprattutto aveva bisogno di attirare tutta la sua attenzione su di sé. Senza dargli il tempo di reagire, il ragazzo della Judaica lanciò prima un pugnale, poi l'altro, a distanza di un battito di ciglia.

Le due lame sibilarono fendendo l'aria immobile e si piantarono con precisione straordinaria a meno di un pollice dalle punte degli stivali di Ermanno.

Il tempo sembrò fermarsi per un istante.

Ermanno si scostò, sorpreso. Fissava le due lame che ancora vibravano nel terreno. Per un soffio non si erano conficcate nella sua carne.

Alzò lo sguardo carico d'odio su Shabbatai, il quale alzò le braccia e gridò: «Ti ho risparmiato i piedini delicati, ma puoi fare a meno di ringraziarmi».

La furia avvampò sul volto di Ermanno.

Non ci fu però il tempo di scaricarla, perché intanto Barliario era entrato in azione. Nella sua mano c'era l'amuleto di vento e il ragazzo aveva appena sciolto uno dei nodi rimasti.

E il prodigio si compì.

Il vento intrappolato nel viluppo di corda si scatenò nel giro di pochi istanti. Folate gelide e potenti si radunarono nell'aria intorno a loro. Passavano tra gli alberi, scavalcavano rami e cespugli. Scheggiavano pietre e rocce.

Volpe, che aveva già assistito ai sortilegi del ragazzo *usskarjan*, arretrò impaurito. «Che gli dei abbiano pietà di noi» mugolò, prima di fuggire a gambe levate.

Coloro che rimasero furono investiti in pieno dal vento nato dal nulla.

Trotula riuscì a raggiungere i suoi amici. Aveva capito subito l'idea di Barliario. E così alzò lo sguardo sui nidi di processionarie.

Le raffiche di vento stavano strappando ai rami di pino gli alloggi setosi delle larve. Cadevano giù a centinaia, una pioggia di bruchi strappati al sonno della metamorfosi.

«Tutti in acqua, presto! Lì saremo al sicuro» gridò Trotula, dirigendosi verso il lago.

Quando le micidiali setole urticanti dei bruchi raggiunsero gli occhi, le bocche, la pelle dei soldati, questi esplosero in grida di dolore. Non compresero subito il perché di quel bruciore insopportabile e improvviso. Era come se nel vento ci fosse un fuoco invisibile che li torturava senza rimedio.

Le larve del diavolo.

Ermanno stesso fu travolto dalle folate infernali. Ma l'elmo sulla testa in qualche modo lo proteggeva.

Trasudava furia. Alzò il balestrino e puntò alla schiena di Shabbatai, che stava per entrare in acqua e non si accorse del pericolo imminente. Trotula e Barliario si erano già tuffati.

«Muori, ebreo!» disse a fior di labbra Ermanno.

«Attento Shab!» gridò Ligea al di sopra del vento.

Shabbatai si voltò. La piccola freccia si sarebbe conficcata nel centro del suo petto, se la piccola negromante non fosse intervenuta. Con un balzo scartò di lato e si frappose tra il suo amico e la punta metallica.

Il rumore sordo dell'impatto raggelò Shabbatai.

Il dardo aveva squarciato la carne di Ligea, infilandosi all'attaccatura della spalla. Il colpo la sbalzò all'indietro.

Shabbatai ne fu agghiacciato. Il suo urlo sventrò l'aria. In quel momento sparì qualsiasi cosa intorno a lui. Esisteva solo Ligea. Aveva già perso una sorella, non voleva perdere anche lei. L'afferrò sollevandola da terra e la trascinò nelle acque del lago. L'avrebbe portata con sé verso la riva opposta.

Testadiferro voleva portare a termine ciò che aveva iniziato, ma le minuscole setole delle processionarie gli erano entrate negli occhi. Si sentì accecare, strepitò, provò a spegnere l'incendio sotto le palpebre strofinandosi con foga, peggiorando la situazione.

Non poteva fare un altro passo da solo e dovette seguire i suoi soldati che erano già fuggiti via.

Gettò un ultimo sguardo verso la riva del lago. Nel suo campo visivo sfocato, i ragazzi non c'erano più. Erano spariti.

«Vi ritroverò, schifose nullità» sussurrò prima, e poi urlò: «Fosse l'ultima cosa che faccio!».

10

NON SI SVEGLIA

Ancora poche bracciate e sarebbero arrivati sulla riva opposta, anche se sembrava non avvicinarsi mai. Shabbatai sentiva i muscoli bruciargli per lo sforzo di trascinare Ligea ferita e priva di sensi.

«Resisti ancora un po', ci siamo quasi, piccola.»

Anche Trotula era in difficoltà. Non era mai stata una grande nuotatrice e con la tunica inzuppata d'acqua si sentiva colare a picco. Barliario la raggiunse.

«Non ce la faccio più, Barl» confessò, esausta. Le sue bracciate erano pesanti. Il fiato corto.

«Forza, Trotula... ce la puoi fare.»

Non finì nemmeno la frase che la vide sparire sotto la pellicola oleosa del lago.

Si riempì il petto di tutta l'aria che poté e si immerse a sua volta.

Teneva gli occhi aperti, per farsi strada nel paesaggio nebuloso delle prime profondità subacquee, ma le forme emergevano a fatica e nel silenzio sordo che gli premeva sulle orecchie Barliario avvertiva distintamente il proprio cuore battere a ritmo sempre più rapido. Piccoli pesci saettavano, emergendo improvvisamente dal nulla. Con la coda dell'occhio gli parve di vedere qualcosa di più grosso. Una specie di massa nera in lento avvicinamento. Trotula.

Nuotò nella direzione dell'amica raccogliendo tutte le energie residue. La ragazza stava combattendo contro i panni attorcigliati intorno al suo corpo, come fossero tentacoli decisi a portarla nelle melmose profondità.

Barliario si allungò per agguantarla. Trotula, sentendolo vicino, si aggrappò a lui. Anche se erano a poche braccia sotto la superficie, la risalita fu lentissima. Per loro fortuna, Trotula non aveva perso i sensi e riusciva con una mano e agitando le gambe a darsi un minimo di spinta. Barliario faceva il resto.

"Ancora un piccolo sforzo."

Qualche momento dopo, riemersero. Trotula sputò uno getto d'acqua, tossì forte e strizzò gli occhi alla luce del sole opalescente.

Erano così affamati d'aria da inghiottirla a morsi.

L'aria che pungeva fredda i loro corpi fradici non era mai stata così colma di vita.

Si diressero verso riva, coprendo la breve distanza lentamente, bracciata dopo bracciata.

Quando raggiunsero la sponda Trotula riuscì solo a dire "grazie", continuando ad ansimare.

«È stato un piacere» rispose Barliario, prendendo fiato a sua volta.

Lei ingollò un'altra sorsata d'aria e disse: «È ancora con me».

Barliario la guardò a occhi sgranati. «Cosa?»

«Il sortilegio del chiodo...» disse lei e si toccò un punto della tunica sopra al petto.

Lui sorrise e pensò che quella ragazza era una benedizione divina.

Intanto Shabbatai aveva adagiato Ligea sulla proda del lago.

«Ligea... Ligea... ti prego, rispondimi.»

La ragazza era cerea in volto, i capelli scarmigliati sparsi sulla fanghiglia, il dardo che fuoriusciva dal corpo come un piccolo osso fuori posto.

Trotula e Barliario raggiunsero i due amici.

«Non si sveglia» disse loro Shabbatai con tono disperato. Poi aggiunse: «Ligea, c'è Trotula. Vedrai lei che ti guarirà...».

Solo allora la bambina aprì gli occhi, sollevando a fatica le palpebre. «Ma Barl... ha detto che... non devo crederti... mai.» Fece un debole sorriso e perse di nuovo i sensi.

11

SEI UN PORTENTO, TROTULA DE RUGGIERO

«È viva» si pronunciò Trotula dopo aver rintracciato il battito del cuore di Ligea e il suo debole respiro. «Ma devo toglierle questa freccia dalla spalla.»

«Come possiamo aiutarti?» chiese Barliario.

Erano tutti gocciolanti e tremanti, coi vestiti inzuppati e la paura di perdere la loro amica.

«Una volta estratta la freccia, la ferita inizierà a sanguinare copiosamente. In quella parte del corpo non ci sono punti vitali, ma l'emorragia potrebbe essere mortale.»

Il gelo penetrò nelle ossa dei ragazzi.

Trotula e Barliario erano accovacciati accanto al corpo di Ligea, che sembrava ancora più minuta, come se l'approssimarsi della morte la stesse prosciugando. Shabbatai, invece, era in piedi e si muoveva nervosamente sul terreno limaccioso della proda. Si passava di continuo le mani tra i capelli fradici.

«Trotula, ti prego, salvala» implorò.

La ragazza lo guardò e deglutì, sentendo il sapore amaro dell'angoscia.

«Ho bisogno di qualcosa per fermare la fuoriuscita di sangue, quando le toglieremo il dardo.» Si fermò e guardò i ragazzi. «E comunque non potrà continuare a viaggiare con noi».

«Cosa vuoi dire?» chiese Shabbatai.

Intervenne Barliario: «Che dobbiamo portarla al villaggio più vicino». Il ragazzo incrociò lo sguardò di Trotula.

«Sì, ha bisogno di recuperare le forze» disse la medichessa.

«La porteremo a Volturara» concluse Barliario.

«No. Non puoi rinunciare alla tua missione, Barl. La porterò io a Volturara» disse Shabbatai.

«Da solo?» chiese Trotula.

«Tu pensa a tenerla in vita, poi mi occuperò io di lei. Dovesse essere l'ultima cosa che faccio.» Ligea gli aveva salvato la vita, questo non lo avrebbe dimenticato mai.

Seguì un silenzio teso che durò fin quando la medichessa non lo ruppe: «Non perdiamo altro tempo, allora».

«Dammi il tuo coltello, Shab» chiese Barliario.

«Che vuoi fare?» disse Trotula.

«Immagino tu abbia bisogno di una benda, no?»

La ragazza annuì e Shabbatai passò il pugnale a Barliario, il quale si tolse la camicia e ne tagliò un bel pezzo dalla manica.

«Shab, tu resta con lei. Noi andiamo a cercare qualcosa che mi aiuti a contenere l'emorragia» disse Trotula mettendosi in piedi.

Una volta arrivati ai margini del bosco che fiancheggiava quella sponda del lago, Barliario chiese alla ragazza cosa stessero cercando precisamente.

«Una piantina dai fiori gialli. Dovrebbe essercene abbastanza, qui... la gente la conosce come l'erba di San Giovanni.»

«Ah sì, ho capito... Mia madre ne conserva un po' a casa in un barattolo, tenuta sott'olio.»

«È saggia, tua madre.»

Trotula indicò un cespuglio, esultante. «Eccole. Piante di iperico.» E si chinò per raccogliere qualche ciuffo giallo che emergeva dal terreno.

Fu la stessa Trotula a estrarre il dardo.

«Ci sono due modi per tirare fuori le frecce dalle carni» diceva mentre aveva già afferrato la coda della piccola freccia. «O tirandole all'indietro, o spingendole in avanti.»

Barliario era accanto a lei con la benda e il composto grezzo che Trotula aveva preparato coi fiori. Shabbatai teneva forte Ligea, perché non si agitasse troppo dal dolore, rendendo ancora più complicata l'operazione.

«Quando la freccia è conficcata superficialmente, e per fortuna è il suo caso, bisogna tirare piano all'indietro, stando attenti a seguire la linea di entrata.»

Trotula raccontava i suoi gesti per sciogliere la tensione che le stava comprimendo le viscere. La vita di Ligea era nelle sue mani.

«Come procede?» chiese Shabbatai, che non aveva il coraggio di guardare.

«Se la caverà... nessuna vena importante si trova in questo punto» disse la medichessa, continuando a estrarre con meticolosità la piccola asta dalla lacerazione.

«Eccola!» esclamò. La punta era già messa a nudo.

«Ora l'ultimo strappo... la tieni Shab?»

Luì annuì con forza.

Trotula contò fino a tre e tirò con decisione.

Fiotti purpurei cominciarono a scorrere dalla carne lacerata.

Ligea si risvegliò e gridò con tale forza che gli uccelli appollaiati lì intorno volarono via spaventati. Dopo poco perse di nuovo i sensi.

Barliario intervenne subito con le bende e il composto. Trotula lanciò via il dardo e si dedicò alla ferita.

Shabbatai non smetteva per un attimo di carezzare e rassicurare Ligea. Le teneva stretta la mano.

Barliario fissò i suoi occhi nocciola su Trotula. Le scostò una ciocca bagnata che pendeva sul suo volto.

Lei lo guardò e sorrise. Era come se sorridesse ogni parte di lei.

«Sei un portento, Trotula de Ruggiero.»

Un evidente rossore le accese le guance.

E prima che se ne rendesse conto, Barliario si chinò e la baciò. Un bacio lieve, che durò un attimo.

«Perché mi guardi così?» chiese Trotula.

Barliario si riebbe da quel sogno a occhi aperti.

E nonostante lo avesse solo immaginato, le sue gote presero fuoco dall'imbarazzo.

«Niente, così...» balbettò il ragazzo.

Trotula annuì con un mezzo sorriso e tornò a medicare la ferita di Ligea.

12

TI MOSTRERÒ LA MIA MAGIA

Fu mentre il cielo si apriva lasciando sbucare un sole pallido e guasto che le strade di Barliario e Shabbatai si divisero.

Separarsi fu più duro del previsto.

Si strinsero forte, come non avevano mai fatto prima.

Quando si slacciarono dall'abbraccio, Shabbatai disse, con la voce rotta dall'emozione: «Avevo giurato di accompagnarti fino alla fine di questo viaggio, fratello».

Barliario represse le lacrime, che andarono ad annodarsi in gola.

«A volte ci vuole più coraggio per fermarsi che per continuare il cammino» gli rispose. Quindi alzò il mento in direzione di Ligea, che era riuscita a mettersi in piedi, fragile, sottile tanto da dare l'impressione di un fuscello pronto a volare via. «Ha bisogno di te e non potrebbe essere in mani migliori.»

Shabbatai annuì vigorosamente e poi disegnò l'abbozzo di un sorriso sulle labbra.

«Tu vedi di non farti arrostire dal drago. Lo so che senza di me sarà difficile... ma provaci comunque.»

«Ci provo fratello, ci provo.»

Shabbatai gli assestò una goffa pacca sulla spalla e raggiunse le due ragazze.

Trotula gli fece mille raccomandazioni: «Shab, quando arrivi a Volturara cerca il gastaldo e chiedigli di mandare dei messaggeri per chiamare mio padre, Ruggero de Ruggiero. Sono certa che ti darà una mano. Se ancora significa qualcosa il mio cognome alla corte di Gisulfo, vedrai che farà di tutto per aiutarti».

Shabbatai annuì ancora. «Spero solo di non trovarmi di nuovo di fronte a Ermanno.» E aggiunse subito: «Questa volta non mi limiterei a sfiorargli i piedi con le lame».

Barliario intervenne: «Non fare stupidaggini. Stai attento». Poi aiutò Ligea a salire sulle spalle di Shabbatai.

Solo dopo che la ragazza fu sistemata, questi replicò all'amico. «Lo sai che la cautela è la mia specialità» disse ironico, e strizzò l'occhio ai due amici.

Ligea, provata dal dolore e dalle pessime condizioni, abbandonò il capo sulla spalla del ragazzo. Non riusciva a tenere gli occhi aperti.

«Buona fortuna, amici miei» salutò Shabbatai.

«A presto» disse Barliario.

Trotula fece scivolare una carezza sulla guancia di Ligea: «Riposa, mia impavida amica».

Ligea si sforzò di mostrare un sorriso.

Senza dirsi altro, finalmente Shabbatai si avviò.

Barliario e Trotula lo seguirono con lo sguardo. Lei appariva preoccupata. Di fronte al ragazzo della Judaica si stagliava il paese di Volturara, incastonato nel fianco della collina. Non era così vicino come poteva apparire. Sapeva che raggiungerlo sarebbe stata un'impresa per Shabbatai.

«Ce la farà» disse Barliario, come se avesse letto nei pensieri angustiati di Trotula.

«Sì, lui farà l'impossibile pur di salvarla.»

Barliario e Trotula rimasero da soli, completamente. Per la prima volta da quando era iniziato il viaggio, tutto dipendeva solo da loro.

«Bene, che facciamo ora?» chiese Trotula.

«Innanzitutto dobbiamo asciugarci, presto scenderà la notte e con questi abiti...» disse Barliario.

«Sarà prudente accendere un fuoco?»

«Prudente non lo so, ma credo sia necessario». Poi si batté la fronte: «Un attimo... siamo rimasti senza acciarino!».

«Non è un problema» disse Trotula.

Barliario la interrogò con lo sguardo.

«Devo insegnarti proprio tutto, non è vero?» continuò lei.

«Sono qui per imparare, mia signora e medichessa.» Barliario stette al gioco.

«*Fomes fomentarius*» disse lei alzando il dito indice con un gesto ironico.

«Cos'è, una formula stregonesca? Stai accendendo il fuoco con un incantesimo?»

«Quella roba la lascio a te, mio caro alchimista» disse lei dirigendosi verso quella parte di bosco dove avevano raccolto l'erba per la ferita di Ligea. Il ragazzo restò a fissarla, fino a quando lei non lo richiamò da quel piacevole incanto. «Seguimi e ti mostrerò la mia magia.»

13

NON SONO UN EROE

"Quando smetterà di sorprendermi?"

Pensava a questo, Barliario, mentre si riscaldava davanti al fuoco che avevano acceso in un lampo, le mani aperte a raccogliere il calore delle fiamme. Il loro crepitio familiare lo riportava con la mente alle sere d'inverno trascorse ad ascoltare il padre e i suoi racconti di imprese magnifiche in terre lontane.

Il *Fomes fomentarius* era un fungo. Per la precisione, come gli aveva detto Trotula, un "fungo esca del fuoco".

"*Nomen omen*" pensò Barliario: come aveva imparato dal padre, nel nome è contenuto il destino.

La medichessa li aveva notati quando aveva raccolto l'erba di San Giovanni: ce n'erano un bel po' attaccati alle cortecce di un gruppo di betulle. Brutti da vedere, erano miracolosi se usati come esca per far partire una fiamma.

Trotula stava studiando il *ganagljan* che avevano trovato sotto all'albero del dono.

«Lo stai esaminando da un secolo. Lo so che mi hai detto di starmene in silenzio...» esordì Barliario.

«Inutilmente, visto che non fai altro che interrompermi» replicò lei, concentrata.

«Scusa, è che vorrei capire!»

«Anche io» ammise un po' sconsolata Trotula. Finalmente alzò lo sguardo sul ragazzo. Fece un lungo respiro e parlò. «Credo sia una *tabella defixionum*.»

Lui stette un attimo in silenzio. «E scommetto che lo sai perché ne parla Plinio il Vecchio. Vero?»

«Scommessa vinta» rispose lei, tirando fuori la lingua per canzonarlo.

«È come se fosse un compagno di viaggio immaginario. Dove ci sei tu, c'è lui» borbottò divertito Barliario. «Riesci a spiegarmi che cos'è senza farmi venire il mal di testa?»

«Proverò a renderlo facile per una mente semplice come la tua.»

Barliario fece una smorfia, fintamente offeso.

«Sono delle tavolette che si usano da tempi antichi. Non solo i Romani ma anche i barbari, i Goti, gli Etruschi, i Greci… Plinio ammette che la magia nera esiste da quando esiste l'uomo. Non che credesse…»

«Magia nera?» la interruppe il ragazzo.

«Sì, la goezia.»

Quel termine non era nuovo a Barliario. Di sicuro aveva letto la parola tra le carte del padre, o in un suo libro.

«Quindi questo che hai tra le mani è… qualcosa di malvagio?»

«Non so se possiamo dire che sia proprio malvagio.»

«E come fai a essere sicura che è proprio una *tabella…*» Barliario non ricordava la parola e lasciò la frase in sospeso.

Trotula la raccolse e la continuò: «*Defixionum*». Breve pausa. La medichessa sfiorò le lettere sulla facciata metallica della lamina. «Senti, tocca qui» lo invitò, prendendogli delicatamente la mano e posandola sulla superficie. Entrambi furono di nuovo percorsi da un fremito.

Barliario, guidato da Trotula, passò il dito sui segni alfabetici incisi. Poi si schiarì la gola e disse: «È come se fossero dei graffi».

«Su queste lamine di piombo si incidevano delle maledizioni. E lo si faceva graffiando la superficie. Indovina come?» Non attese la risposta: «Con un chiodo».

Il brivido della rivelazione solleticò la nuca di Barliario. «Il sortilegio del chiodo» sussurrò.

«*Defigere* significa proprio inchiodare. Per questo le maledizioni si chiamavano *defixionem*. Perché le formule venivano trascritte sulle tavolette trafiggendole con dei chiodi.» Trotula fece ancora una pausa. «Ma soprattutto per indicare la volontà di immobilizzare le capacità fisiche e mentali di chi si voleva maledire.»

«Una persona... o anche un drago» intuì Barliario.

Proprio in quell'istante un ramo scoppiettò nel fuoco e un nugolo di scintille si alzò al di sopra della fiamma.

«Ora mi è chiaro il senso del dipinto nella tomba di Alcesi!» disse il giovane alchimista. «Lei stava usando questa tavoletta per bloccare Sauil Reqis.» Si fermò un attimo, prima di proseguire. «Quindi, se noi lo affrontiamo usando quello che c'è scritto sulla *tabella*, potremmo vincerlo e...» Si bloccò.

Anzi, fu come se si fosse spento all'improvviso: apparve opaco, svuotato. Un'ombra si addensò sul suo volto, inghiottendone luce ed entusiasmo.

Trotula se ne accorse.

«Che hai, Barl?»

Lui scosse la testa. «Di tutte le cose stupide che ho fatto fino a ora, e credimi non sono poche, questa impresa le batte tutte.»

Trotula era confusa. Non capiva cosa gli stesse prendendo.

«Mi fai il favore di spiegarmi cosa diavolo ti sta succedendo?»

«Ma non lo capisci che è tutta un'assurdità?» Alzò la voce fin quasi a gridare. Scuoteva la testa con un'espressione desolata. «Ammettiamo che tu riesca a decifrare quelle parole. Il che non è così facile, giusto?»

Silenzio.

«Poi dobbiamo trovare il drago. E non abbiamo idea di dove sia. Né c'è Ligea che può interrogare qualche anima inquieta.» Alzò un braccio, indicando un punto vago del bosco.

Trotula cominciava a seguirlo in quel cupo ragionamento.

«Ammettiamo pure che riusciamo a trovare la voragine. Entriamo e affrontiamo la Bestia. La immobilizziamo con il sortilegio del chiodo.» Le parole di Barliario erano accompagnate da gesti e movimenti che ne amplificavano la forza.

«E poi? Che cos'è questo maledetto *Anbar* di cui parlano il *Draconis Chronicon* e l'iscrizione nella tomba che ci ha mostrato Walia?»

«Un passo alla volta, Barl» provò a rassicurarlo Trotula.

Ma lui continuò a parlare senza nemmeno averla sentita. «Poniamo il caso che abbiamo abbattuto l'Eclisse... Va bene? Non so come, ma l'abbiamo fatto.» Barliario la guardò con occhi febbrili. Occhi di chi implorava aiuto. «Che significa prendere il suo fuoco? Ah, rispondi a questo, Trotula, tu che sai tutto: sai come si prende il fuoco da un drago?!» concluse a voce alta, poi sospirò, come svuotato.

Trotula restò per un attimo ferma con la tavoletta metallica stretta nella mano, poi fece un passo verso di lui.

«Hai finito?» chiese. «Se hai finito, io direi di cominciare a darci da fare, perché presto il sole sorgerà e sarebbe bene metterci in cammino, invece di piagnucolare.»

Fu come ricevere uno schiaffo.

Barliario sentì il riverbero delle parole del padre in quelle di Trotula.

«Siamo arrivati fin qui superando prove terribili e rischiando la vita a ogni lega. Abbiamo questa...» sollevò la lamina di piombo «che solo Iddio sa come l'abbiamo recuperata. E hai cominciato a maneggiare la tua magia in un modo straordinario. Tu stesso lo hai detto.»

Lui provò a controbattere, ma Trotula glielo impedì: «No. Ora parlo io e tu mi fai il favore di ascoltare fino in fondo.» Si fermò e indurì ancora il tono. «È normale che tu abbia dei timori. Non stiamo andando a pesca di trote.»

Barliario aprì la bocca, ma la richiuse subito.

«Avere paura è sacrosanto prima di una prova così difficile e importante» proseguì la medichessa, e puntandogli contro il dito minaccioso aggiunse: «Ma non ti azzardare a mettere tutto in discussione proprio adesso».

Barliario, investito da quel fiume in piena, restò in silenzio. Le parole di Trotula, decise e inappellabili, avevano messo una diga a quella paura che spesso dilagava in lui, rovinando tutto.

«Io non so se riuscirò a decifrare cosa c'è scritto qua sopra.» Trotula picchiettò con un dito sulla tavoletta. «Né so come si raccoglie il fuoco di un drago, che tra l'altro, fino a prima di partire per questa avventura, per me era solo l'invenzione fantastica di qualche mente troppo suggestionabile. Credimi, non sarei mai venuta con te e Shab se avessi saputo che stavi cercando un drago.» Fece una breve pausa, poi alzò la voce: «Un drago, ti rendi conto?». Gli puntò il dito contro e scandendo per bene le parole disse: «Ora ti fai venire un'idea e ci porti al cospetto della Bestia, perché io sono sicura di una cosa...».

«Cosa?» sussurrò Barliario.

«In te c'è una forza che nemmeno tu sai di avere.» Il tono si era addolcito. «L'hai tenuta soffocata sotto strati di insicurezza. Ma hai cominciato a liberarla conducendoci fin qui...» ammise lei. «Senza la tua guida e la tua ostinazione non avremmo nemmeno varcato le mura di Salerno.»

«Non sono un eroe, Trotula» protestò ancora Barliario, debolmente.

«Gli eroi senza macchia e senza paura esistono solo nella poesia epica e nelle canzoni di gesta che vanno tanto di moda di questi tempi a corte dal nostro principe. Tu sei un vero eroe, invece.»

La voce di Trotula si fece ancora più morbida e concluse: «Tu sei un ragazzo speciale che presto sarà un uomo straordinario. E, ne sono certa, un valente alchimista».

In tutta la sua vita era la prima volta che Barliario si sentiva rivolgere parole così belle. Trotula aveva squarciato l'ombra che si era depositata dentro di lui.

Barliario alzò lo sguardo sulla ragazza. «Diamoci da fare.»

14

IL SOGNO DI CONOSCERE TUTTO

«Non abbiamo alternative. È l'unico modo che mi viene in mente per trovare Sauil Reqis» disse Barliario.

«Ne sei sicuro?»

Barliario e Trotula camminavano nella boscaglia già da quando era sorto il sole. Si erano fermati a mangiare lungo il percorso. Bacche, frutti, radici in abbondanza.

Trotula si fermò di colpo.

«Posso farti una domanda che già da tempo mi ronza nella mente?» e senza attendere conferma andò avanti. «Mi dici che cos'è questa Grande Opera di cui parli spesso?»

Rainardo gli aveva detto chiaramente che una delle prime regole per un alchimista era nascondere più che rivelare il proprio cammino. L'alchimia era una scienza sacra riservata solo agli iniziati, e soprattutto gli argomenti dei quali si occupava la loro "magia" non si potevano spiegare a parole.

Barliario, però, sentiva che con Trotula poteva aprire le sue porte segrete. Se c'era una persona con cui poteva parlarne, quella era la medichessa. Si schiarì la voce, dopo aver cercato dentro di sé le parole giuste.

«Mio padre dice che essere un alchimista è come diventare un involontario guardiano del mondo» esordì.

Trotula si voltò verso di lui: «Che vuoi dire?».

«Una volta mi ha detto che ogni atto dell'alchimista è una specie di preghiera rivolta alle tenebre, per far emergere la luce.»

«Chiaro come una notte senza stelle» ironizzò Trotula.

Barliario le diede una leggera spinta e sorrise. «Non ridere di me... che fai, prendi il posto di Shabbatai?»

«No, scusa, continua.»

«La Grande Opera è un modo di manipolare la materia e l'energia così che chi la pratica può avere accesso a tutte le realtà che sono normalmente nascoste.»

Trotula lo guardò dritto in faccia e disse: «Il sogno di conoscere tutto... Be', è quello che vuole la medicina, anche, ma senza tutta la vostra magia».

Barliario era impacciato, si sentiva così piccolo nello spiegare una cosa così grande come l'Opera. Forse il padre aveva ragione, meglio tacere che parlare debolmente. Provò a spiegarlo in un altro modo.

«Devi immaginare l'Opera come un viaggio. Fatto a tappe. Un po' come quello che stiamo facendo noi per avvicinarci al drago, no? Solo che l'obiettivo dell'alchimista è arrivare a ottenere la pietra filosofale.»

«*Lapis philosophorum*» intervenne Trotula. «Ne ho sentito parlare. La leggendaria sostanza che trasforma i metalli vili in oro.»

«Sì, ma non per brama di ricchezza» si affrettò a dire Barliario. «Non è questo che interessa davvero agli alchimisti. E sicuramente non interessa a me. È solo per dimostrare come si può dominare la materia. Così come nell'*Extricatum* si domina il corpo con la forza della mente.» Fece una breve pausa. «E poi, la pietra filosofale è anche altro.»

Lei lo guardò in silenzio, inarcando le sopracciglia per incitarlo a continuare.

«L'onniscenza e l'immortalità» sentenziò Barliario, e per dare più solennità a quelle parole si fermò in mezzo al sentiero. Trotula fece lo stesso. «Ma nemmeno queste sono il fine ultimo.» Ripresero a camminare e Barliario cercò di ripetere le parole apprese da Rainardo: «La verità, in fondo, è che ognuno deve scoprire da sé quale sia il vero significato della Grande Opera, ricercando per tutta la vita».

«E tu? L'hai trovato il tuo vero significato?»

«Io sto ancora cercando, ma di una cosa sono sicuro: voglio che mio padre sia fiero di me.» Il ragazzo sospirò scoraggiato. «Forse ti apparirà superficiale o stupido, ma io sento di essere destinato a fare qualcosa di importante. È solo che ancora non so esattamente cosa.»

«Hai detto che stai cercando. È giusto così» commentò Trotula. «Sono certa che un giorno ti sarà chiaro, e allora me lo dirai.»

Poi, afferrandogli con delicatezza il braccio, aggiunse: «Lo farai, me lo prometti?».

Barliario annuì e le fu grato. Trotula non era solo brava a leggere la natura, lei era maestra anche nello scrutare l'animo umano.

Lui fissò la mano della medichessa sulla sua camicia sbrindellata. Avrebbe voluto che quelle dita rimanessero lì a lungo, ma Trotula, interpretando il suo sguardo in maniera diversa, le ritirò subito. Ripresero a camminare, in silenzio.

Si fermarono solo quando trovarono ciò che stavano cercando: un rifugio per compiere l'*Extricatum*.

Era una rientranza nella roccia muschiosa, poco profonda. L'apertura era nascosta dalle lunghe radici di un albero cresciuto sulla sommità, che probabilmente alla prossima pioggia torrenziale sarebbe franato.

«Potremmo raccogliere dei rami e chiuderci dentro, nascondendoci alla vista dall'esterno. Può andar bene per il tuo...?»

«Sì se non ti impressiona vedermi così...» disse lui

grattandosi nervosamente il collo. In effetti, se praticare il viaggio astrale davanti a una persona era di per sé difficile, richiedendo una profonda concentrazione, l'idea di farlo al cospetto di Trotula sembrava a Barliario decisamente imbarazzante.

«Io posso aspettarti fuori» propose lei.

«Forse sarebbe meglio.»

Si sorrisero e fu come se avessero raggiunto un accordo stringendosi la mano.

SOLO CHI È PRONTO SA COSA CERCARE

Lascio il corpo senza sforzo.

Anche se, appena il filo d'argento si strappa e fluttuo sopra di me, avverto qualcosa nell'aria che non mi convince. La sensazione di non essere solo.

Esco dal rifugio. E mi trovo di fronte il solito mondo privo di calore e colori. Le forme distorte, come se una secchiata d'acqua gettata su un dipinto ne avesse disciolto il disegno.

Sto per oltrepassare le vette degli alberi quando avverto una morsa terribile che mi stringe la testa. E una specie di pugnale ghiacciato che mi attraversa il petto da parte a parte.

Tento di sottrarmi a quella sofferenza inaudita, ma sono inchiodato nell'aria. Devo scendere, devo liberarmi, devo trovare un modo per estrarre il pugnale invisibile. Sennò muoio. Quant'è vero Iddio, muoio.

Ed ecco la voce. Ecco il buio che Lui si porta dietro.

«Solo chi è pronto sa cosa cercare» dice Arimane, con una voce che suona come un frusciare di foglie.

La morsa alla testa si allenta, la lama invisibile si ritira. Eppure non sono sollevato. Ho l'impressione che il peggio debba ancora venire.

Mi guardo attorno e Lui non c'è.

«Sono quaggiù, Barliario. E ora... tu mi raggiungerai.» Appena finisce la frase precipito, come se una corda legata alla mia caviglia venisse tirata con forza verso il basso.

Atterro in piedi, me lo trovo di fronte.

Ed eccolo, il peggio.

«Perché non mi lasciate in pace?» gli chiedo.

«Pace? Cosa speri di ottenere con la pace? Non ti hanno insegnato che dalla quiete non nasce nulla?» Si avvicina, e più mi si accosta più l'oscurità si addensa. «I morti sono gli unici ad aver ottenuto la pace, e a cosa gli è servito?» Nelle sue parole c'è una nota familiare, ma non capisco cosa. Prosegue: «Tutto ciò che ti sarà utile nell'esistenza la otterrai con la lotta. Con la battaglia. A costo di annientarti.»

«Non mi piace quello che dite.»

«Non deve piacerti.»

«Uscite dal mio viaggio, Arimane. Io devo andare avanti, devo cercar...»

Mi interrompe con tono imperioso. «Ti ripeto, solo chi è pronto sa cosa cercare.» Una breve pausa. «Tu lo sei?»

La domanda mi brucia dentro. Non so come spiegarlo, ma le sue parole ardono. «Non so cosa intendete per essere pronto.»

Lo sento respirare, con rantoli che hanno poco di umano.

«Peccato. Tuo padre è destinato a morire, allora.»

Provo un odio feroce per questo demonio. Un'emozione, in questo stato in cui di solito non ne provavo alcuna.

«Mio padre è ancora vivo?» chiedo.

Lui annuisce.

«E come posso sapere che non state mentendo?»

«Non puoi saperlo, infatti.» L'odio cresce, simile a una pianta le cui radici si allargano nel terreno a vista d'occhio. «Però non hai scelta, devi fidarti. Forse Rainardo è già morto, ma se non mi porti quel fuoco non saprai mai se è stato a causa della tua incapacità o meno.»

Ho voglia di fargli del male.

Per la prima volta nella mia vita sento un cupo desiderio di infliggere del dolore. Forse è a questo che mi sta conducendo. Forse è questo il suo disegno. Eppure saperlo non attutisce in me questa malsana volontà.

«Indicatemi la via per raggiungere il drago, allora. E io farò il resto.» Mento, e spero che lui non se ne accorga. Non so nemmeno da dove cominciare per affrontare l'Eclisse.

«Prima devi farmi sentire a cosa sei pronto a rinunciare.» Alza la mano verso di me: «Vieni ad affrontarmi» mi ordina.

Per un attimo i miei occhi si chiudono, senza che neppure me ne renda conto, e un istante dopo sono a un braccio da lui.

Prima che capisca quello che sta succedendo avverto un violento dolore sulla schiena. Arimane non è più davanti a me, ma alle mie spalle.

«Questo è il momento delle lacrime!» grida.

È come se mi arrivasse una frustata lacerante, anche se lui ha soltanto alzato le mani.

Mi rimetto in piedi, barcollante. E raccolgo un'altra frustata che arriva con le sue parole: «S'impara soffrendo».

Il male è vivo e pulsante. E lui colpisce ancora, con altre frasi che scuotono l'aria, scudisciate invisibili che mi spezzano dal dolore.

Per quante volte io mi giri, lui è sempre alle mie spalle.

A ogni colpo mi sento più debole e sofferente. Questa volta non tornerò al mio corpo. Arimane mi tiene in pugno.

«Perdonami, Trotula» sussurro, prima che un'altra sferzata si abbatta con bruciore insopportabile sulla mia schiena martoriata, eppure intatta.

"In te c'è una forza che nemmeno tu sai di avere." Le parole della medichessa si formano nella mia mente, improvvise, provvidenziali.

È come se fossero uno scudo.

"Tu sei un ragazzo speciale che presto sarà un uomo straordinario." Riesco quasi a vederla mentre le pronuncia.

Ed è allora che avviene qualcosa di stupefacente.

Il dolore, la rabbia, l'odio, l'amore si fondono in un unico tremito violento e una parte di me è scaraventata fuori dal mio corpo spettrale.

Vedo Arimane che frusta con le sue parole e i suoi gesti quello che resta di me, del mio spectrum in ginocchio.

E vedo altro, allo stesso tempo.

Sono nella radura e altrove. Allo stesso momento.

Vedo il mio corpo fisico steso, in preda alle convulsioni, e Trotula, spaventata, che prova a svegliarmi. Ha paura.

E sono fuori da entrambi come uno spirito puro, senza più materia.

Bianco di dolore, giallo di rabbia, nero d'odio, rosso d'amore.

Quattro elementi, quattro colori che tutti insieme danno un'unica luce.

Io sono quella luce.

Un doppio Extricatum.

"Non è possibile, non sta succedendo" dico a me stesso senza aprire bocca.

Arimane si blocca.

Guarda nella mia direzione. Guarda l'Io-luce.

Annuisce e proclama: «Anbar».

INDOSSA LA VESTE DI CHI CONOSCE LA VIA

Sono luce che si spegne. Che pulsa sempre più lentamente.

Arimane alza un braccio e punta un cespuglio.

Un uccello su un ramo, fermo come se fosse imbalsamato. Sulla testa si alza una cresta leggera. Ha un piumaggio color delle foglie in autunno, screziato di strisce bianche e nere.

Si volta nella mia direzione e anche se è distante da me, incrocio le sfere nere e vetrose dei suoi occhi come se fossi a meno di un passo da lui.

Sembra non ci sia vita dentro quello sguardo. Solo il pallido riflesso della mia stessa luce.

Hup-hup-hup.

Apre il becco e innalza il suo verso di tre sillabe.

Hup-hup-hup: canta ancora.

Apre ancora il sottile becco ricurvo per diffondere per la terza volta il suo richiamo: sono parole quelle che sento, e non più un verso animale.

«Indossa la veste di chi conosce la via.»

La frase trafigge la mia mente. E fa pulsare la luce che sono adesso di un bagliore nuovo.

Mi proietto veloce verso quest'uccello la cui cresta sembra la corona sul capo di un sovrano.

Un attimo dopo Barliario non esiste più. Io sono quel re dei volatili.

L'Io-uccello scorre via oltre la vegetazione folta, le paludi, gli acquitrini, i terreni accidentati.

Sente l'alito rovente di Sauil Reqis che corre sulla terra, lungo le acque, spandendosi nell'aria. È una scia, una traccia disegnata su una mappa di profumi intrecciati, di colori sgargianti, di forme nuove.

Il buio tra le fronde non ha segreti per quegli occhi d'ossidiana che distinguono il disegno di ogni singola foglia dove l'uomo vede solo un ammasso verde.

Solo chi è pronto sa cosa cercare.

Poi si ferma sull'orlo di una voragine nella terra. Un tuono che risale dalle profondità anziché scendere dal cielo a colmare il silenzio intorno.

Sauil Reqis è qui.

L'Io-uccello scuote il capo. La cresta vibra nell'aria. Le zampe si staccano dal terreno che arde come braci incandescenti.

Poi ripercorre il cammino a ritroso per fermarsi sulla spalla del mio spectrum inerte.

M'invade una sensazione di calore che non ho mai sentito prima

L'Io-luce abbandona il volatile e l'uccello cade a terra, come un vestito di cui si è liberato. L'Io-luce pulsa e rientra nella figura evanescente del mio spectrum.

Finalmente sento di avere la forza di controllare questo prodigio. Scorre in me qualcosa che adesso sento che mi appartiene.

Arimane è ancora lì, in piedi. I suoi occhi sono celati ma so che sono puntati su di me. Mi rimetto in piedi.

«Ora sono pronto» gli dico. E lo sono davvero.

Percepisco in lui lo stupore.

«Molto presto arriverà il tuo momento, Barliario. Il drago che dorme con un occhio solo ora sa che stai arrivando.»

Un'immagine mi appare nella mente: in un luogo scuro, l'occhio del drago si spalanca. Il sipario di scaglie lucenti che ha per palpebra si alza di scatto, mostrando la stretta fessura della sua pupilla. È uno squarcio nerissimo in mezzo a una sfera ambrata che muta colore. Diventa rossa, punteggiata di luce come se fosse un pezzo di cielo curvo iniettato di sangue, fuoco e stelle.

«Ora che conosci l'Anbar è giunto il tempo di dimostrare se sei degno del suo fuoco» dice, e mi lancia qualcosa. L'afferro al volo, per istinto.

Apro la mano traslucida e riconosco la jais.

Poi alzo lo sguardo di nuovo verso di lui..

«Questa non mi serve più.» E la lascio cadere.

CONOSCO LA STRADA

Le sorprese non sono finite. E non sono belle sorprese.

Al rifugio dove il mio corpo giace svuotato, Trotula è circondata da mefiti. Non le giocose creature dell'acqua, tutte scherzi e volteggi. Questi sono mefiti della polvere.

I peggiori, forse.

Arrivo giusto in tempo. Sono in sette e hanno un'aria minacciosa. Trotula si è spinta indietro fino a schiacciarsi contro la roccia. Le tetre figure emanano un odore sgradevole come di carne putrefatta; ho scelto proprio un bel momento per recuperare anche l'olfatto.

Uno sopra l'altro, due di loro raggiungerebbero a stento la mia altezza, ma questo non li rende meno temibili.

Ricordo esattamente le parole con cui il libro di mio padre li descriveva: "Hanno un attaccamento morboso alla morte e amano infliggere sofferenze".

Apro la bocca e parlo.

«Trotula, sono qui.» Adesso riesco a plasmare la mia voce di spectrum in parole che gli altri possono udire.

«Barliario, sei tu?» Trotula mi ha sentito. «Ti prego, aiutami!»

I mefiti avvertono la mia presenza. Si voltano verso di me con i loro sguardi da topi famelici. Orecchie a punta e un naso sottile, lungo quasi quanto il loro stesso corpo, e una specie di vapore terreo che li circonda come fosse una veste.

In quel momento emettono un suono cupo che ricorda il rantolo di un moribondo. E insieme fuoriesce dalla bocca la loro polvere narcotica.

Se ti raggiunge ti addormenti e ti fanno loro schiavo. Su di me, però, non hanno potere. Io non ho un corpo che può essere irretito dai loro poteri.

Leggo nei loro volti scarni un'incredulità che li rende più vicini agli umani. Dura un attimo. Sono esseri facilmente irritabili e la loro rabbia si scatena su di me.

Si avventano sul mio spectrum a denti e artigli sguainati. Non sento i loro morsi. Non sento i loro graffi. A differenza delle frustate di Arimane, loro non hanno il potere di infliggermi dolore.

«Trotula... accendi il fuoco.»

Mi allontano dal rifugio, attirandoli su di me. Trotula raduna dei pezzi di legno, sbriciola un pezzo di fungo-esca e in poco tempo produce una fiammella.

Basterà.

Spero.

Mentre i sette mefiti attaccano devo raccogliere qualcosa, provare ad afferrare un ramo, come se il mio spectrum fosse davvero un corpo fatto di carne e ossa.

"Penso" di agguantarlo e la mano ascolta l'ordine della mente. Le dita traslucide si stringono intorno al legno, come quando ho preso al volo la pietra nera che mi ha lanciato Arimane. Quello è stato istinto. Questa volta si tratta di volontà.

Sventaglio l'arma contro i nemici di polvere, che si allontanano per un attimo, giusto il tempo perché io riesca a entrare nel rifugio e raccogliere piccoli tizzoni ardenti.

Gli occhi dei mefiti si riempiono di terrore.

Uno di loro spalanca la terribile bocca e sta per emanare la sua nube narcotica. Con scatto fulmineo e una preci-

sione degna del mio amico Shabbatai lancio uno dei tizzoni infuocati proprio dritto in quelle fauci.

Il mefito esplode in una nuvoletta miasmatica. Gli altri sei si mettono a piagnucolare e prima che io possa minacciarli con altri tizzoni scappano via, lasciando dietro di loro una sudicia scia.

«Barliario... io...» La voce di Trotula trema alle mie spalle. Mi volto verso di lei. «Io posso vederti» mi dice, al colmo della meraviglia.

Non so come sia possibile. «Mi vedi?»

«È un pallido riflesso, ma... ma sei tu.»

Abbozzo un sorriso.

Ora ho qualcosa che mi appartiene. Che è davvero mio. Forse mio padre sarebbe fiero di me.

«Adesso, Trotula, conosco la strada.»

IL DRAGO

1

LA STRADA CHE CONDUCE AL DRAGO

«Pensavo fosse finita» disse Trotula quando Barliario rinvenne dall'*Extricatum*.

Appena si mise a sedere, lei gli gettò le braccia al collo e stettero così per un breve momento, trovando conforto in quel calore così sincero.

Barliario era ancora un po' stordito e la testa gli pulsava di un dolore sordo.

Trotula gli chiese di raccontarle cosa fosse successo nel suo viaggio astrale.

Il giovane alchimista tentennò. Una parte di lui avrebbe voluto confessare tutto, Trotula meritava una spiegazione. Eppure non lo fece.

"Non si rivela quello che deve restare nascosto. È pericoloso." Gli sembrava di avere il padre accanto che lo ammoniva. Qualsiasi cosa volesse intendere, dopo quello che gli era successo nell'ultimo *Extricatum*, adesso era più chiaro.

«Ho visto la strada che conduce al drago» disse soltanto.

La ragazza avvertì nella sua voce un tono diverso.

«E come hai fatto?»

«Ora dormi, domani è un giorno importante.» C'era una solennità nelle parole di Barliario che lo rendeva più saggio.

«Raggiungeremo il drago? Sai esattamente come arrivarci?»

«Ti ho già detto che fai troppe domande?»

«Qualche volta...» rispose lei in tono vago.

«Io resterò di guardia. Ora dormi» ripeté lui.

Il sonno non lo avrebbe vinto comunque. Troppi pensieri e troppa tensione.

Intorno a loro il bosco era un nemico spietato, un guscio pieno di pericoli in agguato. Tenere in vita il fuoco era vitale.

Barliario contemplò la danza delle fiamme sulle note del crepitio del legno che si contorceva e gemeva, bruciando.

"In che cosa ti ho trascinato, Trotula?" si chiese con amarezza, guardando la ragazza che dormiva con un braccio sotto la testa a fare da cuscino.

"In cosa ho trascinato tutti voi...?" E la sua mente andò all'amico Shabbatai e alla piccola Ligea.

Fu assalito da un nugolo di pensieri svolazzanti che si posarono sulla sua mente, oscurando tutto il resto. Ripensò soprattutto a ciò che gli era successo durante l'*Extricatum* e all'uccello con la cresta del cui corpo si era impossessato.

Come aveva fatto?

Diventare...

"Per conquistare il fuoco del drago devi diventare tu stesso il drago" gli aveva detto Ildegarda nella prigione di Terravecchia.

La frase gli scoppiò dentro con la forza di una rivelazione improvvisa.

2

NON TI RESTA CHE RIPOSARE

Quando alle prime luci dell'alba Trotula aprì gli occhi, toccò a Barliario riposare, anche se non avrebbe voluto. Lei fu irremovibile.

«Hai bisogno di recuperare energie. Sai qual è la regola più importante della Scuola Medica salernitana?» Ovviamente la ragazza non attese la risposta: «Se ti mancano i medici, ti siano medici questi tre principi: mente lieta, riposo, dieta moderata». Lo fece stendere con modi gentili e proseguì: «Sulla mente lieta posso fare poco e sulla dieta, be'... siamo andati parecchio al di sotto del moderato. Non ti resta che riposare».

Sogni di draghi, del padre morente, di uccelli parlanti agitarono quel ritaglio di sonno, mentre accanto a lui Trotula continuava a studiare il *ganagljan*.

Quando arrivò il momento di mettersi di nuovo in marcia verso le paludi della Bestia, Trotula diede a Barliario una buona notizia.

«Credo di aver capito come interpretare le scritte incise sulla tavoletta.»

«Davvero?» chiese eccitato il ragazzo.

«Non so perché non ci ho pensato prima. A volte sono così stupida!» Barliario avrebbe voluto dirle che era la persona meno stupida che avesse conosciuto nella sua vita. «Cercavo un senso leggendo le righe come se fosse un testo normale e ormai mi ero rassegnata all'idea che ne mancasse un intero pezzo, o servisse uno specchio per poterla decifrare...»

«E invece?»

«Invece si tratta di scrittura bustrofedica.»

«Ah be'... Ora è tutto chiaro!»

«Scemo.» Lei sorrise e gli diede una piccola spinta. «È un tipo di scrittura che non ha una direzione "fissa", ma procede in un senso fino al margine e quindi a ritroso nel senso opposto. È lo stesso movimento che fanno i contadini con l'aratro e i buoi quando tracciano i solchi nei campi.»

Trotula prese un legnetto e disegnò quei percorsi. Barliario comprese. Nonostante questo, per lui era comunque impossibile leggere quelle scritte. Si maledisse per non aver mai imparato il latino per bene.

«E cosa c'è scritto?» domandò Barliario.

«Purtroppo è molto rovinata e mancano delle parti.» Indicò i bordi erosi. «Avrei bisogno di molto più tempo per ricostruire quello che non si legge.»

Barliario annuì di nuovo «Allora sosteremo più spesso durante il tragitto per darti modo di studiarla. Che ne dici?»

«Ci riuscirò» disse lei, convinta.

Barliario si muoveva lungo quella strada con una capacità sorprendente.

Parlarono per tutto il tempo.

Trotula gli raccontò della sua infanzia felice con la madre, delle corse nei campi con lei e della curiosità per le erbe e i medicamenti che da lei aveva ereditato.

Gli raccontò del dolore per la sua perdita. Era morta quando lei aveva solo sette anni, di parto. Era stato questo a scatenare in lei, ancora bambina, la voglia di sapere tutto sul corpo umano, di come funzionava, delle malattie che lo affliggevano e di come guarirle.

«Giurai a me stessa che non avrei lasciato che altre mamme morissero per dare alla luce un figlio.» Era diventata la sua missione.

Barliario ascoltava senza mai interromperla. Le camminava accanto accogliendo le sue parole, e più l'ascoltava più gli piaceva.

"Basta questo a dar senso al mio viaggio" pensò.

Lui dal canto suo parlò poco di sé.

Trotula gli faceva domande su domande, ma lui era evasivo. Solo quando parlava del padre sembrava illuminarsi. Le raccontava del suo laboratorio al monastero di San Lorenzo al Monte. Lo descriveva come se fosse un antro delle meraviglie, un tempio dove l'ordine e la bellezza regnavano nonostante fosse stipato di libri, pile di carta, strumenti di metallo, boccette di inchiostro, alambicchi di ogni foggia e grandezza, lastre di vetro, pezzi di roccia dalle forme contorte.

Insomma, raccontò, in quel luogo c'era a malapena la possibilità di muoversi, eppure «niente era fuori posto, tutto s'incastrava a meraviglia con ciò che era accanto».

A Trotula sembrava di essere lì, grazie alle vivide descrizioni del suo amico. Sentiva scorrere l'amore incondizionato del figlio per il padre, elevato al rango di semidio.

Per quanto il viaggio fino a quel momento fosse stato duro e incredibilmente pericoloso, nonostante avessero patito il freddo, la fame (specialmente quella), la scomodità e avessero passato momenti terribili, Trotula desiderò che non finisse mai.

Avrebbe voluto continuare a camminare accanto a Barliario e conoscerlo sempre di più. Gli piaceva parlare con quel ragazzo come non le era successo mai prima di allora. E poi stava scoprendo il mondo fuori dalla città, e si sentiva libera. Aveva ritrovato il respiro dopo anni di apnea.

Sapeva benissimo che non poteva durare. Anzi, erano giunti al confine ultimo del loro viaggio.

La spaventosa voragine comparve davanti a loro quasi a fine giornata.

Era una grande spaccatura nel terreno, uno squarcio d'oscurità che sembrava una dolorosa ferita nel corpo della roccia.

«È questo il luogo?» domandò Trotula.

«Sì, qui è dove si è rifugiato Sauil Requis» spiegò Barliario. «È stata la Bestia a spaccare la terra per fare la sua tana.» Lo disse con una tale convinzione che stupì non solo Trotula, ma se stesso. Il *Draconis Chronicon* poteva aver mentito su alcuni aspetti, ma per Barliario restava ancora un appiglio a cui aggrapparsi. Una speranza.

Era come se vedesse davanti a sé l'immenso drago spezzare il dorso pietroso del suolo con violenza bestiale, fino a formare una fenditura che nulla avrebbe più ricucito.

Si riscosse da quella fantasia.

La natura era muta intorno a loro.

Dagli alberi bassi che li circondavano non arrivava alcun suono, gli insetti tacevano, dalle foglie dei cespugli non giungeva fruscio. E gli uccelli che pure si vedevano appollaiati tra i rami si limitavano a stare fermi o a scrollare le loro piccole code.

Ales timuit exterrita pennis.

"L'uccello spaventato tradisce la sua paura con un battito d'ali" gli aveva detto Arimane alla Casa delle Ombre.

Il bosco taceva, per rispetto o per paura.

E fu allora che Barliario sorprese Trotula con una pretesa inaspettata.

3

NON PUOI CHIEDERMI QUESTO

«Entro solo io, Trotula, tu resta qui» disse Barliario con tono deciso. E lo sguardo duro. «La vedi quella macchia di larici laggiù? Aspettami lì, tieniti al riparo.»

Trotula rimase immobile, con un'espressione difficile da decifrare. Sul suo volto c'erano incredulità, delusione, rabbia, stupore. Tutte insieme.

«Stai scherzando, vero?» disse dopo un lungo silenzio.

«No» rispose secco Barliario.

«Allora sei impazzito. Non puoi chiedermi questo.»

«Lo sto facendo.»

«Barliario. Ora basta.» Lei si avvicinò di un passo. Erano vicini, vicinissimi. «Tu hai bisogno di me. Senza la *tabella defixionum*...»

«Non c'è bisogno del sortilegio» la interruppe lui. «So come affrontare la Bestia.» Trotula si chiese cosa ne era stato del vecchio Barliario. Il ragazzo pauroso partito da Salerno il giorno di San Matteo, ma anche il ragazzo di poche ore prima, capace di sorridere e di animarsi come un bambino al racconto del laboratorio paterno. Era come se la voragine avesse attirato nelle sue profondità tutta la sua luce.

«L'ho decifrata quasi del tutto.» Trotula si odiò per la voce implorante con cui pronunciò quelle parole.

«Ti ho già fatto rischiare abbastanza, Trotula» disse lui. «Sai bene che lì sotto non c'è una semplice vipera. Un drago non si batte con delle parole. Se è vero che nel *Draconis Chronicon* ci sono menzogne, nessuno ci può assicurare che Walia e le sue storie dicano il vero.»

Barliario prese il volto della medichessa tra le mani. Le guance di lei erano calde tra le sue dita. «Ascoltami bene. Il più delle volte le parole nascondono e mentono più di quanto rivelino.» Fece una breve pausa. «Mio padre mi ha detto che c'è un solo modo per battere un avversario che appare imbattibile.» Le loro labbra erano vicinissime. «La fede» disse Barliario in un sussurro.

Trotula fece una smorfia e scosse la testa. Si allontanò di un passo, liberandosi da quella presa gentile.

«Tu vuoi affrontare un drago con la fede?» chiese, confusa. «La fede in cosa?»

Barliario avrebbe voluto dirle che lui aveva capito cos'era l'*Anbar*.

L'Altro.

La certezza era giunta quando era diventato l'uccello dalla cresta regale, ne aveva assunto gli occhi e le piume. E si era alzato in volo.

Aveva capito che per prendere il fuoco doveva essere lui stesso il drago.

Diventare la Bestia, qualsiasi cosa significasse.

Doveva sentire quello che Sauil Reqis sentiva. Doveva vedere quello che la Bestia vedeva. Doveva percepire il fuoco dentro la gola e le viscere della Bestia.

Adytis ecfert penetralibus ignem.

"Porta il fuoco fuori dalle profondità del tempio."

Il tempio non era la voragine. Il tempio era il drago stesso. E lui aveva le chiavi per penetrarne squame, carne e muscoli.

Era quello il segreto dell'*Anbar*.

Era questa la sua fede: la fede nel proprio dono.

E se avesse vacillato anche per poco, sarebbe stata la sua fine.

Non disse niente di tutto questo a Trotula. Non avrebbe capito. Per quanto fosse una delle persone più intelligenti che avesse conosciuto, restava un medico, una donna di scienza e di ragione. E in questa vicenda la ragione non aveva quartiere.

«Fa' come ti dico, Trocta.» Era la prima volta che la chiamava col suo vero nome e non con il vezzeggiativo con cui tutti la conoscevano.

«No» disse lei, ostinata. «Io vengo con te, fino in fondo.»

La ragazza fece appena in tempo a rendersi conto della serietà con cui aveva parlato che lo vide sparire alle sue spalle. Avrebbe voluto chiedere cosa stesse succedendo, ma non ne ebbe modo. Le parole le restarono strette in gola.

Barliario le stava stringendo il collo con le braccia, non potenti come quelle di Shabbatai, ma sufficienti a bloccarla. Lei provò a divincolarsi, a liberarsi, sentiva la voce sussurrata dell'amico che ripeteva: «Mi dispiace Trotula, mi dispiace».

Le vene che portavano l'ossigeno al cervello erano ostruite dalla morsa. In breve perse i sensi.

Lo strangolamento di Qayin, la tecnica che gli aveva insegnato il suo amico Shabbatai. Barliario non avrebbe mai pensato di usarla su qualcuno, meno che mai su Trotula.

"È per il suo bene" pensò per vincere il senso di colpa. Raccolse il corpo della ragazza nel suo abbraccio. La condusse nella macchia di larici che le aveva proposto come riparo e la adagiò con infinita cura.

4

I FORTI POSSONO CADERE

La voragine era un'enorme bocca pronta a inghiottirlo.

A Barliario bastò mettere un piede nell'ombra del sottosuolo per sentirsi raggelare. Il terrore gli penetrò nelle ossa.

Avanzò ancora. Inoltrarsi significava scendere. Ma al posto dell'oscurità profonda che si era aspettato, trovò un chiarore innaturale. Le pareti di roccia erano ben visibili, così come il terreno che calpestava e il soffitto sopra di lui, altissimo e ornato da spuntoni dall'aspetto pericoloso.

Ormai l'imboccatura da cui era entrato non era più visibile. L'aria cominciava a mancargli. Avvertì un terribile senso di vuoto nella testa. Fece ancora qualche passo cauto fino a che sentì arrivare, dalle profondità della voragine, un'esalazione terrosa, umida, pungente.

Sauil Reqis.

Un pensiero certo e saldo come una spada gli trafisse la mente. Il destino di Barliario era sul punto di compiersi.

"Non devo vacillare. Non devo dubitare. Devo avere fede."

Il cunicolo di roccia curvava davanti a lui. E proprio da quella parte esclusa alla sua vista il bagliore si manifestava con più intensità.

Barliario si guardò attorno col cuore scalpitante, alla ricerca di un posto dove stendersi e praticare il suo

Extricatum. Doveva lasciare il corpo in una posizione riparata per evitare che fosse in balia della Bestia.

"Stai per scrivere le tue cronache del drago, Barliario" disse a se stesso per farsi coraggio. «Il *Draconis Chronicon* di Barliario da Salerno.» Lo disse ad alta voce con un tono solenne e pensò che suonasse bene.

Quello che non suonò affatto bene fu un rumore di passi alle sue spalle. Qualcuno era entrato nella voragine.

"Trotula" pensò Barliario. "Si è risvegliata."

Quando si accorse che si sbagliava, barcollò all'indietro.

I passi non erano di Trotula.

«I forti possono cadere, ma non possono cedere.»

La voce riecheggiò tra le rocce e giunse alle orecchie di Barliario come una secchiata di acqua gelida.

Ermanno era di fronte a lui.

Barliario dovette ammettere con se stesso che sapeva tener fede al suo soprannome. Mai vista una testardaggine simile.

Ermanno avanzò con la corta spada longobarda in pugno. «Dov'è Trotula?» chiese.

«Ci sta male quel nome, sulle tue labbra» ribatté l'altro con sprezzo.

Testadiferro puntò la lama al volto di Barliario.

«Non te lo ripeterò una terza volta. Dov'è Trotula?»

«È tornata indietro.»

«Risposta sbagliata» disse il giovane, inarcando lievemente la bocca a formare un sorriso spavaldo. «Non ti credo.»

Ermanno affondò rapido, mirando al volto.

Il Barliario di qualche giorno prima avrebbe ricevuto la lama dritto in mezzo agli occhi, ma da quando aveva praticato i suoi *Extricatum* l'alchimista era cambiato.

I suoi sensi erano potenziati, così vide perfettamente la punta dirigersi verso di lui. E la schivò scartando di lato giusto in tempo.

Il filo della *scramasax*, però, non passò senza lasciar traccia: aprì nella sua guancia una sottile linea rossa. Barliario si portò istintivamente la mano al volto e si guardò le dita imbrattate di sangue. Poi le chiuse a pugno e colpì con violenza la faccia del cavaliere.

Ermanno non si aspettava quella reazione. La botta sullo zigomo lo fece arretrare dolorante. Barliario doveva approfittarne. Corse in direzione della luce in fondo al cunicolo.

«Dove scappi, coniglio?» gridò Ermanno.

Dopo una svolta Barliario si ritrovò su una ripida discesa. Nonostante il chiarore azzurrato nella grotta, che si faceva più intenso quanto più scendeva, doveva aiutarsi con il tocco delle mani per evitare di finire contro una delle tante protuberanze di roccia che emergevano dalle pareti.

«Ragazzino! Sto arrivando!» sentì gridare dietro di sé. «E ti farò molto male.»

Barliario si fermò per un attimo, cercando di capire quanto fosse distante Testadiferro. Di certo non poteva ritenersi al sicuro.

C'era una nicchia profonda, una specie di insenatura nella parete accanto a lui. Ebbe la tentazione di fermarsi e provare a fuggire col viaggio astrale.

"Non funzionerebbe. Ermanno vedrebbe il tuo corpo disteso. E poi non hai abbastanza tempo."

I passi sempre più vicini tranciarono di netto i suoi pensieri. Riprese a fuggire, in affanno.

Dopo l'ennesima curva… il mondo gli crollò addosso.

5

NON RISPARMIERÒ LORO NESSUN DOLORE

Un vicolo cieco.

Di fronte ai suoi occhi una parete di roccia, liscia come la ceramica dell'*athanor* nel laboratorio di suo padre. Tutt'intorno, sparse a terra, una miriade di scaglie argentee che emanavano un bagliore innaturale, come se non riflettessero la luce ma la producessero al loro interno.

Del drago dei Visigoti quella era l'unica traccia.

"Non è possibile..."

Barliario non ebbe il tempo di farsi altre domande, perché d'improvviso lo raggiunse un pugno sulle tempie.

Da dietro. Violento, pesante, tanto che gli spense il cervello per un attimo: davanti agli occhi tutto si fece improvvisamente nero e il giovane si accasciò contro la parete liscia.

Su di lui torreggiava Testadiferro, con un ghigno sadico sul volto e la punta della corta spada a un soffio dal suo petto.

«Non immagini quanto mi piacerebbe darti la morte adesso. Sarebbe così facile.» Affondò lentamente la punta nella camicia di Barliario e quindi nella sua carne. Barliario represse a stento un grido di dolore. «Però prima dovrai darmi qualche informazione. Almeno te ne andrai rendendoti utile.»

«Non ci contare.»

«Io credo che invece lo farai.» Ermanno si scostò un po' all'indietro, ritirando la lama. Una piccola gemma di sangue fuoriuscì dal buco che la punta della *scramasax* aveva aperto sulla pelle. «Come credi che sia arrivato qui?»

Barliario aggrottò la fronte, perplesso.

«Il tuo amichetto ebreo.»

Barliario rimase senza fiato per un momento, poi gridò: «Che cosa gli hai fatto?».

«Lo abbiamo preso, lui e quella ragazzina inutile.» Ermanno passeggiava intorno a Barliario, seduto contro la parete e immobile sotto la minaccia della spada. Un ronzio fastidioso all'orecchio a causa del pugno.

«Mi sono divertito un po'... avessi sentito come strillava il giudeo! Sembrava un maiale scannato.»

L'odio cresceva in Barliario come un mostro di oscurità e fuoco.

«Lo abbiamo torturato a puntino.» Testadiferro si lasciò sfuggire una risata roca. «Però una qualità devo riconoscergliela. Non ha aperto bocca. Si sarebbe fatto uccidere, cosa che succederà presto, stanne certo, pur di non rivelare nulla.»

"Quindi è ancora vivo. Shabbatai è vivo, grazie a Dio."

«Ma la bambina che era con lui mi ha implorato di smetterla, non ha resistito a veder soffrire il suo amico e così... ha vuotato il sacco.»

"Come faceva Ligea a sapere la posizione della voragine?" si chiese Barliario. La risposta gli giunse veloce: "Un Inquieto".

Ecco come aveva fatto, doveva averlo chiesto a uno dei suoi morti.

«Mi spiace, hai fatto tanta strada inutilmente» rispose a quel punto Barliario alla sua richiesta. «Non c'è nessun tesoro, qui.» Sapeva che era meglio stare zitti e non provocarlo, ma ormai le parole gli erano uscite di bocca.

Ermanno finse un sorriso. «Vuoi mettere la fortuna di averti rivisto?» Prima che Barliario potesse replicare qualcosa, il giovane gli assestò un calcio violento alle costole che lo fece piegare in due dal dolore. «Tu adesso parlerai, e mi dirai ciò che voglio sentire. Altrimenti prima ammazzo te, poi torno a Volturara e finisco quello che ho iniziato con i tuoi amichetti. Non risparmierò loro nessun dolore, te lo giuro.»

Barliario recuperò il fiato, ma ogni respiro gli costava una fitta lancinante.

Era nelle mani di Ermanno. Interamente.

«Comincia col dirmi dov'è Trotula. E fallo in fretta.»

6

LONTANO DA TE

Trotula si risvegliò con un feroce mal di testa. E con un senso di vertigine che la nauseava.

"Forse sto sognando" pensò. Perché ciò che vide immediatamente non apparteneva alla realtà.

In pieno giorno il sole stava cominciando a oscurarsi, prendendo l'aspetto della luna all'inizio del nuovo ciclo.

La medichessa era sgomenta.

Ricordò gli studi di astronomia alla Scuola Medica: quella era un'eclisse di sole.

Se la memoria non la ingannava, l'ultima volta era avvenuta cinque giorni dopo San Giovanni, esattamente nell'anno Mille.

Vederla con i suoi occhi, comunque, era tutt'altra cosa.

La natura stava rivelando un altro dei suoi prodigi più grandiosi e potenti.

Provò a mettersi in piedi e fu ricompensata da un attacco di nausea così forte da farla barcollare. Ricadde in ginocchio.

Si sostenne contro il tronco di un albero per rialzarsi. Controllò se il *ganagljan* fosse ancora al suo posto e si tranquillizzò quando ne avvertì la consistenza sotto la veste.

Prese un grosso respiro e un passo dopo l'altro uscì dal folto dei larici. Si trovò subito di fronte la voragine.

La grande fenditura nel terreno appariva ancora più cupa nelle finte tenebre in cui era precipitato il mondo.

Riannodò i fili della memoria, ricordando esattamente quello che era successo. Non ce l'aveva con Barliario, sapeva che l'aveva fatto per proteggerla.

Ma Trotula non voleva essere protetta. Tutta la sua vita era stata una lotta contro le mura costruite intorno a lei. Come protezione, le dicevano gli altri; per rinchiuderla, sentiva lei.

Mentre il cielo pulsava di una luce anomala e il mondo intero sembrava sospeso in contemplazione di quel miracolo naturale, Trotula avanzò oltre la soglia.

E proprio in quel momento avvertì un tuono provenire dalle profondità dell'abisso.

Barliario pensò che stavolta era davvero finita. Anche se avesse rivelato a Ermanno dove si trovava Trotula, l'altro non lo avrebbe risparmiato. E non avrebbe mostrato nessuna pietà per i suoi amici a Volturara. In lui c'era abbastanza malvagità e follia da spingerlo a mettere in pratica tutto ciò che aveva in mente.

«Trotula è al sicuro» disse per prendere tempo.

«Al sicuro? E cosa significa? Dove?» lo incalzò spazientito Testadiferro.

«Lontano da te.»

Ermanno allungò il braccio armato e con la spada ora gli sfiorava la gola. «Dimmi dov'è» scandì con voce fredda.

Un rumore tambureggiante, simile al rombo spaventoso di una valanga di pietre lungo il fianco di una montagna, seguito da uno schianto come di tuono. Lo stesso che aveva avvertito Trotula, ma laggiù era amplificato di dieci volte.

La terra tremò con tale violenza che Testadiferro vacillò e si ritrovò per terra. Barliario arrancò, strisciando via dalla parete alle sue spalle.

Il fragore assordante veniva da lì.

Se non avesse trovato la forza di allontanarsi, le pietre lo avrebbero schiacciato. Ermanno arretrò a sua volta quando vide il muro liscio venire giù di schianto.

"Una parete divisoria" considerò Barliario. "Qualcuno deve averla eretta per contenere il drago."

Un grido bestiale penetrò attraverso le macerie polverose.

E poi apparve.

Era una creatura dalla mole gigantesca. Alta come sei uomini uno sull'altro, il corpo lucente, un solo occhio spalancato, l'altro assente nell'orbita scura come lo spazio tra le stelle.

Il drago.

Dritto in piedi, incombeva sulle macerie della parete, mostrando la sua ira in un verso assordante.

Ermanno lasciò cadere la spada, la bocca spalancata e una macchia scura che si allargava all'altezza dell'inguine.

Barliario riuscì solo a pronunciare due parole tremanti: «Sauil Reqis».

Ci fu un crepitio d'ali.

Sauil Reqis spalancò le fauci.

Barliario capì: il drago stava per scatenare la sua fiamma.

«Scappa, Ermanno!» gridò il ragazzo.

Ma Testadiferro aveva messo radici di terrore nel suolo. Mormorò qualcosa che Barliario non sentì.

Le mascelle possenti del drago si chiusero di scatto. Simile a un'enorme pietra focaia, le due file di zanne provocarono un nugolo di scintille.

E furono quelle piccole virgole di luce rossastra a incendiare il gas che si stava sprigionando dallo stomaco della Bestia.

La fiamma che ne scaturì aveva una miriade di sfumature. Il verde nel cuore più profondo e tutto intorno rosso vivo e giallo solare.

Ermanno fu travolto in pieno dal respiro infuocato di Sauil Reqis.

Barliario invece fu sbalzato in avanti, mentre scappava. Riuscì ad attutire la caduta con le mani, che si scorticarono contro la roccia. Un bruciore insopportabile su tutto il corpo.

Il fuoco aveva innalzato la temperatura della caverna fino a farla diventare un'autentica fornace.

I rumori arrivavano in maniera distorta, ovattata. Il fragore gli aveva ferito le orecchie. Quando riuscì a voltarsi, contemplò sconvolto la scena.

Ermanno era diventato una statua di cenere.

Un istante dopo si sbriciolò.

7

IO POSSO FARLO

Svegliatosi dal suo lunghissimo sonno, Sauil Reqis era affamato.

Sentiva l'odore della carne.

Barliario, che a fatica si era rimesso in piedi, correva.

Correva verso l'uscita, col cuore pieno d'angoscia. Come si affrontava un mostro del genere?

Quali speranze aveva?

"L'*Anbar*, ecco la tua speranza" rispose una parte della sua coscienza.

Per farlo però aveva bisogno di tempo e soprattutto aveva bisogno di non essere trasformato in una torcia umana da Sauil Reqis.

Sentiva arrivare dal fondo della caverna i passi mastodontici del drago: ogni volta che una sua zampa pestava il suolo, un terremoto faceva vibrare tutta la voragine.

Barliario arrivò dalle parti della profonda nicchia nella parete rocciosa che già aveva notato in precedenza. E fu lì che ebbe quella che gli sembrò una visione.

Nella pallida luce azzurrata, prodotto portentoso delle scaglie del drago, si trovò di fronte una sagoma femminile. Sulle prime la sua mente sconvolta dalla paura gli suggerì che fosse la mitica Alcesi, venuta a salvarlo dalle grinfie della Bestia.

Quando però la figura aprì la bocca per parlare si rese conto della verità.

«Barliario.»

«Trotula?!» chiese lui, incredulo.

Corsero l'uno verso l'altra e si strinsero in un abbraccio così potente da cancellare per un istante il mondo intero.

Subito però s'impose la tremenda realtà.

Il grido di Sauil Reqis si levò con tale orrenda intensità da far vibrare le rocce. Barliario tirò Trotula per il braccio per scomparire nella rientranza della roccia.

«L'ho risvegliato, Trotula.» Nelle parole di Barliario c'era sconforto.

«Non sei stato tu» disse lei. Barliario la guardò perplesso. «Fuori il sole si è oscurato.»

"La Bestia si sta risvegliando! Temete il drago, perché il giorno dell'Eclisse è vicino!"

L'eclisse di sole aveva risvegliato la Bestia, come aveva predetto il vecchio monaco all'angolo della Drapparia. Il giorno dell'eclisse era arrivato: quella che silenziosa conquistava il cielo e quella infernale che scuoteva le viscere della terra sotto forma di un essere antico e potentissimo.

«Che facciamo?» domandò Trotula.

In quell'istante una nuova fiamma si propagò nella caverna, accompagnata da un crepitio violento.

Trotula urlò per la sorpresa e il terrore, Barliario le portò una mano alla bocca per smorzarne il suono.

«Ascoltami Trotula» sussurrò. «Ho bisogno davvero che tu non ti muova da qui. Io devo provare a entrare nel drago.»

«Che cosa?» disse lei a voce alta. «Sei impazzito, Barl. Come...?»

«Ti prego, fidati. Io posso farlo. L'ho già fatto...» Omise di dire che ci era riuscito con un uccello speciale, non certo con una bestia enorme e sputafuoco.

Trotula scuoteva la testa, allibita. Il drago intanto era

lì fuori, non distante da loro. Potevano distinguere nettamente il crepitare agghiacciante delle sue ali e il rumore del suo muso che fiutava l'aria. Nella nicchia erano relativamente protetti: era troppo stretta perché Sauil Reqis vi entrasse.

«Ho solo bisogno di un po' di tempo per l'*Extricatum*» spiegò Barliario.

Trotula teneva fisso il suo sguardo negli occhi castani e lucenti del ragazzo, e dopo qualche istante, a sorpresa, annunciò: «Io posso aiutarti». E prima che lui riuscisse a protestare, gli posò un dito sulle labbra.

«Ho questo.» Mostrò il *ganagljan*. «Credo che possa fermarlo, almeno per il tempo che ti serve per fare...» si fermò un attimo «quello che devi fare.»

«Non riuscirò a farti desistere, vero?»

«Se provi di nuovo a strangolarmi, ti ucciderò io per prima» disse lei con un sorriso.

«Scusa...» disse lui, imbarazzato.

Trotula lo colpì con un buffetto sulla spalla.

«Va', e stai attento» gli disse.

«Anche tu.»

Barliario entrò ancora più in profondità nella nicchia e si stese al buio.

Trotula prese un lungo respiro e pregò di avere la forza per portare a termine il suo compito.

Non pregò Dio.

Pregò sua madre.

8

QUEM METUIS ME ADSTANTE DOLUM

«*Sauil Reqis! Thesauri fidissime custos, tempus ab hac oculos tandem deflectere cura.*»

Trotula lesse dalla *tabella defixionum* quelle prime parole. Non incespicò, perché prima di dichiararle a gran voce dalla soglia della nicchia le aveva provate e riprovate.

La Bestia doveva sentirle chiaramente.

E la Bestia sentì.

Voltò il suo muso secolare verso l'origine della voce. La lingua triforcuta saggiò l'aria e un nuovo terribile grido la squarciò.

Con un colpo di coda squassò il passaggio in cui si erano rifugiati i due ragazzi. Trotula balzò cadendo all'indietro, colpita da un masso. Il drago non sembrava affatto inchiodato dalla maledizione della *tabella*. Ma era solo la prima parte del sortilegio. La medichessa doveva continuare a leggere, anche se era tutto tremendamente difficile.

Si voltò verso Barliario steso a terra. Aveva gli occhi chiusi ed era immobile. Sperava fosse già partito per il viaggio fuori dal corpo.

Con il dito seguì la scrittura bustrofedica nel suo tortuoso percorso.

«*Quem metuis me...*» poi c'era una parola che non distingueva e la linea si chiudeva con *dolum*. Niente. Scosse la testa, non riusciva a leggere.

Un altro colpo potente fece cadere del pietrisco dalla parete rocciosa. Sauil Reqis era folle di rabbia. O di fame.

La paura diede a Trotula nuovo coraggio. Doveva fare l'impossibile, spingersi oltre i propri limiti.

«Quale inganno temi se ti sono... *adstante*... accanto!»

«*Quem metuis me adstante dolum*» gridò la medichessa perché il drago sentisse con chiarezza.

E fu silenzio.

IL DOLORE, LA RABBIA, L'ODIO, L'AMORE

Sono alle spalle di Trotula. Esito cercando di orientarmi con lo spectrum. Mi guardo attorno, senza muovere il capo. Sondo il buio, appena rischiarato dalla luce delle scaglie di Sauil Reqis che si agita fuori da qui.

Mi concentro in modo da acquisire consistenza. Essere padrone della pratica mi consente di ottenere una forma visibile.

«Trotula.»

Lei mi sente. Si volta di scatto.

«Barliario, sei tu» mi dice. «Posso vederti.» Allunga una mano per sincerarsi della mia esistenza. Siamo a due passi dalla soglia della nicchia.

Il drago è oltre quell'apertura da cui non può passare.

Per ora.

«Il sortilegio non funziona!» C'è una nota di disperazione nella voce di lei.

«Prova ancora, io esco da qui.»

«No!» grida lei e mi blocco. «Non andare, ti ucciderà.»

Posso sentire la rabbia di Sauil Reqis. La sua fame che deve essere saziata. È come un'onda rosso fuoco.

«Sono certo che riuscirai a immobilizzarlo.» Le parole escono dalle mie labbra traslucide in pezzi di vento.

Mi avvicino, fluttuando verso Trotula. In un momen-

to come questo mi sorprendo a pensare che è di una bellezza che rincuora.

«Non riuscirò mai ad abituarmi a questa... cosa» dice lei. Non deve essere facile, per una mente così razionale come la sua, affrontare tutta questa follia.

Ora le dita della sua mano protesa mi sfiorano la spalla. E avverto una vibrazione che si diffonde fino al centro dei miei pensieri.

Il drago però non aspetta. Colpisce la roccia con i suoi artigli e altre pietre cadono. Poi la frusta con violenza, con la sua coda possente.

Noto una pioggia di riflessi luminosi: le sue scaglie che si staccano nell'impatto.

Un piccolo masso rotola giù dal soffitto del nostro riparo e colpisce la gamba di Trotula, che grida dal dolore e cade a terra.

Un presentimento mi avverte che Sauil Reqis sta per lanciare una nuova fiammata. Mi getto su di lei per farle da scudo, ma non so se funzionerà.

Sento lo scatto delle mascelle ed ecco che il fuoco ruggisce contro le pareti. Una propaggine rovente ci lambisce. Il calore è indicibile.

Trotula grida ancora, si rannicchia per proteggersi e comincia a piangere. Le chiedo se è ferita, scuote la testa.

Le sue non sono lacrime di debolezza, ma di frustrazione.

Sono vicinissimo a lei.

«Perdonami» riesco solo a dire, con le emozioni ancora attutite. A differenza dei primi viaggi astrali adesso ne avverto un'eco sbiadita. «Ti ho portato io qui.»

Lei tira su col naso e si strofina via il pianto dagli occhi.

«Non dire sciocchezze.» Eccolo, lo sguardo risoluto di Trotula. Lei non è una che si arrende.

Sauil Reqis è lì che si contorce, pronto a sferrare un nuovo attacco. Nel suo occhio spalancato leggo il rosso della furia.

Al chiarore azzurrato delle scaglie del drago, finite a terra per l'impatto della sua coda contro la roccia, Trotula tenta di leggere il ganagljan. Si concentra nuovamente sulle parole incise nel piombo, seguendo con le dita i graffi.

«Abbiamo poco tempo...» commento io. L'apertura della nicchia si è allargata sotto i colpi fortissimi del drago. I suoi artigli ora sono ben visibili mentre prova ad allargare l'entrata.

«Servabo parumper ipsa specus.» Trotula grida le quattro parole, scandendole con precisione.

E in quel momento la testa del drago, dopo un altro verso agghiacciante, penetra nel riparo. Ora l'enorme creatura è praticamente dentro.

Trotula è sopraffatta dal terrore. Posso quasi sentire la tensione che come marea rovente dilaga nelle sue viscere.

È giunto il momento dell'Anbar.

È giunto il momento di diventare un nucleo di luce pura.

Ora o mai più.

Il tempo sembra congelarsi in un unico istante infinito. Chiudo gli occhi per prendere il controllo assoluto. Per attingere alle quattro emozioni elementari.

Sento la voce severa di mio padre risuonarmi dentro: «Devi imparare a maneggiare le tue emozioni. A fartele amiche o dominarle, anche quando non le capisci».

Il dolore, la rabbia, l'odio, l'amore.

Faccio mio il dolore di mio padre che soffre in un letto.

Faccio mia la rabbia del drago che si è risvegliato.

Faccio mio l'odio per Arimane che mi spinge tra le fauci della morte.

Allungo una mano e intreccio le mie dita a quelle di Trotula.

Le mascelle di Sauil Reqis sono un'enorme caverna che cerca di inghiottirci.

Faccio mio l'amore per lei.

E sono luce, adesso.

È QUESTA LA FINE DEL MIO VIAGGIO?

Disintegro la barriera tra me e Sauil Reqis. Prima che io me ne renda conto, sono nella sua testa e nel suo corpo.

"Il vero potere dell'Extricatum non è lasciare il corpo. È imparare a comandare la mente." Di nuovo sento le parole di mio padre, la sera dell'incendio.

Sono circondato dalle fiamme. Sento di bruciare come se fossi su un rogo.

È questa la fine del mio viaggio?

Guardo con gli occhi del drago. C'è Trotula di fronte a me. È atterrita, schiacciata contro il terreno. Vorrei dirle che sono io l'Eclisse adesso e non le farò del male.

"Ne sei sicuro?" domanda una voce dentro di me. La mia voce.

"Io voglio divorarla. Voglio nutrirmene."

Mi allungo verso di lei e spalanco le fauci. Non sono io. E allo stesso tempo lo sono.

Combatto contro Sauil Reqis, contro me stesso.

Contro la fame, contro la voglia di fuoco.

Sento qualcuno gridare da qualche parte in lontananza.

È Trotula che sta dicendo qualcosa?

Avverto il calore gonfiarsi intorno a me, ardermi la pelle. Non ho corpo, eppure mi sembra di percepire le braccia che prendono fuoco.

Devo uscire da qui prima che sia tardi.

Comandare la mente. Comandare la mente. Comandare la mente.

Ripeto a me stesso le parole di mio padre.

Mi appare una figura, nitida, quasi fosse realmente davanti ai miei occhi in questo momento. Vedo un giovane dalla chioma bionda, forte e deciso.

Cesio. Allora le pagine del Draconis Chronicon non hanno mentito!

Lo vedo affrontare il drago con scudo e spada. E dietro di lui c'è una ragazza. Ha in mano… cosa?

Il ganagljan.

Alcesi, la ragazza del dipinto di Walia. Entrambi hanno affrontato l'Eclisse.

Vedo Cesio che lascia andare le armi e diventa un vortice di petali lucenti che turbina di fronte al drago, quasi che un vento li abbia strappati a mille fiori di fuoco.

Cesio è nel drago, come lo sono io adesso. Guerriero, mago, usskarjan.

«Ora, Alcesi!» grida attraverso le sue fauci. E davanti ai miei occhi vedo Sauil Reqis arretrare davanti alla ragazza. Alcesi recita il sortilegio del chiodo. E la Bestia si ritrae. Urla come se fosse stata trafitta da mille spade.

Quello che sto vedendo è nella memoria del drago. Che è anche la mia memoria, adesso.

So cosa fare.

Tutto ciò che desideriamo davvero nella nostra vita si ottiene mettendo alla prova ciò che più amiamo. Non posso lottare con le fiamme e al contempo dominare la sua mente.

Scelgo.

Indosso la mole gigantesca del drago e la faccio aderire ai miei pensieri. Lo allontano di qualche passo da Trotula. Spremo ogni mia energia. Lascio che il fuoco mi divampi intorno, per poi dominarlo.

Sono agli sgoccioli della mia resistenza. Mi sto liquefacendo. Mi sto dissolvendo nelle fiamme di Sauil Reqis.

Non uscirò mai di qui. Come Cesio.

Non porterò mai il fuoco fuori dal drago, non curerò mai le ferite di mio padre, però avrò salvato Trotula.

«Scappa, Trotula» provo a gridare. «Scappa!»

9

SIMILE A TUO FRATELLO MORTE

«*Thesauri fidissime custos, tempus ab hac oculos tandem deflectere cura.*

Quem metuis me adstante dolum?

Servabo parumper ipsa specus; longum interea tu pone laborem.

Somne omnipotens, orbe voco inque unum iubeo nunc ire draconem, sed nunzio, nunc age maior ades fratrique simillime Leto.»

Trotula lesse tutto l'incantesimo dal principio alla fine. Lo lesse con la forza della disperazione. Con le parole che galleggiavano in veli di pianto, ma senza mai incespicare. Senza dubbi. Senza indietreggiare davanti alla gigantesca creatura che aveva inghiottito Barliario.

"Fedele custode, è finalmente tempo di distogliere lo sguardo da questo tuo dovere. Quale inganno temi mentre io sono accanto a te? Per un po' custodirò io stesso la caverna, intanto riposa dalla tua grande fatica."

Ecco cosa diceva il sortilegio del chiodo. E così si concludeva: "Onnipotente Sonno, ti convoco e ti ordino di scendere sul drago; simile a tuo fratello Morte".

Il drago cacciò un ultimo grido di dolore. La roccia

tremò così forte che solo un terremoto avrebbe potuto fare lo stesso.

Sauil Reqis si ritirò, arretrando verso il fondo della voragine. Fu solo allora che Trotula si lasciò cadere in ginocchio. Svuotata. Accovacciata contro uno spuntone di pietra.

Questo non le impedì di assistere al crollo della Bestia in uno schianto fragoroso. La medichessa vide chiaramente la pesante palpebra abbassarsi sul suo unico occhio.

Passò del tempo prima che Trotula si scuotesse. Si alzò. Si asciugò gli occhi dalle lacrime e corse verso la testa enorme di Sauil Reqis.

«Barliario! Sei lì?» gridò, e si sentì piuttosto stupida.

Un drago! Lei che fino a dieci giorni prima avrebbe riso in faccia a chi avesse solo pronunciato quella parola. Fantasie da villici, ecco cos'erano per lei creature come i draghi o gli unicorni.

"Se Sauil Reqis sta solo dormendo, allora forse anche Barliario è... vivo. Sta solo dormendo" si disse. "Forse Barliario è ancora lì dentro, che respira."

Continuò a chiamarlo, sgolandosi, con tutto il fiato rimasto nei polmoni. Ma senza ricevere risposta.

Poi le pareti della caverna ebbero un fremito. Dei massi si staccarono dal soffitto e precipitarono, schiantandosi sul corpo enorme della Bestia.

Non ci fu reazione.

"Sonno, simile a tuo fratello Morte."

Trotula alzò lo sguardo e vide con terrore che altri massi stavano per staccarsi dal soffitto.

Corse via da lì per raggiungere il corpo di Barliario, abbandonato nella nicchia.

Quando vi giunse, fu colta da una sorpresa che le strappò via il fiato.

10

FUORI DAL TEMPIO

Le braccia di Barliario erano interamente ustionate, dalle dita fino ai gomiti, la pelle coperta di bolle e arrossata in maniera innaturale. Anche se al tenue chiarore delle scaglie del drago non riusciva a distinguere i dettagli, Trotula si rese conto della gravità di quelle ferite.

Si portò le mani alla bocca, in un gesto che sembrava di preghiera. Non riusciva a darsi una spiegazione. Il fuoco non era arrivato fin là dentro. Il corpo di Barliario non aveva affrontato il drago, solo il suo *spectrum* lo aveva fatto.

E allora perché quelle bruciature?

Trotula si accovacciò accanto a lui e cominciò a piangere. Si sentiva perduta.

"Tutto quel viaggio per cosa? Niente è peggio di un sacrificio inutile" pensò con disperazione. Era frastornata, piena di dolore, incapace di reagire.

Poi ci fu un movimento. Leggero, quasi impercettibile. Un movimento così abbozzato che Trotula credette di averlo solo immaginato. Le era sembrato di vedere il pollice di Barliario scosso da un tremolio.

La medichessa si avvicinò per indagare meglio. Restò senza fiato davanti al prodigio delle bruciature scomparse. E alla mancanza di rossore, quasi che la pelle avesse cominciato a guarire. La sua attenzione, però, si spostò subito su altro.

Il dito del ragazzo si stava muovendo e questa volta era evidente. Nessun dubbio. Barliario doveva essere vivo.

«Barl. Barl... ti prego.»

Trotula si abbassò, con l'orecchio a sfiorargli le labbra per coglierne il respiro. La speranza era germogliata in lei improvvisa.

Trotula sentì la brezza sottile del suo fiato. E subito dopo...

«Ciao, Trotula.»

La voce del ragazzo era smorzata e faticosa, ma a Trotula sembrò il suono più bello che avesse mai sentito. La timida speranza lasciò il posto alla gioia incontenibile.

«Sei vivo! Barl. Sei vivo...» esultò la medichessa.

Barliario restò steso con gli occhi chiusi, il volto sbiadito, le labbra lievemente dischiuse che a fatica riuscirono a comporre una domanda: «Cosa è successo?».

«Dovresti dirmelo tu. Io so solo che a un certo punto sei sparito e il drago ha preso a comportarsi in modo strano.»

Pausa.

«Ero... io.»

«Tu?»

«Io ero Sauil Reqis.»

Trotula disse commossa: «Ci sei riuscito, allora?».

Barliario si limitò ad annuire.

Finalmente il ragazzo aprì gli occhi. Accanto alle iridi castane, fitte ragnatele di venuzze davano al suo sguardo una sfumatura diversa.

«Ho visto Cesio e Alcesi.» I suoi gesti erano rallentati, gli costava fatica muoversi, ma si portò un dito alla tempia: «Erano qui».

A Trotula cadde nuovamente lo sguardo sulle mani e le braccia dell'amico ridotte a quel modo e provò una gran pena. Barliario se ne accorse. Lesse nell'espressione della sua amica quel moto di compassione. E così si fermò a osservare le sue stesse braccia.

Non c'erano allarme o dolore nella sua espressione. Anzi, a sorpresa, la medichessa notò una nota di fierezza nel volto.

«Ce l'ho fatta...» disse Barliario, controllando a stento l'euforia.

Trotula lo interrogò con lo sguardo, la fronte corrugata in un'espressione che era così sua. L'espressione di quando pretendeva delle spiegazioni.

Barliario si mise a sedere, non senza sforzo. Alzò le braccia, su cui si poteva già vedere un miracoloso tessuto cicatriziale coprirgli la pelle. Lo spazio tra gomito e polso era attraversato da linee scure e vuoti scoloriti, strane forme astratte dalle quali emergevano in maniera ben visibile due disegni, uno per braccio.

Le sagome di due fiamme.

Barliario distolse gli occhi da quelle forme e li puntò in quelli grigi di Trotula.

«Ho portato il fuoco fuori dal tempio, Trotula. Ci sono riuscito.»

11

PIÙ IN LÀ DELLA SOLITA LINEA DELL'ORIZZONTE

Parte del soffitto crollò a poche spanne da loro, murando il drago dietro un cumulo di rocce.

Adesso la caverna era divisa in due. Accedere alla zona dove Sauil Reqis aveva ripreso il suo sonno secolare sarebbe stato impossibile.

Trotula e Barliario, inizialmente terrorizzati, guardavano quella barriera con un certo sollievo.

Ormai era buio fuori e decisero di trascorrere la notte al riparo per poi ripartire per Volturara l'indomani. Se Ermanno aveva detto il vero, Shabbatai e Ligea erano tenuti prigionieri là.

A proposito di Testadiferro, quando Trotula seppe da Barliario che era finito letteralmente incenerito si sentì raggelare. Per quanto odiasse quel giovane, non gli avrebbe certo augurato la morte.

Si sistemarono come meglio poterono e, nonostante fossero esausti sia fisicamente che mentalmente, non chiusero occhio per buona parte della notte. Avevano tanto da raccontarsi.

«Dimmi di te nel drago.»

Erano distesi l'uno accanto all'altra sulla cruda pietra che faceva da pavimento. Intorno a loro un cerchio di scaglie di Sauil Reqis che emanava un bagliore rassicurante.

«Ho vinto le mie paure» disse lui, piano. «Ho preso il controllo dell'*Extricatum*. È un po' come quando s'impara a camminare da bambini. Prima goffi, si cade di continuo, poi, giorno dopo giorno, a furia di sbucciature sulle ginocchia si impara.»

Trotula gli afferrò un braccio e lo sollevò. «Queste non sono sbucciature, però. Sono braccia arse da un fuoco che non ti ha mai sfiorato, ferite che si sono rimarginate quasi all'istante sotto i nostri occhi.»

«Lo so, incredibile.» Barliario inseguiva i pensieri che si formavano nella sua mente, cercando di trovare le parole giuste. «Il fatto è che ho scoperto che con l'*Extricatum* posso fare di più che abbandonare il corpo e viaggiare con la forza della mente. Molto di più, così tanto che ancora non so quali sono i miei limiti.»

"L'impossibile esiste finché non spingiamo la nostra vista un po' più in là della solita linea dell'orizzonte."

Le parole di Arimane risuonarono in lui.

«È una sensazione di forza... per la prima volta in vita mia so che il destino è nelle mie mani.» Il ragazzo si osservò le dita, le strinse a pugno. «Riesco a ordinare alla paura di tacere, posso evocare il dolore e perfino... l'amore.»

A quella parola Trotula avvertì un solletico piacevole alla base del collo e sentì il cuore accelerare.

«Straordinario» disse in un soffio. Poi chiese: «E l'*Anbar*? Fa sempre parte di questo...»

«Quando hai detto di aver visto una grande luce...» spiegò Barliario. «Quello è il primo passo del diventare Altro. Dell'*Anbar*. È una cosa stranissima.»

«Be', non è che il resto sia banale, eh...»

Ci fu un breve silenzio, poi Trotula commentò: «Plinio il Vecchio... Sì, sempre lui, racconta di una donna chiamata Aristea la cui anima fu vista tramutarsi in corvo. Però si affretta a dire che è una *fabulositate*: un racconto fantasioso a cui non si può credere.»

«Vuoi dire che non mi credi, allora? Che mi sto inventando tutto?» concluse Barliario con una punta di amarezza nella voce.

Trotula allungò la mano per carezzargli il volto.

«Non ho detto questo. Dico solo che mi chiedi un grande sforzo per farlo. Però ho visto così tante cose favolose in questi giorni, Barliario, che il mio mondo si è capovolto.»

«Ti sto dicendo la verità.»

«E io ti credo.»

D'un tratto, Trotula tirò via la mano dalla guancia di lui e dopo aver fatto comparire un sorriso sulle labbra chiese a Barliario di avvicinarsi.

Lui lo fece.

E lei lo colpì con uno schiaffo così forte in pieno volto che l'eco risuonò nella grotta.

«Ahi! Ma che ti prende? Sei impazzita?» chiese lui, tenendosi una mano sulla gota arrossata e palpitante.

«Questo per avvisarti che non devi permetterti mai più di strangolarmi e lasciarmi da sola nel bosco» disse con serietà la medichessa, un attimo prima di scoppiare a ridere.

12

LA TUA CASA
È DOV'È IL TUO CUORE

Partirono al mattino presto, dopo una scarna colazione a base di frutta e acqua fresca di torrente e raggiunsero Volturara quando le campane del villaggio avevano appena suonato l'ora Sesta.

Nessuno prestò attenzione a quei due ragazzi malconci, simili ai tanti mendicanti sporchi e malnutriti che vagavano per le viuzze, in cerca di cibo o semplicemente in attesa che un altro giorno passasse.

Quando arrivarono al palazzo del gastaldo le cose però cambiarono. Trotula si presentò come la figlia del signore De Ruggiero e venne accolta con tutti gli onori. Non si preoccuparono del cibo, dei vestiti nuovi e di tutto il resto che venne offerto loro. Il loro unico pensiero riguardava la sorte di Shabbatai e Ligea.

Il signore di Volturara fece condurre i due ragazzi nelle prigioni sotterranee dove Ermanno aveva fatto rinchiudere i loro amici.

Erano in due piccole celle vicine, buie, umide e maleodoranti: un posto perfetto per topi e insetti da sudiciume, che infatti scorrazzavano indisturbati intorno ai corpi stremati dei due ragazzi, gettati sul pavimento come stracci.

Shabbatai era in condizioni così pessime che gli riuscì appena di sollevare la testa quando vide Barliario. Intanto Trotula andò a occuparsi di Ligea, che di sicuro non era in uno stato migliore.

Il ragazzo della Judaica aveva il naso rotto e il volto tumefatto, incrostato di sangue vecchio, e la pelle chiazzata di grossi lividi violacei. Testadiferro lo aveva ridotto davvero male.

Barliario sentì lacrime di rabbia salirgli agli occhi. Quando gli fu vicino, Shabbatai con un filo di voce gli disse: «Sei in pessima forma, amico mio» e mimò una risata che non gli riuscì. Doveva provare dolore al solo movimento dei muscoli del volto.

Poteva anche essere ridotto in fin di vita, ma niente riusciva a piegare il suo spirito.

Barliario lo abbracciò, senza stringere troppo. Aveva paura di fargli male, era la prima volta che l'amico gli appariva così fragile.

Trascorsero i giorni e i due ragazzi miglioravano sotto le cure attente di Trotula. Ciò che più la preoccupava era la ferita alla spalla di Ligea, quella del dardo.

Grazie a erbe, unguenti e pomate che la medichessa preparava con l'aiuto dello speziale di corte la bambina però migliorò visibilmente.

Anche Shabbatai si stava riprendendo e Barliario non lo abbandonava mai, tranne nei momenti in cui si ritirava nella sua stanza per far pratica dell'*Extricatum*.

Almeno per un'ora al giorno, prima dell'alba, si dedicava a penetrare i misteri di quel prodigio e ad affinare la sua capacità di uscire dal corpo e dare consistenza al suo *spectrum*.

Era sempre più chiaro che l'alchimia stava diventando per lui più di una scienza occulta da studiare.

Era un modo di vivere, simile a una religione o alla magia.

Arimane non era più comparso nei suoi viaggi astrali

e così crebbe in Barliario un cattivo presentimento: forse il padre era morto e tutti i suoi sforzi si sarebbero rivelati inutili. Le sue braccia divorate dal fuoco del drago erano un marchio che avrebbe segnato a vita il suo fallimento. E il dolore che durante il giorno pulsava attraverso le cicatrici era un monito che glielo ricordava di continuo: in certi momenti il fuoco sembrava essere ancora vivo sotto la pelle.

Certo l'avventura incredibile che da Salerno lo aveva condotto nelle terre irpine lo aveva trasformato completamente, dandogli un potere e una consapevolezza prima inimmaginabili. Ma a vantaggio di cosa, se lo scopo per cui aveva intrapreso quel viaggio non era stato raggiunto?

La permanenza alla corte del gastaldo cominciava a pesare. Aspettavano l'arrivo del Signore De Ruggiero, che era stato avvisato della loro presenza a Volturara e che li avrebbe scortati con cavalli e uomini fino a casa.

Finalmente, il quarto giorno, arrivò la scorta da Salerno. Era il momento del ritorno, finalmente.

Ligea però non sarebbe andata con loro.

La giovane negromante aveva deciso di restare ancora qualche giorno prima di mettersi in cammino per Montemarano. Quella era la sua casa ed era a solo mezza giornata di cammino.

«Chiederò al gastaldo di farti accompagnare» le disse Trotula tenendo le mani della bambina tra le sue.

Lei annuì felice. «Un Inquieto mi ha detto che mia sorella non fa altro che attendere il mio ritorno. Anche se mi piacerebbe venire con voi, sento che il mio posto è accanto a lei.»

Più di tutti era Shabbatai a soffrire per la sua decisione. Sapeva che non avrebbe mai potuto portarla con sé perché il posto di Ligea era con la sua vera famiglia, ma l'idea di lasciarla faceva un gran male.

«Plinio il Vecchio scrive che la tua casa è dov'è il tuo cuore, Ligea. Quindi capisco che tu voglia tornare da tua sorella» le aveva detto la medichessa.

«Una parte del mio cuore resterà sempre con voi, Trotula» le aveva risposto Ligea, incapace di trattenere le lacrime.

Erano nel grande piazzale accanto alla porta principale del paese. Shabbatai era scuro in volto. Stava perdendo un'altra sorellina e questa sensazione gli faceva nascere nel petto fiori neri di malinconia. Così, quando arrivò il momento di salutarsi, strinse Ligea in un lungo abbraccio, sollevandola da terra.

Le sussurrò qualcosa all'orecchio e lei sorrise. Non solo con le labbra, ma anche con gli occhi e con il cuore.

Annuì e lo salutò con l'unica parola che aveva imparato dalla lingua del suo amico: «*Shalom*, Shab».

Lui si allontanò verso il cavallo e le disse: «*Lehitraot!*».

«Che significa?» gli sussurrò Barliario.

«È un addio... meno definitivo» rispose lui e montò in sella.

Barliario salì anche lui in groppa al destriero messo a sua disposizione.

Trotula si accomodò nella carrozza dove l'aspettava il padre. Avrebbe voluto cavalcare insieme ai suoi due amici, ma Ruggero voleva parlare con sua figlia.

La medichessa non l'aveva mai visto così a disagio. Lui che era un uomo di azione e non di emozioni, capace di gestire uomini e terre, di esercitare con saggezza l'arte del dominio... Era la prima volta che si era allontanato così tanto dalla sua Salerno.

«Mi dispiace, padre, se ti ho arrecato tanta preoccupazione» esordì Trotula a capo chino.

Ruggero la fissò accigliato, con un'espressione in cui combattevano fierezza e ammirazione.

«Sei sempre stata come tua madre, Trotula» disse con una voce in cui si notava un leggero tremito. «Ribelle, impossibile da domare. Eppure straordinariamente intelligente e appassionata. Mi manca terribilmente...»

Trotula non poteva credere a quello che stava sentendo. Il padre non le aveva mai aperto il cuore in quel modo.

Ruggero allungò una mano e la poggiò delicatamente su quella di Trotula. «E mi sei mancata anche tu, in tutto questo tempo.»

E la ragazza capì che "tutto questo tempo" non significava solo da quando aveva oltrepassato le mura seguendo Barliario.

Trotula gli strinse la mano e disse con dolcezza: «Anche tu, padre, mi sei mancato tanto».

13

SEI DIVENTATO UN UOMO

Quando entrarono a Salerno, due giorni dopo, Barliario fu colto da un pensiero all'apparenza sciocco: "La città mi sembra molto più piccola di quando l'ho lasciata".

Affiancò col cavallo la carrozza di Trotula, ma vide che stava riposando accanto al padre e preferì non svegliarla. L'ammirò per un istante così, abbandonata in un sonno sereno.

Gli tornarono in mente i giorni e le notti trascorsi insieme nei boschi, sugli alberi, nelle caverne, accanto al fuoco. Quante ne avevano passate!

Sarebbe stato tutto diverso, adesso. Quel viaggio incredibile era finito e le loro vite si sarebbero allontanate di nuovo. Dentro le mura le loro esistenze appartenevano a due mondi diversi e sarebbe stato difficile tenerle intrecciate.

Scacciò via quel pensiero quando Shabbatai lo raggiunse: «Io corro alla Judaica, Barl. Non oso immaginare la reazione dei miei vecchi quando mi vedranno ritornare» disse con voce squillante.

«Saranno contenti, no?»

«Certo... e poi mi picchieranno a sangue!»

Sorrise e Barliario fece lo stesso.

«E tu andrai subito da tuo padre?» chiese Shabbatai.

«...Sperando sia ancora vivo.»

Shabbatai gli diede una pacca gentile sulla spalla.

«Hai fatto l'impossibile» disse con convinzione. «Devi essere fiero già di questo.»

«Non ce l'avrei mai fatta senza di te...» Poi Barliario si corresse: «Senza di voi».

«Tutti gli eroi vorrebbero uno come me al fianco, si capisce» ribatté l'amico col solito tono da sbruffone, poi si fece serio. «Però, Barl, sei tu quello che ha domato il drago. L'eroe che si è quasi fatto uccidere per salvare tutti.»

Barliario guardò verso la parte alta di Salerno, sotto al castello di Gisulfo, dove sorgeva l'ospizio di San Nicola. «Eppure ho paura, adesso.» Provava un autentico terrore all'idea di scoprire che suo padre non ci sarebbe stato più. «...Gli eroi non hanno paura.»

«Quelli sono gli idioti, Barl, non gli eroi» e Shabbatai gli fece l'occhiolino.

Barliario sorrise. «Trotula mi ha già detto una cosa del genere.»

«E allora devi crederci, no?»

Barliario annuì.

«Devi incontrare quel demonio?» chiese poi Shabbatai.

Barliario tirò le redini e fece fermare il cavallo. Il rumore degli zoccoli scoppiettò sul terreno. Anche Shabbatai rallentò e poi frenò il suo.

«È quello che farò. Ma voglio prima vedere mio padre, solo dopo andrò da Arimane» dichiarò Barliario.

«Nel caso ti serva il miglior guerriero del principato, non esitare a chiamarmi!»

Barliario annuì, ostentando tranquillità.

«Ci vediamo presto, fratello mio» disse Shabbatai.

I due si strinsero le braccia in una presa solida. C'erano affetto, solidarietà, amicizia pura in quel gesto.

Barliario raggiunse in tutta fretta il suo rione, il Locus Veterensium. Più si avvicinava, più il suo cuore scalpitava.

Sulla soglia di casa trovò il fratellino Umberto, seduto sui gradini. Quando il bambino lo vide, gli si aprì un sorriso largo sul volto.

Barliario lo sollevò in alto, fino a incrociarne lo sguardo. Gli baciò la fronte, mentre Umberto, incuriosito dalla pelle arricciata e contorta delle braccia di Barliario, passò un dito su quegli intarsi.

Prima di entrare il ragazzo si srotolò le maniche della camicia fino a coprire interamente le cicatrici.

La madre era all'interno. Stava piegando la biancheria logora sulla tavola, prima di riporla nella madia.

Quando vide il figlio sulla soglia, crollò su uno sgabello. Si portò una mano alla bocca per soffocare il pianto e trattenere la sorpresa. Ma le lacrime sfuggirono comunque.

Quando fu a un passo da lei, il ragazzo disse soltanto: «Scusami».

Proprio come il resto della città, anche lei gli appariva più piccola. Ma non solo quello. Era più magra, più stanca e molto più vecchia. Come era accaduto, in una decina di giorni?

«Non ci posso credere.» Lo disse in un sussurro di stupore. «Come stai, figlio mio? Dove sei stato tutto questo tempo?»

Cosa poteva dirle? La conversazione con lei era arrugginita da tempo e adesso, dopo tutto quello che aveva vissuto, era anche peggio.

«Ho dovuto lasciare la città. Per mio padre.»

A quelle parole la donna trasalì. «Tuo padre...» disse con un filo di voce. «Non si è più risvegliato.»

Barliario fu afferrato alla gola da una morsa che impediva al fiato di passare. E un fiume gelido ghiacciò tutte le sue vene, a dispetto del fuoco che portava nelle braccia.

«Mio padre... è... morto?»

Lei si affrettò a rispondere: «No, ma è come se lo fosse. Non ha più aperto gli occhi. Vado ogni giorno all'ospizio, solo per sapere se...»

Lasciò la frase in bilico senza completarla. Non ce n'era bisogno.

Il sangue riprese a scorrere caldo nel corpo di Barliario. Suo padre era ancora vivo.

Solo allora notò sulla tavola un libro che conosceva bene, ma che non avrebbe mai immaginato di trovare lì.

La madre seguì la direzione dello sguardo di Barliario. «L'ha portato un uomo poco prima che tu arrivassi.»

«Un uomo? Quale uomo?»

«Non lo so. Aveva un largo cappuccio sulla testa.»

Barliario allungò una mano per sfiorarne la copertina in cuoio nerissimo. Al tatto sembrava increspata, come se fosse ricoperta di... "Squame" pensò Barliario. Rabbrividì.

I caratteri del titolo invece erano incisi in un rosso vivissimo.

Draconis Chronicon.

«Cosa ti ha detto?» le chiese Barliario.

«L'uomo incappucciato ha detto di darti quel libro al tuo ritorno» disse la donna indicando il *Draconis* senza sfiorarlo, quasi ne avesse timore.

Quando Barliario lo prese in mano gli sembrò, per un breve istante, di essere di nuovo dentro Sauil Reqis. Vide con i suoi occhi, avvertì il canto del fuoco che impregnava la sua mente, sentì fame di carne.

Aprì il libro.

Fu un attimo. Un breve, ma terribile lampo.

Lesse una scritta dalla grafia incerta, tremolante.

"Ti aspetto."

Richiuse il volume.

«Cosa hai fatto alle braccia?» La madre aveva intravisto le cicatrici e gli tirò su le maniche.

Lui si scostò veloce e mise a posto la camicia, anche se ormai era inutile. Lei aveva visto.

«Niente» disse lui. E aggiunse: «Perdonami madre, devo andare».

Era giunto il momento che Arimane risvegliasse Rainardo. Doveva raggiungerlo alla Casa delle Ombre, subito.

Lei lo scrutò con quei suoi occhi acquosi, privi di energia.

«Sei cambiato tanto, figlio mio. Cosa ti è successo mentre sei stato via?» Finalmente gli carezzò il volto. Barliario sentì la pelle riscaldarsi sotto il tocco della sua mamma.

«Sei diventato un uomo» concluse lei.

"Oh madre, sono cambiato più di quanto tu possa immaginare."

Barliario non disse nulla, allungò solo le dita verso le guance scavate della madre e le fece una carezza dolce, lenta, piena di tenerezza.

Poi si voltò e a passi decisi uscì dalla casa.

14

A UN PASSO DA TE

Anche se era pieno giorno, la Casa delle Ombre sembrava affondare in una pozza d'oscurità. Barliario percorse il sentiero che conduceva alla soglia di quella capanna, superando rovi incolti e inalando l'odore agro di foglie che cominciavano a seccare sul terreno umido.

Non provava più quel timore che la prima volta gli aveva fatto battere il cuore all'impazzata. Anzi, affrettò il passo per l'impazienza di incontrare quel demonio.

Quando la aprì, la porta mandò un cigolio sinistro. Tutto suonava ostile, lugubre, in quel posto dimenticato da Dio e dagli uomini.

Arimane non c'era. E la cosa innervosì Barliario.

Lo chiamò prima a bassa voce, poi alzando il volume fin quasi a gridare.

Niente. Fece qualche passo e il pavimento sotto di lui scricchiolò paurosamente.

«Sei tornato, ragazzo.»

La voce di Arimane rotolò nella stanza da un punto imprecisato. Barliario si guardò intorno, inutilmente.

«Dove siete?» domandò al vuoto.

«A un passo da te» rispose con voce di catrame.

Per un momento Barliario restò fermo, poi si girò lentamente e l'uomo era lì, il largo cappuccio sempre calato in modo da nascondergli il volto. «Abbiamo un patto, voi e io.»

Lui fece una risata secca. «Ah sì? Non mi dire.»

«Ho portato ciò che mi avete chiesto.»

Prima che l'incappucciato potesse ribattere, Barliario tirò su le maniche della camicia e mostrò le braccia masticate dalle fiamme. Le tenne così, sporte in avanti come se fosse una mercanzia di grande valore.

«Il fuoco del drago» sussurrò il ragazzo.

Il silenzio di Arimane lo spaventò. Che avesse frainteso tutto? Che non fosse quello il fuoco che lui si aspettava?

"Non dubitare, Barliario. Abbi fede" si disse.

Alla fine l'uomo incappucciato emise un profondo respiro e disse: «Ci sei riuscito».

Allungò la mano verso il disegno delle fiamme incise sulla sua pelle e per un attimo Barliario ebbe l'impressione che le sue dita fossero traslucide. Lo colse un brivido di stupore e istintivamente ritrasse le braccia. E le ricoprì.

«È arrivato il momento di spiegarmi che cosa ho trovato. Che cos'è tutto questo?» chiese Barliario.

Arimane fece una risata roca.

«Proprio non ci arrivi, vero?»

«No» ammise Barliario.

Qualcosa nel timbro di Arimane mutò mentre diceva lentamente: «Tu non sai niente, Barliario».

"Tu non sai niente."

Quelle parole lo trafissero.

"Non è possibile" disse a se stesso Barliario, per spegnere sul nascere quel sospetto folle. Eppure…

«Ma devo ammettere che in te c'è del potenziale.» Arimane afferrò i lembi del suo cappuccio e con esasperante lentezza lo abbassò.

Barliario si sentì sbalzato in un sogno. O in un incubo.

Di fronte a lui c'era suo padre.

15

NON SI PUÒ COGLIERE UN FIORE SENZA DISTURBARE UNA STELLA

Il ragazzo indietreggiò, annaspando con le mani che cercavano un appiglio per non cadere. Le gambe divennero di cera liquida. Dentro la sua mente vorticavano solo tre parole.

"Non. È. Possibile."

«Eppure eccomi qui, figlio mio.»

Barliario scivolò sulle assi marce del pavimento e cadde. Si portò le mani alla testa, coprendosi le orecchie con gli avambracci, per impedire alla voce del padre di raggiungerlo.

Rainardo fece un paio di passi verso di lui e allungò la mano perché l'afferrasse.

«Alzati» disse imperioso.

«Non capisco...» ribatté frastornato Barliario.

Il padre restò con il braccio allungato verso di lui, in attesa.

«In piedi, figliolo.» Non aveva mai usato quel nomignolo affettuoso. E bastò quel tocco di umanità per far breccia nell'animo di Barliario, che si arrese alla richiesta.

Strinse la mano paterna. La sentì solida, reale, ma non di carne e ossa come quella di un corpo fisico.

Rainardo lo aiutò a tirarsi su. Quindi ricominciò a parlare: «Ho dovuto sottoporti alla prova del fuoco. Io stesso da giovane, ne ho superata una simile per entrare nell'Ordine dei Sapienti di Damcar».

"La città perduta di Damcar..." pensò in silenzio Barliario. E andò con la mente alle cicatrici che suo padre aveva sulla schiena. Erano i segni della prova che aveva affrontato in quel luogo lontano?

Qualcosa di simile a quelli che lui portava sulle braccia.

Il ragazzo era confuso. Fra tutti i misteri che la vita gli presentava di continuo, il padre era il più fitto di tutti.

«In quella remota città nascosta tra le dune del deserto ho imparato tutto quello che oggi so» proseguì Rainardo. «Solo chi è atteso può giungere a Damcar e solo chi varca i suoi cancelli di sabbia può leggere i rotoli di papiro che contengono il segreto della rottura del filo d'argento.»

«L'*Extricatum*» mormorò Barliario.

«Esatto. L'*Extricatum*. E io te ne ho fatto dono.»

Barliario soppesò le sue parole e disse: «Me ne hai fatto dono?! Non hai voluto mai insegnarmi nulla!».

Il padre alzò un dito davanti a sé, bloccando sul nascere quella protesta.

«Non è semplicemente una formula che si apprende o il frutto di un esercizio continuo. L'*Extricatum* può essere praticato solo da chi ha lo *Yebiri Kiri*.»

"Il filo d'argento" pensò Barliario "che unisce il corpo fisico allo *spectrum*."

«Sono io che ti ho iniettato, alla nascita, le gocce d'argento distillate nel mio *aludel*.»

Barliario sapeva a cosa serviva quello strano apparecchio, fatto di tubi montati uno sopra l'altro, che suo padre usava per la creazione di nuove sostanze e a cui spesso si riferiva come "vaso della filosofia".

Rainardo lo fissò con uno sguardo che lo inchiodava. «Non potevo essere sicuro che avrebbe funzionato. Affinché le gocce distillate nel laboratorio alchemico si intreccino per formare lo *Yebiri Kiri* c'è bisogno di tempo. E non sempre il tentativo ha successo.»

«Argento nel sangue?» chiese Barliario. «E non è pericoloso?»

«Certo che lo è» rispose il padre, come se fosse la cosa più normale del mondo. Rainardo girò intorno a suo figlio, come per studiarlo.

«Poi quel giorno sei venuto da me e mi hai detto che eri vicino a compiere il tuo viaggio astrale. Allora mi sono convinto che l'argento aveva funzionato.»

Il giorno dell'incidente al laboratorio.

«Quindi io non sarei altro che un esperimento?» chiese Barliario con tono gelido.

«Tutti noi lo siamo, figlio mio. Nelle mani di Dio, della Natura, di forze che non conosciamo.»

"Non è la stessa cosa" pensò il ragazzo.

«Non avresti potuto semplicemente dirmi tutte queste cose allora? Non potevi semplicemente chiedermi di sottopormi alla prova del fuoco?» sibilò con rabbia.

«Non si chiede di fare una prova» rispose Rainardo arricciando le labbra. «Avevi bisogno di una motivazione forte. Eri troppo debole, troppo attanagliato dalla paura per iniziare la tua Opera.»

«E quindi mi hai mandato a morire fingendoti in pericolo di vita?»

«Sapevo che ce l'avresti fatta.»

Barliario sentì le vene sulle tempie pulsargli di una furia incontrollabile. «Tu sei pazzo. È evidente» riuscì solo a dire.

«Me lo sono sentito dire spesso. E se continuerai a percorrere la via della Grande Opera, te lo sentirai dire anche tu. Noi alchimisti siamo diversi dagli altri, Barliario» disse Rainardo con solennità.

Per la prima volta il padre parlava di loro come un noi. Quante volte lo aveva sognato, e ora che se lo sentiva dire gli suonava così stonato. Aveva voluto da sempre una complicità strettissima con lui, ma non ottenuta in questo modo. Con la bugia, con la sofferenza, con lo sprezzo della sua vita.

«E l'incendio? Anche quello è stato un inganno?»

«Avevo da tempo deciso di distruggere il laboratorio. Troppo pericoloso. Le cose stanno cambiando, nella nostra città. Il potere dei Longobardi ormai è al tramonto.» Lo sguardo di Rainardo restava fisso negli occhi del figlio, mentre quello di Barliario si muoveva sull'intera figura dell'uomo, ammirato dalla sua capacità di rendere così reale il proprio *spectrum*. «Non regneranno a lungo, qui nel principato, e i nuovi dominatori sanno che possedere i segreti della nostra arte potrebbe dar loro un vantaggio importante. La spinta definitiva per rovesciare i regnanti dalle lunghe barbe. Non volevo che le mie conoscenze finissero nelle mani sbagliate.»

Rainardo fece una pausa, prima di concludere. «Avevo già in mente da tempo la mia idea: il laboratorio doveva essere distrutto.»

Barliario scosse la testa, incredulo.

«Ho finto di essere rimasto intrappolato tra le fiamme. Era l'unico modo per spingerti ad agire.» Un mezzo sorriso comparve sulle sue labbra. «Grazie all'amicizia con l'abate Alfano ho potuto fare il resto.»

L'ospizio, le bende e l'*Extricatum* con cui lasciava il corpo per diventare Arimane.

Il quadro che si compose nella mente di Barliario non fece altro che alimentare la sua rabbia.

«Mi hai ingannato. Hai ingannato mia madre. Ho versato lacrime per te. Ho penato per te!» Il pianto gli salì alla gola, strozzandogli le parole. «Pensavo che ti avrei perso per sempre» concluse in un soffio, dopo aver ricacciato indietro le lacrime. Si sentì molto stupido, mentre confessava i suoi sentimenti a quell'uomo che lo aveva dato in pasto a un drago e gli aveva fatto rischiare la vita cento volte durante il viaggio.

«La verità non ti avrebbe portato al fuoco e a diventare ciò a cui sei destinato: un potente alchimista» rispose il padre, quasi con sufficienza.

«La verità non mi avrebbe portato al fuoco» ripeté tra le labbra Barliario. Poi fece uno scatto e si gettò sul padre, il quale preso alla sprovvista, rovinò a terra.

In un impeto di furia cieca Barliario cominciò a colpirlo mirando al volto. Il primo schiaffo andò a segno, ma Rainardo si riebbe e gli afferrò i polsi. La sua stretta era possente, anche se era solo uno *spectrum*.

Con un atto di forza incredibile l'uomo scaraventò Barliario via da lui. Il ragazzo andò a sbattere con la schiena contro le assi della parete.

"Come fa ad avere questa potenza col suo corpo spettrale?" si chiese il ragazzo, quando si riebbe dalla botta.

«Mi dispiace, Barliario, ho dovuto farlo.»

Non si riferiva solo all'averlo spinto via in quel modo. Stava parlando più in generale del viaggio a cui lo aveva costretto con la menzogna.

Barliario stavolta scoppiò a piangere. «Avrei potuto morire!» disse singhiozzando.

«I sapienti di Damcar dicono: "Non si può cogliere un fiore senza disturbare una stella".»

Barliario lo guardò, cercando di penetrare il mistero di quella frase. Gli occhi iniettati di sangue. «I miei amici stavano per essere uccisi per colpa tua!» Sputò fuori le parole con un grido, alzando il braccio verso un ipotetico luogo fuori da quella capanna, da quelle mura, da quella città.

«Non ti ho detto io di portarli con te» rispose l'altro, secco. Barliario era a terra, accovacciato contro la parete, e singhiozzava. «Hai dimostrato un coraggio che è di pochi. E hai reso le tue emozioni l'arma più potente di tutte. Questo è il segreto dell'*Anbar*. Sono fiero di te, figlio mio.»

A quelle parole Barliario sentì un vento caldo d'affetto riscaldargli il cuore. Ma non bastava per dimenticare tutto, per esaurire la rabbia che provava nei confronti del padre.

«Non hai fatto altro che farmi dubitare di quel coraggio che ora dici straordinario. Ho sempre pensato di non essere degno di te, padre.» Aveva i pugni stretti, Barliario, e pronunciò l'ultima parola con disgusto.

Silenzio.

Barliario tirò su col naso.

«La trasformazione non è soltanto negli elementi, nel far diventare un metallo oro o distillare un elisir che prolunga la vita oltre la soglia della morte. La trasformazione è nell'alchimista stesso.»

Rainardo si sporse in avanti verso di lui. Barliario notò in quel momento la sua pelle, leggermente più trasparente. Un segno che il suo *spectrum*, per quanto eccezionale, non era proprio perfetto.

«L'Opera compiuta è molto più che salute e ricchezza: è conoscenza. È la protezione contro gli eserciti del male che spingono per entrare in questo mondo. Ho dovuto forgiarti come si fa con un metallo durissimo, figlio mio».

La mente di Barliario lavorava freneticamente per capire il suo disegno, per scegliere se odiarlo o perdonarlo, per reagire a tutte quelle sorprese.

Il padre lo agguantò per un braccio e lo sollevò. Erano uno di fronte all'altro, in piedi.

Barliario sbottò: «Ti odio».

«Partiremo io e te per un viaggio di conoscenza» disse Rainardo, nemmeno scalfito da quelle parole.

«Ti odio» ribadì il figlio.

«Costruiremo insieme la Grande Opera. Rafforzeremo la potenza dell'*Extricatum* e dell'*Anbar*.»

«Ti odio!» ringhiò di nuovo Barliario.

«Ti farò conoscere i segreti più profondi degli Oracoli caldei.»

Barliario cominciò a prenderlo a pugni sul petto. Lenti, dolorosi, disperati pugni di amore.

Alla fine Rainardo lo abbracciò, accogliendo tutta quella marea di emozioni.

«Ti porterò dove ci attendono. Dove il tuo fuoco divamperà con fiamme così alte che nessuno ne avrà mai viste di eguali» gli sussurrò all'orecchio il padre.

Barliario non pianse. Ricambiò semplicemente l'abbraccio.

EPILOGO
TUTTO È COMINCIATO QUI

Non si erano più rivisti dal giorno del ritorno a Salerno.

Trotula era rimasta confinata nel suo palazzo per una settimana, poi era stata inviata alla residenza in campagna per un mese e mezzo. Barliario aveva provato ad avvicinarsi al portone dei De Ruggiero, ma ogni volta era stato allontanato in malo modo.

Dopo un po' aveva smesso di cercarla. Fino a quando, una mattina di novembre, alla sua porta era giunta una donna che portava un messaggio. Una lettera di Trotula, che gli dava appuntamento al luogo del loro primo incontro per quello stesso giorno allo scoccare dell'ora Nona.

Barliario fu colto da una tale emozione che prese a danzare in casa, coinvolgendo in quella specie di sfrenato saltarello il piccolo Umberto.

Arrivò ben prima che dal vicino monastero di San Giorgio le campane suonassero per richiamare i monaci alle loro salmodie del primo pomeriggio. Il pallido sole autunnale si rifletteva in schegge dorate sul fiume.

"Tutto è cominciato qui" pensò Barliario sedendosi contro il tronco di un albero.

Trotula giunse all'ora stabilita. E lui quasi si sentì venir meno di fronte allo splendore che emanava.

Sorrideva, la medichessa, nascondendo a fatica un imbarazzo che le imporporava le guance. «Come stanno le braccia, messere?» esordì, sforzandosi di essere più naturale possibile.

«Mai state peggio, grazie madama» rispose Barliario sorridendo.

Lei sorrise a sua volta e un attimo dopo erano l'uno stretto all'altra. Restarono così un tempo infinito, abbracciandosi come per proteggersi a vicenda da una tempesta furiosa. E per un attimo il mondo fu tagliato fuori.

C'erano solo loro su un'isola di luce.

Barliario inalò l'odore di miele della sua chioma, color del grano maturo.

«Mi stai annusando i capelli, per caso?» domandò lei con un sorriso.

«Quanto è vero Iddio, non ho mai sentito niente di più dolce.»

«Bene, scriverò anche di questo nel mio libro: come incantare il naso degli eroi con il profumo della propria chioma.»

Risero.

«E quel folle di Shab?» chiese Trotula.

«Chissà per quale motivo, forse i suoi sogni di gloria si sono ridimensionati. Sembra che si sia messo a lavorare con serietà in tintoria.»

«Incredibile» sorrise Trotula.

«Già: dice che vuole creare e colorare il tessuto più bello che si sia mai visto per portarlo in dono a Ligea.»

«Conoscendolo, credo proprio che ci riuscirà.»

Barliario annuì, poi chiese: «E tu? Hai più avuto notizie di Mercuriade?».

Un'ombra passò sul volto della medichessa. Si limitò a scuotere la testa per dire di no. Poi Trotula chiese notizie di Rainardo. Sapeva che era guarito, ma non come l'avesse salvato.

«Suppongo che Arimane abbia mantenuto la sua promessa» disse lei.

Barliario non sapeva da dove cominciare. «...Se ti dicessi che Arimane è mio padre?» esordì, senza girarci attorno.

«Che stai dicendo, Barl?» Trotula gli rivolse il suo solito sguardo tagliente che faceva a fette il mondo di fronte a lei e tutti coloro che ci capitavano in mezzo. «Tutti in città parlavano di Arimane, già prima dell'incendio... non capisco.»

«Era la sua identità segreta, creata apposta per portare il suo *Extricatum* al massimo compimento» rispose Barliario. «E si era creata una leggenda intorno a lui.»

«Aspetta... fammi capire. Quindi è lui stesso che ti ha costretto a cercare il fuoco del drago?» disse Trotula. Barliario restò in silenzio. «È assurdo, ha messo a rischio la tua vita... la nostra vita, per cosa, poi?» Nelle parole della medichessa c'era una promessa di furia.

«Per mettermi alla prova.»

«Per metterti alla prova!» gridò lei.

«Ho smesso di giudicarlo» rispose Barliario in tono dimesso. «Ha le sue convinzioni e ha avuto ragione lui, visto come sono andate le cose. Mi ha obbligato a prendere in mano la mia vita.» Si alzò in piedi. «Per me è sempre stato più di un padre, per me lui è un maestro.»

"E i maestri non si occupano di darti la vita, ma un'esistenza che valga la pena di essere vissuta" pensò.

A Trotula venne in mente la parola *nenyi*, che nella lingua di Mercuriade significava "io sono". Forse era questo che Rainardo aveva donato a suo figlio attraverso la prova difficilissima del fuoco: il suo "chi sono". E soprattutto non toccava a lei giudicare, non aveva alcun diritto di farlo.

Parlarono ancora a lungo, di tante cose, rievocando i giorni di quel viaggio insieme che aveva cambiato per sempre le loro vite. Trotula raccontò di come fosse cambiato anche il rapporto con suo padre. Ora lui era più attento e presente nella sua vita.

«Non che sia tutto perfetto, questo no. Siamo troppo

diversi io e lui, ma almeno adesso parla più con me che con le sue orchidee» concluse la ragazza.

Quando il cielo stava già spogliandosi dell'azzurro del giorno per indossare gli abiti della sera, arrivò il momento di salutarsi.

«Sono felice che tu mi abbia cercato» disse Barliario, già in piedi. «Anche perché tra un paio di giorni partirò con mio padre.»

«Parti? E dove andrai?» Il cuore nel petto di Trotula prese a scalpitare.

Barliario si strinse nelle spalle. «Non lo so. Mi ha detto solo che sarà un viaggio lungo. Prenderemo una barca all'alba, dalla Marina.»

«Con tuo padre non ti annoierai di certo. Da quel poco che lo conosco mi sa che non sarà una semplice scampagnata» commentò Trotula, con una punta di benevola invidia.

«Peccato tu non sia al mio fianco, stavolta» disse lui con inaspettata sincerità. Poi si schiarì la voce e cambiò discorso. «E tu, invece? Che farai?»

Lei sospirò e disse soltanto: «Salverò il mondo, no?». Sorrisero entrambi. «E continuerò a studiare. Ho così tanto da imparare.»

«Nessuno più di te può fare qualcosa per la gente. E non solo di questa città» ammise Barliario con assoluta convinzione.

Si guardarono per un po', occhi negli occhi. Come a imprimersi in fondo allo sguardo l'immagine dell'altro. Fu Barliario a rompere gli indugi, anche se sarebbe rimasto lì ancora a lungo a contemplarla.

«Ci vediamo, medichessa.»

«Certo che ci rivedremo, alchimista.»

FINE

MAGIA E MEDICINA NEL MEDIOEVO

Draconis Chronicon non è un fantasy puro e duro. È quello che si può definire un romanzo storico fantastico, cioè quel genere di storia d'avventura che incorpora elementi straordinari (come la magia e creature immaginarie) in una narrativa più "realistica".

Le vicende di Barliario e Trotula sono ambientate in quel mondo medievale che da sempre è associato al sovrannaturale. Merlino nel suo laboratorio colmo di libri d'incantesimi, streghe dall'aspetto sinistro in combutta con demoni, creature da bestiario fantastico sono immagini tipiche dell'oscura età di mezzo.

In un certo senso non è un'idea sbagliata. Nessuna civiltà, forse, come quella medievale ha subito il fascino di tutto ciò che riguardava il meraviglioso e lo stupefacente, stracciando i confini tra concreto e irreale. Il fermento per l'occulto era ovunque e oggi, come allora, il fascino per ciò che supera i confini della realtà è fortissimo.

Però una differenza forte c'è.

Nel Medioevo, in Italia e in Occidente, la magia non era considerata dal popolo una semplice superstizione, leggenda buona per incantare bambini o adulti troppo creduloni. Né era una sfida o addirittura un'alternativa alla scienza. Questo contrasto è sorto solo in tempi moderni. Per quanto diverse la magia e la scienza medievali possano sembrare a prima vista, uno sguardo ravvicinato le rivelerà come sforzi complementari per comprendere il mondo in cui la gente viveva (e moriva piuttosto presto).

Pur avendo motivazioni diverse e impiegando mezzi differenti, magia e scienza condividevano basi di ragionamento comuni. E spesso erano combinate senza conflitti o tensioni.

Questo romanzo è giocato sul contrasto tra medicina e magia di cui Trotula e Barliario, personaggi davvero esistiti nella Salerno del secolo XI, sono i due rappresentanti.

La verità è che fin dall'antichità gli uomini hanno sempre ricercato dei rimedi che potessero curare i mali che li affliggevano. Tuttavia, quando si parla di "medicina" del mondo antico bisogna associarla alla magia, al sovrumano e agli spiriti. Tanto che la Chiesa condannava entrambe (magia e medicina), accomunandole nella sua lotta al "male". Basti pensare a ciò che troviamo scritto nel concilio di Laodicea del 366 d.C.: "I sacerdoti e tutti i membri del clero non dovranno mai dedicarsi agli incantesimi, alle scienze mediche o all'astrologia".

Accanto alle diverse invenzioni che popolano questa avventura, è invece vera, anzi verissima la Scuola Medica salernitana: la più antica e celebre istituzione medica del mondo occidentale, che si può considerare la manifestazione culturale e scientifica più importante dell'intero Medioevo, come hanno scritto molti studiosi.

Un'antica leggenda vuole che la Scuola Medica di Salerno sia stata fondata da quattro maestri che in una notte di tempesta si ritrovarono sotto il Ponte dei Diavoli (vi ricorda qualcosa? Ebbene sì, anche questa location è reale e ancora oggi esiste): il latino Salerno, il greco Ponto, l'ebreo Elino e l'arabo Adela.

Questo però è il mito fondativo. Molto più realisticamente, la sua nascita è stata il frutto di un lento processo che ebbe inizio nei tanti monasteri di Salerno, concentrati in un'area protetta sul monte Bonadies. Una delle attività dei monaci prima dell'anno Mille era proprio la cura dei malati, con relativa produzione di farmaci estratti dalle erbe. Col tempo tutto questo si trasformò in una disciplina.

E pur non avendo alcuna rilevanza storica la leggenda della sua fondazione ci rivela un aspetto importante di questa scuola: si studiavano nozioni che provenivano da tutte le tradizioni del tempo, compresa quella degli arabi con cui l'Occidente aveva un rapporto molto conflittuale, e le si rielaborava in maniera innovativa.

La Scuola Medica di Salerno rappresentò una incredibile esperienza di apertura: al punto da avere non solo allieve, ma addirittura insegnanti donne, le quali, non più relegate al ruolo di levatrici, in questo modo potevano accedere agli alti gradi della gerarchia universitaria. Presero il nome di *Mulieres Salernitanae*, le Dame della Scuola Medica di Salerno.

Fra queste, Trotula de Ruggiero è sicuramente la più famosa e la più brillante.

I dettagli della vita di Trotula sono sconosciuti. Di lei si sa che visse attorno al 1050 a Salerno e che discendeva dall'antico casato longobardo dei De Ruggiero. Le sue teorie precorsero i tempi in molti campi, tra cui quello della prevenzione delle malattie e dell'igiene. Fu autrice di trattati di Medicina che mostrano eccezionali conoscenze in campo dermatologico, ginecologico e ostetrico. Fece scoperte rivoluzionarie nell'ambito della nascita dei bambini, inventò metodi per rendere il parto meno doloroso e per il controllo delle nascite. Si occupò del problema dell'infertilità, cercandone le cause non soltanto nelle donne, ma anche negli uomini, in contrasto con le teorie mediche dell'epoca. Annotò queste scoperte nella sua opera più conosciuta, il *De passionibus mulierum curandarum* (Sulle malattie delle donne) che insieme al *De ornatu mulierum* (Sui cosmetici), il più antico trattato sulle malattie della pelle e sulla scienza della cosmesi, rappresentano il suo lascito di inestimabile valore.

E il nostro Barliario? Anche lui sembra sia davvero esistito, col nome di Pietro Barliario, vissuto a Salerno all'incirca ai tempi di Trotula. Su di lui si intrecciano storie e leggende. Fu definito "Mago", era certamente un alchimista, ma sulla sua biografia resta il mistero.

Di certo la sua curiosità (aveva una buona conoscenza della lingua araba, grazie alla quale leggeva con passione libri di magia), la sua perenne ricerca, la sua fama d'indagatore dell'occulto lo resero leggendario al punto che, nella letteratura dei secoli successivi, incarnò la figura dello stregone e su di lui si cominciarono a inventare episodi fantastici che lo vedevano protagonista: si dice fosse in grado di volare e una volta fu condannato a morte, ma sfuggì al boia scomparendo, e lasciando un asino al suo posto.

In un testo del 1403 si dice che Barliario si fosse impossessato del cosiddetto *Libro del Comando*, un manuale di magia sia bianca sia nera ottenuto grazie a un patto con il demonio, che permetteva a chi lo sapesse leggere di evocare gli spiriti per dare loro degli ordini.

Per raccontare questa storia ho dovuto compiere un lungo viaggio nel passato e mi sono imbattuto in due testi, che avete incontrato nel corso della lettura, che si sono rivelati fondamentali.

L'unica opera di Plinio il Vecchio che sia pervenuta fino a noi è la *Naturalis historia*, che è stata scritta nel I secolo dopo Cristo e che ora si può leggere, in versione integrale, in diverse edizioni. Io ho scelto quella di Einaudi, pubblicata tra il 1982 e il 1988 a cura di Gian Biagio Conte e con una prefazione di Italo Calvino.

Il *Liber monstrorum de diversis generibus* esiste davvero e una sua recente edizione è stata pubblicata da Liguori, Napoli 2012.

Draconis Chronicon è un'avventura fantastica, sicuramente, ma è anche un modo per salire su quella macchina del tempo che un libro può essere, per viaggiare indietro nei secoli e osservare da vicino l'Alto Medioevo, un'epoca lontana, spesso definita oscura e solo una stanca prosecuzione dell'antichità, per scoprire invece quanta luce, quanta conoscenza, quanto colore l'abbiano arricchita.

M.C.

RINGRAZIAMENTI

Il primo ringraziamento va sicuramente a Sara Di Rosa che sin dall'inizio ha creduto, con Marta Mazza, a questa storia e mi ha aiutato, come solo lei sa fare, a trovare la sua strada, la sua forma.

Fondamentale anche il lavoro di Viola Gambarini che fa scintillare il testo finale.

Grazie allo scrittore Carmine Mari che è stato così gentile da offrirmi uno sguardo al suo lavoro sulla Salerno medievale. Così come preziosissimi sono stati Corradino Pellecchia, custode di autentiche perle della storia della nostra città (è sua l'unica mappa dell'XI secolo di Salerno che ho potuto consultare), e Gregorio Soldivieri, che mi ha illuminato sull'architettura longobarda al Sud e in particolare a Terravecchia (che esiste ed è un borgo bellissimo che si erge su Giffoni Valle Piana).

Grazie a Bice Pascasio, la sempre disponibile e preparatissima consulente per i termini latini e greci. Si è anche offerta di farmi un corso privato in queste lingue morte, eppure così vive per me. Vedremo.

Infine grazie al gruppo facebook Salerno Archivio, autentica miniera di bellezze e tesori nascosti sulla mia città la quale, attraverso questo romanzo, ho imparato a conoscere, e ad amare, ancora di più.

INDICE

PEFC
PEFC/18-32-03

Mondadori usa carta certificata PEFC
che garantisce la gestione sostenibile delle risorse forestali